산업화와 민주화
민족주의를 넘어서

김시형

동아시아,
해양과 대륙이
맞서다

임진왜란부터 태평양전쟁까지
동아시아 오백 년사

동아시아,
해양과 대륙이
맞서다

김시덕 지음

메디치

다시 펴내는 말

이번에 졸저 《동아시아, 해양과 대륙이 맞서다》를 컬러판으로 펴내게 되어 감격스럽습니다.

2015년에 출판된 이 책은 그 뒤로 13쇄를 찍으며 제 예상 이상으로 대한민국 사회에서 널리 읽혔습니다. 이런 반향은 반가움과 아쉬움을 저에게 느끼게 했습니다.

독자분들께서 저의 주장을 들어주시는 것은 당연히 반가운 일입니다. 그런 한편으로, 이렇게 10년 가까이 쇄를 거듭하며 초등학생부터 장년층에 걸쳐 읽힐 책이 될 줄 알았다면 조금 더 쉽고 차분하게 썼으면 좋았을걸 하는 아쉬움도 마음 한구석에 지니고 있습니다. 성인 독자를 대상으로 하는 주간지에 연재한 글을 바탕으로 엮은 책이었기에, 청소년 독자분들에 대한 배려가 부족했던 점을 늘 죄송스럽게 여깁니다. 그래서 그간 청소년분들을 대상으로 하는 강연을 의뢰받으면 가능한 한 응해왔습니다.

한편 이 책을 작업했을 당시, 그동안 연구한 내용과 앞으로 연구할 주제를 각각 절반씩 섞어서 원고를 구성했습니다. 그러다

보니, 이 책에서 말씀드린 내용이 지금까지 유효한 경우도 있고, 이 책에서 말씀드린 뒤로 저의 생각이 바뀐 부분도 있습니다.

북한이 핵무기를 개발해버린 이상 한반도는 군사적인 안정기에 접어들고, 동부 유라시아 지역에서 가장 위험한 지역은 한반도가 아닌 남중국해가 될 것이라는 저의 예측은 실현된 것으로 보아도 좋겠습니다.

반면 대한민국이 미국과 중화인민공화국 사이에서 전략적 균형을 유지하는 것이 좋겠다는 저의 생각은, 러시아와 중화인민공화국을 중심으로 하는 권위주의 국가들이 대두하고, 나토NATO와 '자유로운 인도-태평양 동맹'을 중심으로 한 서방국가들이 권위주의 동맹에 맞서는 새로운 냉전이 시작되면서 바뀌었습니다. 저는 대한민국이 '자유로운 인도-태평양 동맹'의 일원이 되어, 신냉전에서 서방국가 측에 서기를 바랍니다.

이처럼 책이 출간된 뒤에 국제적 상황이 바뀌고 저의 생각도 일부 바뀌었습니다. 저는 이 책의 일본편이라고 할 수 있는《일본인 이야기》시리즈를 출판하면서, 그 안에서 이 책 출간 이후의 상황을 업데이트하고 있습니다. 제가 쌓아온 연구 기록의 하나인《동아시아, 해양과 대륙이 맞서다》를 읽으시고 관심이 있으시다면, 메디치미디어의《일본인 이야기》시리즈, 그리고 다른 출판사에서 내고 있는 이 책의 대한민국편이라 할《서울 선언》시리즈를 읽어주시면 감사드리겠습니다.

이번 특별판에서는 모든 삽화를 컬러로 새로 싣고 디자인을 바꾸었습니다. (이 책이 타이완에서 번역될 때 번역자분께서 알려주신 오류들은 오리지널판을 증쇄하면서 수정했고 이 컬러판에도 그 수정 사항들이 반영되어 있습니다.)

중화인민공화국에서도 이 책을 번역하겠다는 제안이 들어왔고, 그 나라의 모 대학에서는 학위논문으로 이 책의 중국어 번역본이 제출되기도 했지만, 결국 정식 번역은 이루어지지 않았습니다. 이 책의 내용을 중화인민공화국 당국이 받아들이기는 쉽지 않았을 것으로 생각합니다. 하지만 타이완 번역본이 중화인민공화국 내부의 시민분들께 읽히고 있다는 소식은 전해 듣고 있습니다.

저는 대한민국이라는 나라가 한반도에 존재했던 그 어떤 왕조와도 다르며, 제2차 세계대전 당시의 연합군과 6·25 전쟁 당시의 유엔군으로 상징되는 국제 사회의 지원을 통해 탄생했고 생존한, 태생부터 국제적인 성격을 띤 신생국가라고 생각합니다. 이러한 태생적인 국제성, 그리고 북한이라는 특이한 국가로부터의 압력에 맞서야 한다는 국민적인 긴장감이 대한민국의 정치경제적 발전을 낳았다고 봅니다.

저는 집안보다 민족, 민족보다 국가, 국가보다 계급이 더 중요하다는 세계관을 지니고 있습니다. 이 세계관에서 보자면 이 《동아시아, 해양과 대륙이 맞서다》는 주로 "민족보다 국가가 더 중요하다"라는 점에 초점을 맞추어 쓴 책입니다. 이 책의 속편이라고 할 수 있는 《일본인 이야기》 시리즈에는 "민족보다 국가, 국가보다 계급이 더 중요하다"라는 저의 세계관을 담으려 노력하고 있습니다. 특히 에도시대의 피지배집단이 생존과 번영을 위해 어떻게 지배집단에 맞서 싸웠는지를 다룬 《일본인 이야기 2》를 읽으신 뒤에 이 책

《동아시아, 해양과 대륙이 맞서다》를 다시 한 번 읽어주신다면, 2015년 당시에 제가 이 책을 쓰면서 강조하기를 주저했던 지점들을 쉽게 찾아내실 수 있으리라 믿습니다.

독자 여러분을 믿고 여기까지 왔습니다. 앞으로도 변함없는 지도편달을 부탁드립니다.

2022년 1월
김시덕

들어가며

한반도와 유라시아 동해안

한반도는 언제부터 '지정학적 요충지'가 되었나

한국인은 한반도가 '지정학적 요충지'이기 때문에 수시로 외부 세력의 침입에 시달려왔다고 생각한다. 대륙 세력에 탐나는 '먹잇감'이었다는 시각이다. 실제로 대륙 세력에게 한반도의 제압과 복속은 동아시아 지배체제 구축의 완성이었다.

그러나 이러한 주장은 역사적으로 절반만 진실이다. 지도를 펼쳐 한반도가 있는 자리에 시선을 두자. 동아시아에는 대륙만 있는 게 아니다. 동아시아 동쪽에는 캄차카반도, 사할린 섬, 쿠릴열도, 일본열도, 오키나와, 타이완 섬, 필리핀제도가 북쪽에서 남쪽으로 연쇄적으로 자리하고 있다. 그리고 한반도는 일본열도와 오키나와에 감싸인 두 개의 내해內海, 즉 동해와 동중국해 사이에 놓여 있음을 알 수 있다. 여기에서 당연한 사실은, 한반도는 육지에 접한 면보다 바다에 접한 면이 훨씬 넓다는 것이다.

역사적으로 16세기 중반까지, 한반도에 살던 사람들에게는 바다보다 육지에 관심을 갖는 것이 현명한 생존 전략이었다. 바다에서 유일하게 군사적·정치적으로 경계해야 할 일본은 항해 기술이 발달하지 않아 국가의 존립을 위협할 만한 대규모 공격을 할 수 없었던 반면, 유라시아 동부 평원에는 기마 기술이 발달한 여러 세력이 있었다. 고려와 조선은 대륙과 접한 북쪽에 군사력을 집중하고 해안에는 소규모의 간헐적 침략을 대비할 정도만 방어했다. 이러한 선택과 집중 전략을 통하여 고려와 조선은 북쪽의 육지와 남쪽의 바다를 통해 한반도에 접근하는 세력을 효율적으로 컨트롤할 수 있었다.

그러나 이러한 전략은 유라시아 동해안, 즉 유라시아 대륙 동쪽 바다의 해양 세력이 한반도 국가를 위협할 수 있는 무력과 의지가 없을 때 가능한 것이었다. 서북 또는 동북쪽을 주로 방비하고 동남쪽을 느슨하게 방비하는 전략은 일본이 16세기 이후 일어나면서 일대 수정이 불가피해졌다.

1592-1598년의 7년간 이어진 임진왜란은 유라시아 동해안의 해양 세력이 한반도 국가의 존속을 위협한 최초의 사건이었다. 100년간의 분열을 끝낸 일본의 도요토미 히데요시는 이 기세를 몰아 한반도, 중국, 인도를 모두 정복하고자 했다. 이 시기에 '대항해시대'를 선도한 포르투갈·에스파냐 세력은 인도·필리핀 등지에 이어 일본열도에서도 활발한 선교·식민 활동을 전개하고 있었다. 이와 같은 상호 접촉 속에서 히데요시는 유럽 세력과의 관계 속에서 세 가지를 얻어내는 데 성공했다. 첫째는 크리스트교 포교를 앞세워 일본열도를 지배하는 것을 저지한 일이고, 둘째로 유럽 세력의 발달된 군사력과 무기체계를 확보한 일이다. 셋째로 지구 전체를 조망하는 그들의

세계관을 빌려올 수 있었던 것은 그간 부각되지 않았던 소득이다. 일본인은 유럽 상인과 선교사를 통해 세계지리에 눈뜨게 되었다. 그 결과 중세 일본인이 생각하던 '전 세계'인 천축天竺, 인도를

1942년에 발행된 10전 우표 | '대동아공영권'의 범위가 나타나 있다.

뜻하지만 중세 일본인은 동남아시아 지역을 천축으로 인식했다, 진단震旦, 중국 및 한반도, 본조本朝, 일본의 세 지역을 모두 지배하려 했다. 공교롭게도 이 범위는 제2차 세계대전 당시 일본의 '대동아공영권'과 대체로 겹친다. 1944년에 일본군이 인도를 침공한 것은, 유라시아 동해안의 해양 세력 일본이 중세의 활동 영역을 뛰어넘었다는 상징성을 띤다.

중세 일본인에게 알려진 세계를 모두 정복하겠다는 초기의 목표가 조선·명의 대륙 세력에 의해 좌절되자, 도요토미 히데요시의 일본은 전쟁의 목표를 한반도의 분단과 남부 지역의 지배로 전환했다. 하지만 그 역시 실현되지 못했다. 이는 일본열도의 세력이 대륙 진출에 좌절한 세 번째 사건이었다. 그러나 이번 사건은 과거 두 번의 시도와는 근본적으로 성격이 달랐다. 조선·명이 해양 세력인 일본 세력에 대응하는 사이에 만주 지역에서 누르하치의 만주인이 흥기했다. 그 결과 한인漢人의 명나라가 멸망하고, 타이완이 대륙에 복속되는 100년간의 연쇄반응이 유라시아 대륙의 동부 지역에서 일어났다. 또한 임진왜란의 실패로 인해 몰락한 도요토미 정권에 이어 등장한 도쿠가와 이에야스 정권은, 동남아시아 지역에서 일본인의 활동을 억제하고 포르투갈·에스파냐 세력과의 관계를 단절하는

들어가며

등 내향적인 정책을 전개했다. 이로 인해 그때까지 동남아시아에서 활발하게 활동하던 일본의 거점과 활동은 소멸했고, 이 지역에는 오로지 포르투갈·에스파냐 이후의 유럽 세력과 중국 세력만이 외부 세력으로 남았다. 이런 의미에서 임진왜란은 중세까지 견고했던 유라시아 동부 지역의 질서를 붕괴시킨 전쟁이었다.

임진왜란은 한반도의 지정학적 의미를 바꿔놓았다. 16세기의 한반도는 대륙 세력과 해양 세력이 충돌한 장이었다. 대륙의 한인 세력으로서는 해양 세력 일본의 대륙 진출을 저지해야 하는 완충지였고, 일본이 대륙으로 세력을 확장하기 위해 반드시 확보해야 하는 거점이었다. 그 이전까지는, 이른바 중원이라 불리는 중국 대륙에서 한인 국가와 북아시아 지역의 유목민·반半유목민이 충돌할 때마다 한반도에도 피해가 있었지만 정복지로서 고려되지는 않았다. 고구려와의 충돌로 수나라가 멸망하고 당나라도 큰 피해를 입은 역사를 교훈 삼아 대륙의 한인은 한반도에 있는 국가를 멸망시키고 이 지역을 직접 지배한다는 생각을 선택지에서 제외했다. 한반도의 한민족 역시 한인 국가를 외교적으로 존중하면서 독립을 유지한다는 외교 전략을 수립했다. 북아시아 지역의 유목민·반유목민의 경우에는 한반도가 아니라 대륙의 한인 국가가 최종적인 목표였다. 한반도 지역은 군사적으로 약탈하고 외교적으로 견제할 대상이기는 해도 완전한 정복의 대상은 아니었던 것이다. 이러한 의미에서 임진왜란 이전의 한반도는 유라시아 동부라는 거대한 무대의 주변부였으며, 21세기 한국인이 생각하는 것과 같은 '지정학적 요충지'는 아니었다.

그러나 임진왜란 당시 해양 세력인 일본은 대륙으로 나아가기 위해 한반도의 완전한 정복을 꾀했으며, 대륙의 한인 세력은 해양의 일본 세력을 막기 위한 완충지대로서 한반도를 이용했다. 이런 의미에서 임진왜란은 한반도가 유라시아 동부 지역에서 대륙과 해양 세력 간의 '지정학적 요충지'로 대두한 사건이었다. 임진왜란을 계기로 '절반의 진실'이 '전체의 진실'로 완성된 것이다.

일본은 임진왜란에 이어 19세기 근대 이후 한반도의 독립국가를 멸망시키고 직접 지배를 꾀함으로써 16세기에 실패로 끝난 정복을 20세기 초에 성공시켰다. 그 결과 한국인은 이 두 차례 침략에서 심각한 트라우마를 입었다. 오늘날까지 한국인이, 역사상 일본 세력과는 비교할 수 없을 정도로 빈번하게 한반도를 침략한 중국 또는 대륙 세력에 비해 일본을 더욱 증오하는 역사적인 연원은 이것이다. 더구나 한국인은 일본에 대해 선진문물을 전수해줬다는 우월감을 갖고 있었다.

그렇다면 유라시아 동해안에 해양 세력이 대두하면서 한반도에 부여된 '지정학적 요충지'라는 의미는, 오늘날 한국인이 생각하는 것처럼 한반도에 고난만을 가져다준 것일까?

임진왜란 이전의 한반도 국가들은 압도적인 군사력hard power과 우월한 문화적 자원soft power을 지닌 한인 세력에 대해 절대적으로 불리한 관계를 맺을 수밖에 없었다. 송·요·금의 병립기와 원말·명초 등의 시기에 한반도 세력이 한인 세력과 북아시아의 유목민·반유목민 세력 간에서 균형 외교를 전개하려 한 경우도 적지 않았지만, 유라시아 동부 지역의 질서 재편 과정에서 한반도의 발언권은 극히 미약했다. 그러나 임진왜란을 통해 20여만의 대군을 바다 건너 보낼 수 있다는 사실을 증명한 도요토미 히데요시 정권과, 내향적 외교로 조선과 안정적인 관계를 유지한 도쿠가와 이에야스 정권이 일본에 등장하면서, 한반도 국가는 비로소 대륙 세력과 교섭할 수 있는 카드를 갖게 되었다.

집현전 학자이자 '변절자'로 평가받기도 한 신숙주는, 사실 탁월한 국제적 감각의 소유자였다. 그는 《해동제국기海東諸國紀》에서 앞으로 일본이 대두할 것이고 이는 장차 한반도의 안보에 큰 영향을 미치리라고 예견했다. 임진왜란 당시 조정을 책임진 류성룡은《징비록》의 첫머리에《해동제국기》를 언급하며 이를 지키지 못했음을 안타까워한다. 신숙주가 예견하고 류성룡이 탄식한 것처럼, 일본이라는 해양 세력이 유라시아 동부의 질서를 주도하는 한 축으로 기능하기 시작한 초기에 한반도 세력은 이들과의 관계를 조절하는 데 실패했다. 대륙 세력과 교섭할 때도 일본이라는 해양 세력의 존재를 카드로서 이용하는 것 역시 익숙하지 못했다.

17세기 초의 정묘·병자호란 때나 1910년의 강제 병합 때에도, 조선은 한반도를 둘러싼 여러 대륙 세력과 해양 세력 사이에서 균형을 취하여 독립과 번영을 유지하고자 하는 노력을 그치지 않았다. 물론 이러한 시도는 대개 실패로 끝났다. 그러나 이 같은 외교의 역사적 경험이야말로 1945년의 광복 이후 미국·일본 등 유라시아 동부의 해양 세력과 중국·러시아 등 여러 대륙 세력 간의 길항 관계를 효과적으로 이용한 대한민국의 성장을 가능케 한 것이라고 생각한다.

120년 전 역사는 반복될 것인가?

2015년 현재, 유라시아 동해안에서는 지난 제2차 세계대전 이후 수립되었던 질서가 재편되고 있다. 1945년의 패전 이후 일본은 군사적·정치적으로 미국에 종속하는 대신 경제력 향상을 국가의 나아갈 길로 설정한 바 있다. 그러나 이제는 군사적으로도 미군을 보조하여 활동할 것을 요구받고 있다. 최근 일본 총리 아베 신조安倍晋三의 각종 움직임에 대해 한국 일각에서는 120년 전 일본의 '군국주의적' 역사가 반복되고 있다는 주장을 펼치고 있으나, 이러한 일본의 움직임은 미국의 요청이 먼저이며 일본의 호응은 2차적이라는 점을 간과하고 있다. 한·미·일의 남방해양 삼각 동맹을 공고히 하려는 미국이 한일 갈등에 일본을 편드는 듯한 움직임을 보이는 것은 이 때문이다. 여러 가지 요인으로 보아 한국 일각의 희망 섞인 예측과는 달리 동아시아의 주도권, 나아가 유라시아 대륙 전체를 지배하는 미국의 일극 체제는 당분간 지속될 것이다. 이러한 상황에서 일본이 동중국해에서 중국과의 영토분쟁 때문에 미국의 의사에 반하는 군사적 움직임을 보이거나 심지어 미국과 충돌한다는 시나리오는 비현실적이다.

즈비그뉴 브레진스키Zbigniew Brzezinski는 20세기 말에 저술한 《거대한 체스판The Grand Chessboard: American Primacy And Its Geostrategic Imperatives》에서, 중국이 미국과 대등한 정도의 군사력을 갖게 되는 것은 먼 미래의 일이며 중기적으로는 일본 또는 인도와 충돌할 것이라고 예측한 바 있다. 중국의 공격적 군사·외교 정책에 대해 일본이 정면으로 맞서는 것은 브레진스키의 이러한 예측에서 벗어나지 않는다. 필리핀이나 베트남과 같이 '대동아공영권'에 포섭된 경험을 지닌 유라시아 동해안의 해양 국가가 최근 중국보다 일본의 움직임에 이해를 표명하는 것은, 일본의 군사적·정치적 변화가 일본의 일국적인 우경화가 아닌 미국의 지도하에 이루어지는 것임을 잘 알고 있기 때문이다.

나아가 이 국가들은 유라시아 동해안 지역을 직접 지배하려고 하지 않는 미국이, 아편전쟁 이후 지난 170년간의 치욕을 씻고자 애국주의적 대외 정책을 추진하는 중국보다 덜 위험하다는 인식도 공유하고 있다. 한 예로 1992년에 미군을 자국에서 철수시킨 필리핀이 21세기 들어 다시금 미군과의 공조를 강화하고 있는데, 이는 유라시아 동해안 지역의 현 정세를 상징하는 것과 다름없다. 그런 측면에서 현재 중국과 일본의 대립 상황을 120년 전과 마찬가지로 군국주의 일본이 주도하는 것으로 파악하고자 하는 한국 일각의 생각은 유라시아 동해안 일대의 정치적 복잡성을 이해하지 않고 선과 악의 대립으로 세계를 해석하려는 단선적 움직임이다.

한국 내의 반일 민족주의적 관점에 대해 미국은 지속적으로 경고 신호를 던지고 있다. 2013년 말에 헤리티지 재단의 브루스 클링너Bruce Klingner 선임연구원이 "납득할 수 없는 일이지만, 남한은 종종 21세기의 중국과 북한보다 1930년대의 일본을 더욱 두려워하는 것 같다"라고 비꼰 것이 미국의 입장을 상징한다.[1] 2015년 들어서도 가해자 일본과 피해자 한중을 동렬로 취급하는 웬디 셔먼Wendy Sherman 국무부 차관보의 발언은 이의 연장선상에서 해석돼야 한다.

현재 한반도의 독립과 번영에 직접적인 위협이 되고 있는 국가를 굳이 들자면, 일본이 아닌 중국이다. 다음 지도는 1982년에 중국인민해방군 해군사령관 류화칭劉華淸이 제시한 중국의 해양 방어선인 '제1도련第一島鏈'과 '제2도련第二島鏈'이다. 현재 중국 해군은 제1도련을 통과하여 제2도련까지 진출한 상태다. 이 지도에서 주목되는 것은 한반도 전체가 이미 제1도련에 포함되어 있다는 사실이며, 개념적으로 한반도는 이미 중국의 내해에 포섭되어 있다고 할 수 있다.

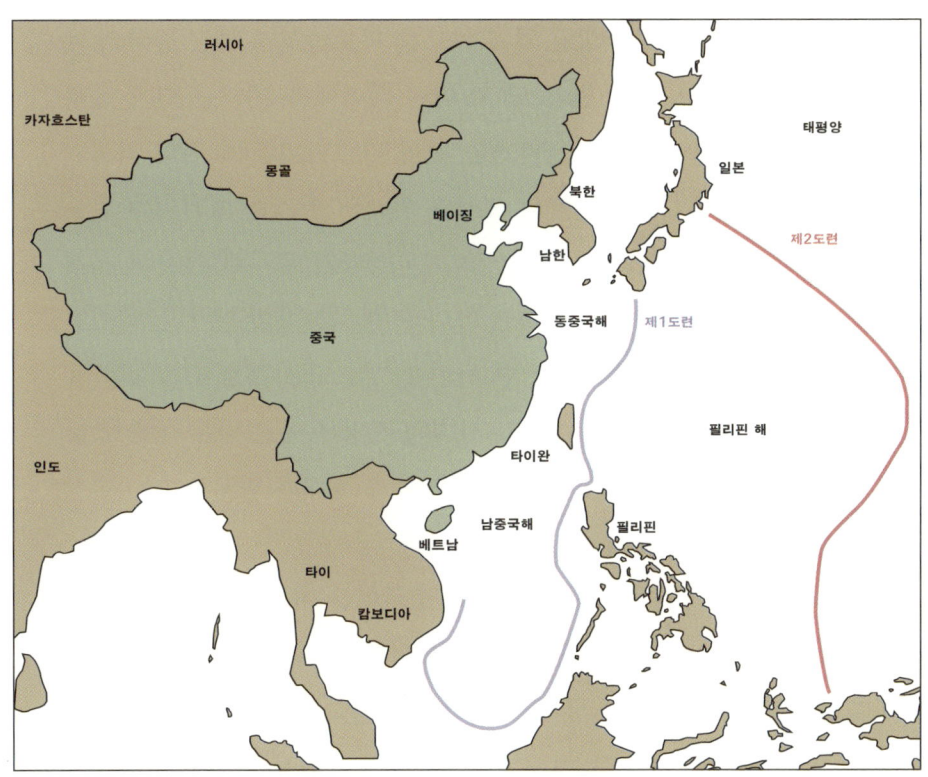

중국의 제1도련과 제2도련

물론, 중국의 이러한 군사전략이 현실 정치에 100% 반영되고 있다고 볼 수만은 없다. 중국과 미국은 한편으로는 군사적으로 대립하고 있는 것처럼 보이지만, 다른 한편에서는 오해의 증폭과 이로 인한 전면대결을 피하기 위해 상호 우호적인 신호를 보내는 등 복합적인 움직임을 보이고 있다.[2] 경제적으로도 중국과 한·미·일은 상호 긴밀하게 연관을 맺고 있으며, 이러한 경제적 관계는 일시적인 군사적 갈등의 영향을 크게 받지 않는다. 중국에서 종종 발생하는 폭력적인 반일 시위와 일본 상품의 불매운동은 내부적 갈등을 외적으로 분출하는 동시에 대일 외교 카드를 확보하고자 하는 중국의 계산된 움직임으로 봐야 할 것이다. 이런 의미에서 2015년 현재 유라시아 동해안의 상황은 구한말과는 전혀 다르며, 120년 전의 역사가 반복되고 있다는 한국 일각의 해석은 역사의 전개를 지나치게 단순하게 이해하려는 결과다. 만약 굳이 현 상황과 유사한 역사적 시점을 찾는다면 그것은 19세기 말이 아니라, 통일신라와 당나라, 헤이안 일본이 경제·문화적으로 긴밀한 관련을 맺고 군사적으로 균형을 유지한 9세기일 것이다. 그러나 각 시대와 지역은 서로 다른 상황에 놓여 있기 때문에, 어떤 특정 시기의 역사가 후대에 반복된다는 발상은 학문이 아닌 종교에 속한 것이다.

근본적인 문제는 미국이든 중국이든 어느 한 나라에 군사·정치·경제 등 모든 부문을 전적으로 의존하고자 하는 사고방식이다. 유라시아 동해안의 국제적 동향을 무시하고 어느 한 나라의 일방적인 영향권에 편입돼 살 것인가, 아니면 유라시아 동부의 대륙과 해양 세력 사이에 자리한 지정학적 요충지에서 복잡한 전략을 구사하면서 힘들지만 자립되고 번영하는 세력으로 존재할 것인가. 2015년 현재, 한국의 앞에는 크게 두 가지 선택지가 놓여 있다.

이 책에서는 한반도를 유라시아 동부의 진정한 지정학적 요충지로 부상시킨, 그리하여 한반도에 고난과 기회를 동시에 가져다준 임진왜란으로부터 현재에 이르는 유라시아 동해안 500년 역사를 움직인 원동력을 추적하려고 한다. 글 속에서는 낯선 인명과 지명, 사건이 빈번하게 등장할 것이다. 이들은 필자가 학식을 자랑하기 위해 역사의 궁벽한 곳에서 애써 찾아낸 것이 아니라, 한국이 동아시아사를 중국 또는 대륙 중심으로 바라보기 때문에 놓치고 있는 것들이다. 그 누구보다도 세계를 염두에 두고 전략을 구상해야 하는 군인과 기업가를 대상으로 강연을 하면서, 국제적으로 널리 알려진 인명·지명·사건을 언급했을 때 청중이 당혹스러워하거나 심지어는 반발하는 경우를 적지 않게 경험했다. 이 책이 한국의 시민이 세계를 복합적·다층적으로 바라보며 국가 전략을 구상하는 작은 계기가 되었으면 한다.

수많은 분들과 기관의 도움이 없었다면 이 책은 태어날 수 없었다. 이 자리를 빌려 그분들께 감사를 표하는 것을 허락해주시기 바란다. 강인욱, 고바야시 마코토小林實, 김경미, 김용준, 김현경, 다케나카 히데토시竹中英俊, 다카하시 히로미高橋博巳, 바짐 아쿨렌코Вадиму Акуленко, 박태균, 소메야 도모유키染谷智幸, 신동훈, 신재은, 안대회, 양욱, 여진천, 유대혁, 유수정, 유충희, 이근, 이승연, 이종묵, 이치노헤 와타루一戶涉, 임경희, 정민, 정병설, 주원준, 최정현, 한윤형, 허인영, 황두진, 황재문, 후루이 료스케古井龍介 선생님, 고려대학교 민족문화연구원 만주학센터의 김선민·이훈·김수경 선생님, 국립중앙도서관, 국립해양문화재연구소, Russia포커스, 숭의여자대학교 박물관, 신안군청, 와세다대학, 해군사관학교에 감사를 표한다. 또한 이 책을 탄생할 수 있게 해준 《주간조선》과 메디치미디어 출판사에 감사드린다.

　　　　마지막으로 이번에도 아내 장누리와 딸 김단비에게 이 책을 바친다.

2015년 3월
김시덕

1부 해양 세력의 부상, 한반도를 지정학적 요충지로 바꾸다

16-17세기

다시 펴내는 말 • 5
들어가며 • 9

1장 일본, 강력한 해양 세력으로 떠오르다 • 28
전국시대 일본, 백 년 동안의 분열
일본과 이탈리아, 유라시아의 동서(東西)에 존재한 전국시대
체사레 보르자와 오다 노부나가

2장 해양 세력, 주변에서 중심을 꿈꾸다 • 38
유훈통치 체제의 도요토미 히데요시 정권 / 선과 악의 대결로서의 임진왜란?
중국 대륙의 지배권을 건 한인과 비한인의 충돌 / 한반도, 지정학적 요충지가 되다

3장 임진왜란, 대륙을 향한 세 번째 시도와 좌절 • 49
대륙 세력이 되고자 한 일본의 첫 번째 좌절 – 삼한·삼국시대
대륙 세력이 되고자 한 일본의 두 번째 좌절 – 왜구 / '성전'으로서의 임진왜란

4장 만주인, 임진왜란이 누르하치를 키웠다 • 60
누르하치가 여진의 전국시대를 끝내다 / 압록강의 얼음성과 홍삼, 그리고 '만주인'의 탄생
누르하치, 제국 건설을 시작하다

5장 급변하는 대륙, 동네북이 된 한반도 • 73
유라시아 동부의 패권을 건 사르후 전투 / 여진인과 '한국인'은 동족인가?
정묘호란과 병자호란 – 한반도 문제의 종결

6장 명·청 교체, 비한인이 대륙을 지배하다 • 88
고려의 충선왕, 조선의 소현세자 – 심양의 두 한국인 / 북경, 함락되다
중국인과 일본인의 혼혈아 정성공

7장 타이완, 또 다른 동아시아 해양 중심지 • 100
'아름다운 섬' 타이완의 정치적 수난 / 타이완 섬의 운명을 결정지은 정성공
《정감록》의 정도령은 정성공의 아들 정경인가?

8장 대항해시대, 노예무역으로 연계되다 • 112
유라시아 동부에 나타난 유럽 / 임진왜란과 동남아시아 노예무역
동남아시아에서 사라져가는 한국인과 일본인

2부 회오리 이후, 옛 질서에서 새로운 질서로 흘러가다

17-19세기 초

9장 표류민, 새로운 세상을 본 사람들 · 126
한반도로 표류한 네덜란드와 필리핀 사람들 / 고립된 조선의 현실을 한탄하다
한국과 일본의 표류민, 새 시대를 열다

10장 난학, 네덜란드라는 창으로 세계를 보다 · 140
세계경제 시스템의 동중국해 거점 – 왜관, 광둥, 데지마
네덜란드라는 창을 통해 세계를 본 일본
난학의 도입을 이끈 해부학

11장 러시아, 삼국지에서 열국지로 바뀌는 동아시아 · 153
유라시아 동부에 등장한 러시아 / 아무르 강에서 펼쳐진 조선·청·러시아의 삼국지
유라시아 동부, 《삼국지》에서 《열국지》로

12장 영토 탐험과 점령, 오호츠크 해 열국지 · 165
러시아와 일본의 영토 분쟁 / 오호츠크 해 연안의 조선인 / 사할린은 누구의 것인가
오호츠크 해 열국지가 펼쳐지다

13장 군담소설, 복수와 충돌을 말하다 · 178
복수할 수 없는 울분은 무엇으로 풀랴 / 러시아와 일본이 오호츠크 해에서 충돌하다
조선과 러시아의 일본 협공 계획

14장 통신사, 동상이몽의 조일외교 · 192
통신사가 일본으로 간 까닭은 / 선교사 대 조공사 / 아메노모리 호슈라는 국제인

15장 가톨릭의 충격, 옛 세계가 멸망하고 '신질서'가 수립되다 · 206
성리학과 가톨릭이라는 두 가지 선택지 / 포도주와 카스텔라, 유럽의 위험한 유혹
인간으로서의 존엄을 지키기 위해 / 시마바라 봉기와 네덜란드의 대두

16장 종교와 국가, 탄압 속에서 꽃핀 기적 · 221
한반도에 구현된 새로운 정신세계 / 국가보다 종교, 황사영 백서
유라시아 동해안의 기적

3부 **제국주의 세계와 동아시아 충돌,**
     격동의 현대를 열다   **19–20세기 중반**

17장 서구와의 충돌, 중국과 일본의 아이러니 • 238
     청나라의 아이러니 / 태평천국이라는 터닝 포인트 / 일본의 아이러니

18장 홋카이도·오키나와·타이완, 멸망한 소국들 • 252
     그들만의 나라, '에조공화국' / 유구 왕국, 두 번의 멸망
     아시아 최초의 공화국, 타이완민주국

19장 임오군란과 갑신정변, 일본이 이용한 조선 대전쟁 • 265
     임오군란 / 갑신정변

20장 청일전쟁, 일본의 우위가 성립되다 • 278
     청일전쟁, 또는 동아 삼국 전쟁 / 문명 대 야만의 전쟁 / 을미사변에서 아관파천으로

21장 조선과 러시아의 짧은 밀월 • 292
     러시아는 조선에 무엇이었는가 / 비백인 제국주의 국가의 등장

22장 조선의 멸망, 그리고 조선인의 가능성 • 308
     안중근과 이토 히로부미 / 나폴레옹과 워싱턴의 시대 / 조선은 왜 멸망했는가

23장 독립전쟁, 만주 독립의 꿈 • 323
     한국인의 프론티어 정신 / 대아시아주의 / 연해주와 만주, 건국의 요람

24장 대동아공영권 이후, 개인의 희생을 담보한 국가 • 337
     대동아공영권 / 인도 독립의 세 가지 길 / 누가 정의로운가? 역코스의 역설

마치며 • 355
주 • 362
더 읽을 책 • 367
도판목록 • 370

1부

해양 세력의 부상, 한반도를 지정학적 요충지로 바꾸다
16-17세기

1장   일본, 강력한
            해양 세력으로 떠오르다

전국시대 일본, 백 년 동안의 분열

유라시아 동쪽, 동아시아에는 여러 세력이 있었지만 한반도에 가장 위협적인 존재는 단연 일본이었다. 삼국시대 때부터 일본은 한반도 상륙을 통한 유라시아 진출을 꿈꿨다. 한반도는 그러한 일본을 천여 년 동안 비교적 잘 막아냈지만, 16세기 말 조선 중기에 이르러서는 무너지고 만다. 역사상 처음으로 한반도는 일본에 의해 한양^{오늘날의 서울}·개성·평양 등 상징적인 도시가 모두 점령당하는 국가적 위기를 맞이했다.

    임진왜란 당시 전쟁을 총지휘한 류성룡은 전후에 집필한 《징비록》에서 위기 상황을 초래한 원인으로 두 가지를 들었다. 하나는 일본과 안정적인 관계를 유지하라는 《해동제국기》의 저자 신숙주의 유지를 계승하지 못한 것이고, 다른 하나는 일본에서 여러 차례에 걸쳐 정변이 일어났는데도 조선이 이를 파악하지 못했다는 것이다. 조선이 일본과 긴밀히 관계를 맺고, 정치와 군사 동향을 파악

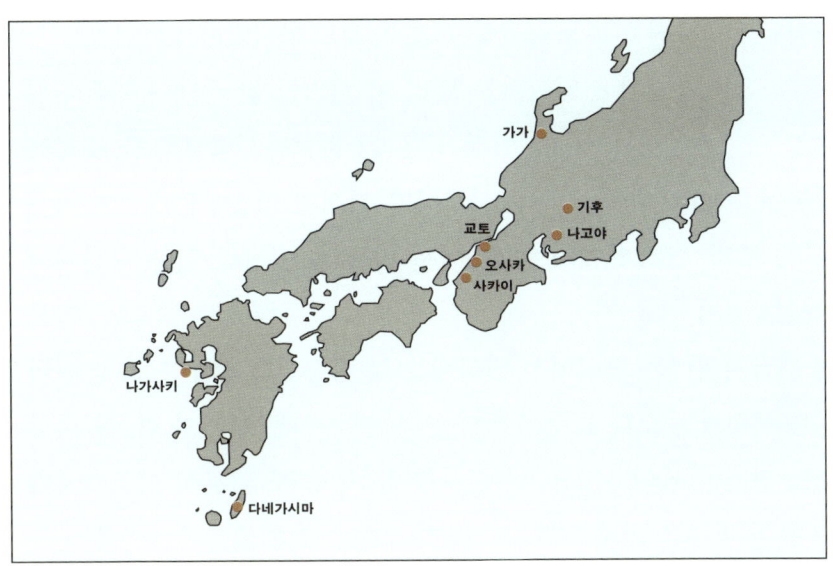

16세기 일본

했어야 한다는 반성이 나타난다.

그렇다면 역사상 최초로 국가의 존립을 위태롭게 하고 분단을 꾀하며, 중국 명나라로 하여금 총력전을 벌이게 만든 16세기 일본의 상황은 어떠했을까?

임진왜란이 일어나기 전 100년 동안, 오늘날의 오키나와와 홋카이도를 제외한 일본열도는 이른바 전국시대^{戰國時代}라 불리는 혼란한 상황에 있었다. 15세기 일본의 양대 무사 집안인 야마나^{山名} 가문과 호소카와 가문이 충돌한 오닌의 난^{應仁の亂, 1467-1477}이 그 발단이었다. 전국의 무사 가문이 제각기 야마나·호소카와 가문을 편들며 둘로 쪼개지면서, 일본의 종교 지도자인 덴노^{天皇}를 보필하며 정치·군사를 담당한 무로마치막부^{室町幕府}는 통제권을 상실했다. 그렇다고 덴노가 종교적인 권위로써 일본을 통괄할 수 있는 것도 아니었다.

오늘날의 선입관과는 달리 이 시기의 장군 대다수에게 일본열도를 통일해야겠다는 야심 같은 건 없었다. '열심히'를 뜻하는 일본어 '잇쇼켄메이一生懸命'는 "무사가 자신의 땅을 목숨 걸고 지킨다"는 뜻의 '잇쇼켄메이一所懸命'에서 나왔다. 이처럼 일본 역사에서 무사는 자기 땅을 지키는 데 혈안인 존재로 인식됐다. 오늘날, 일본의 전국시대라는 단어에서 연상되는 '천하통일을 꿈꾸는 장군들'이라는 이미지는 오다 노부나가織田信長, 1534-1582라는 무사가 만들었다고 해도 과언이 아니다. 1567년에 노부나가는 중부 일본의 이노구치라는 곳의 이름을 기후岐阜라고 바꾼다. 이는 고대 중국의 주周나라 문왕文王이 중국 산시 성陝西省의 기산岐山에 도읍을 두고 국가의 기틀을 다졌다는 고사에서 유래한다. 이때부터 노부나가는 '천하에 무를 펼친다天下布武'라는 인장을 써서 일본열도 통일의 뜻을 분명히 했다.

당시 노부나가의 이러한 태도는 이질적인 것이었다. 전국시대의 유명한 무장으로 우에스기 겐신上杉謙信과 다케다 신겐武田信玄이 있다. 다케다 신겐은 노부나가에 앞서 일본 통일의 뜻을 드러냈는데, 우에스기 겐신은 이를 일본의 안정을 깨뜨리려는 사악한 의도로 보았다. 이 때문에 다케다 신겐이 다른 영지를 침범할 때마다 우에스기 겐신은 자신의 이익과 무관하게 군대를 보내 침해당한 장군을 도와주었다.

이러한 다케다 신겐조차도 스스로를 불교도라고 생각하여 '부처의 제자'라고 서명한 편지를 노부나가에 보냈는데, 이에 노부나가는 답신에 '제육천마왕第六天魔王'이라고 서명했다고 전한다. 제육천마왕은 불교에서 불법 수행을 방해하는 악신惡神이다. 일본은 예나 지금이나 불교 국가이기 때문에, 노부나가의 태도는 일본의 안정을 깨뜨리는 이질적인 것일 뿐 아니라, 이단적인 것으로 받아들여졌다.

천하포무 인 | 시가현립 아즈치성 고고박물관에서 고문서에 날인된 것을 재현한 것이다.

일본과 이탈리아, 유라시아의 동서(東西)에 존재한 전국시대

노부나가가 이렇듯 반불교적 인물임을 자처한 이유를 이해하기 위해서는 15세기 일본의 정치적 상황을 살펴봐야 한다. 고만고만한 장군들이 일본열도를 잘게 쪼개서 군웅할거하던 전국시대에, 불교는 신앙심에 기반을 둔 전국적인 조직으로서 정치 세력화돼 있었다. 특히 정토진종淨土眞宗이라는 불교 종파는 원리주의적 교리와 전국적 조직망을 바탕으로 각지에서 '잇키一揆'라 불리는 반란을 일으켰다.

오늘날의 이시카와 현 남부에 해당하는 가가加賀에서는 여러 장군의 세력 다툼에 지친 정토진종 신도들이 무사 세력을 몰아내고 15세기 말부터 16세기 말까지 약 100년 동안 종교 자치령을 형성했다. 오사카 지역에 자리한 정토진종의 본산 이시야마 혼간지石山本願寺 세력은 오다 노부나가의 일본 통일 전쟁을 저지하기 위한 반反노부나가 포위망 형성을 주도하기도 했다. 또한 교토 북동쪽의 히에이

산과 일본 산악신앙의 거점인 고야 산에는 고대부터 이어져온 천태종天台宗과 진언종眞言宗 세력이 마찬가지로 자치적인 종교 권력으로 군림하고 있었다.

한편, 오늘날의 오사카 시 남부에 자리한 사카이와 규슈 후쿠오카에서는 상인들이 협의체를 형성하여 자치를 실현했다. 이들은 주변 지역의 장군들이 무력으로 간섭하는 것을 막기 위해 도시 밖에 해자를 파는 등, 북유럽 도시의 상인조합이 한자동맹을 결성하여 정치력을 행사하는 것과 비슷한 양상을 보였다. 당시 일본에서 선교활동을 전개하던 예수회 신부들은 사카이를 이탈리아의 베네치아와 같은 부강한 도시국가라고 평가했다. 예수회 세력 역시 가톨릭으로 개종한 장군 오무라 스미타다大村純忠, 세례명 바르톨로메오를 통해 규슈 나가사키 항구 일대를 기증받아 예수회 직할령으로 삼았다.

이처럼 전국시대의 일본은 고대부터 정교일체政教一體 세력으로 존재해온 덴노, 무사 계급의 상징적인 수장인 쇼군將軍, 각지에 할거하여 영지를 지니고 있던 이른바 전국 다이묘戰國大名, 정토진종·천태종·진언종 등의 불교 세력, 가톨릭 다이묘 및 예수회 세력 등이 복잡하게 얽혀 있었다. 이러한 양상은 같은 시기 이탈리아 반도의 혼란스러운 정치적 상황을 연상케 한다. 그런 의미에서 이탈리아를 통일하여 인민들에게 평화를 가져올 군주를 꿈꾼 니콜로 마키아벨리Niccolò Machiavelli, 1469–1527가《군주론》에서 펼친 주장은 같은 시기의 일본에도 적용되는 부분이 많다.

물론 일본과 이탈리아의 정치적 상황에는 근본적인 차이가 있다. 이탈리아가 내부의 복잡한 정세뿐 아니라 프랑스·이탈리아·오스만 제국 등과 복잡한 국제관계 속에 휘말려 있던 데 반하여, 일본은 강력한 외부 세력의 간섭에서 자유로웠다. 13세기에 원元과 고려의 연합군이 일본을 공격했으나 실패로 돌아갔으며, 14-15세기에 한반도 세력이 쓰시마를 공격한 것은 왜구 세력 소탕을 위한 것일 뿐 일본을 직접 지배하려 한 것이 아니었다. 한편 예수회가 나가사키의 일부를 직할령으로 하는 데 그친 것에서 알 수 있듯이, 유럽의 가톨릭 국가들 역시 남아메리카나 남아시아·동남아시아처럼 일본을 직접 지배하는 것은 불가능했다. 그 때문에 이탈리아와 달리 일본에서는 분열에서 통일에 이르는 과정이 완결될 수 있었다. 그런 면에서 마키아벨리가 꿈꾸던 정치적 미래는 일본에서 실현됐으며, 그 주인공이 오다 노부나가였다.

체사레 보르자와 오다 노부나가

잘 알려져 있듯이 마키아벨리가 《군주론》에서 염두에 둔 사람은 체사레 보르자Cesare Borgia, 1475-1507라는 야심가였다. 정치가로서 그리고 인간으로서 보르자에 대한 평가는 시대마다 엇갈리지만, 마키아벨리는 그에게서 이탈리아 통일의 희망을 보았다. 그래서 보르자의 아버지인 교황 알렉산데르 6세의 죽음에 이은 그의 요절을 크게 한탄했다. 마키아벨리가 보르자를 인격적으로 훌륭하게 본 것은 아니다. 다만 국가를 만들기 위해서는 종교까지도 종속적인 요소로 치부하면서, 무력행사가 필요할 때에는 도덕에 구애받지 않고 잔인해질 수 있었기 때문에 통일 이탈리아를 이루어낼 가능성이 있다고 판단했다. 전국시대 일본에서 마키아벨리의 이러한 군주상에 가장 걸맞은 사람이 바로 오다 노부나가였다.

노부나가가 일본 통일이라는 목표를 내걸자, 노부나가 영지 주위의 거의 모든 세력이 반노부나가 전선을 결성했다. 노부나가는 군사적인 열세에도 권력에의 의지를 가지고 이들을 하나씩 과감하게 제거해나갔다. 그는 특히 종교적인 신념으로 움직이던 불교 세력을 위험시했다. 이들 불교 세력이 일종의 성전聖戰 개념을 도입하여 전투 행위를 정당화하고 사후 세계에서의 보상을 내세워 신도들의 전의를 북돋았기 때문이다.

오늘날 아프가니스탄·이라크·체첸·동투르키스탄신장웨이우얼 등지에서 나타나는 종교 근본주의 세력의 저항 활동에 각국 정부가 골머리를 썩는 것처럼, 일본 통일을 꾀하는 노부나가의 가장 큰 적은 종교 세력이었다. 15세기 일본에서 위협적인 종교 세력은 불교와 가톨릭이었는데, 가톨릭 세력은 조총·군함 등 유럽의 군사 정보를 제공함으로써 노부나가와 우호적인 관계를 맺고, 이를 통해 대항 세력인 불교를 억제하려 했기 때문에 노부나가와 이해관계가 일치했다. 그리하여 노부나가는 히에이 산을 포위하고 불을 질러 수천 명을 태워 죽이고 고야 산에서도 천여 명을 살해하는 등 고도로 정치화된 불교 세력과의 일대 전쟁을 전개했다. 그가 스스로를 불법의 훼방자 '제육천마왕'을 자칭한 이유다.

이처럼 노부나가는 종교적 권위까지 뛰어넘을 수 있는 명확한 정치적 의지로 통일 전쟁을 수행했다. 일본의 정치 중심지인

《에혼 다이코기》 2편 권6 | 히에이 산을 포위하여 불태우는 오다 노부나가 군.

교토와 그 일대를 장악하는 데 성공했고, 이어서 서부 일본으로 정복 활동을 확장해나갔다. 그러나 1582년 6월, 진군 중에 교토의 혼노지本能寺 절에 머물던 노부나가는 측근 아케치 미쓰히데明智光秀의 기습을 받아 어이없이 전사했다. 혼노지에서 일어난 이 사건은 매우 충격적이었기 때문에, 아케치 미쓰히데가 주군 노부나가를 습격한 이유에 대해 수백 년간 수많은 설이 제기돼왔다.

여기서 그 이론을 하나하나 검증하는 것보다 마키아벨리가 《군주론》에서 제시한 군주의 본분 가운데 하나를 검토해보는 것이 의미 있겠다. 마키아벨리는 《군주론》 제8장에서 군주가 되고자 하는 사람이 악행을 피할 수는 없으며 또 피해서도 안 된다고 말한다. 그러나 "모든 악행을 심사숙고해야 하며, 악행을 행해야 할 경우에는 한 번에 몰아서 할 것"을 강조하는데, "악행을 되풀이하지 않음으로써 백성들에게 안정감을" 줄 수 있기 때문이라는 것이다. 또 만약 "머뭇거린다거나 잔인함을 잘못 이용하는 사람은 손에서 피 묻은 칼이 떠날 날이 없으며…… 백성들은 그를 신뢰할 수가 없"을 것이라 경고한다.[1] 마키아벨리의 이러한 통찰처럼, 노부나가로 인해 통일 과정에서 너무 많은 피를 흘렸기 때문에 유교적 도덕관에 철저한 아케치 미쓰히데가 주군을 제거하기에 이르렀다는 설이 있다. 증명하기 어렵지만 전국시대 다음에 들어선 에도시대에 널리 유포된 설이기도 하다. 그만큼 사람들의 공감을 얻었다는 방증일 터다.

국가든 사업이든 그 기반을 굳건히 다지는 과정에는 많은 희생이 따른다. 도덕적인 이유로 그러한 희생을 피해서는 창업에 성공하기 어렵다는 사실도 역사에서 수없이 증명됐다. 그러나 창업주는 희생에 대한 도덕적 비난을 피할 수 없으며, 때로는 창업의 결실을 맛보기 전에 살해되기도 한다. 역사상 통일 사업을 수행한 왕조나 국왕은 종종 빠르게 몰락하며, 그 뒤를 잇는 왕조나 국왕이 그 결실을 손쉽게 얻곤 했다. 전국시대 일본의 경우, 노부나가가 일으킨 사업의 결실을 맛본 이는 도요토미 히데요시豊臣秀吉였다. 그러나 히데요시 역시 비슷한 이유로 일본 사회에서 비난을 받고 몰락했다.

히데요시는 노부나가가 죽은 뒤에 노부나가의 아들이 아니라 손자를 옹립하고, 히데요시 자신이 섭정을 하면서 권력을 찬탈했다는 비판을 받았다. 주나라를 건국한 무왕武王이 죽은 뒤에 그의 어린 아들인 성왕成王을 대신하여 섭정을 하다가, 성왕이 장성하자 주나라를 되돌려주고 제후의 위치로 돌아간 주의 문공文公과 같이 행동했어야 한다는 것이다. 임진왜란 도중에 히데요시가 사망하고 그의 아들 도요토미 히데요리가 도쿠가와 이에야스의 계략으로 몰락함으로써 도요토미 가문이 2대로 단절되자, 일본인들은 이를 하늘의 뜻이라고 평했다. 주군을 배신하고, 통일 전쟁 막바지까지 피를 많이 흘렸으며, 외국으로 군대를 보냄으로써 자국민과 외국민을 모두 괴롭혔다는 것이다.

2장 해양 세력,
주변에서 중심을 꿈꾸다

유훈통치 체제의 도요토미 히데요시 정권

16세기 중기 이전의 일본은 간헐적으로 한반도와 중국을 괴롭히는 처치 곤란한 세력이었다. 하지만 그 공격이 이들 국가의 존립을 위협할 정도는 아니었으며, 당시 한반도와 중국 지역 국가의 존망을 결정한 외부 세력은 주로 북아시아의 민족이었다. 그러나 16세기 중기에 이르면 상황이 달라진다. 분열돼 있던 일본을 통일하려 한 오다 노부나가의 야망은 일본 통일을 넘어 대륙까지 넘보고 있었다. 이러한 이질적이고 이단적인 야망은 구세력의 저항으로 꺾였으나, 도요토미 히데요시에 의해 실행되기에 이른다.

　　　　　이런 의미에서 히데요시의 통치는, 김일성이 생전에 내린 지시 사항을 통치의 대의명분으로 삼겠다는 김정일·김정은의 '유훈통치遺訓統治' 체제와 비교할 만하다. 권력을 장악한 뒤부터 사망에 이르기까지 히데요시가 능란한 통치술을 구사했다는 사실은 알 수 있지만 그의 권력의지가 어디로 향했는지는 제대로 알기 힘들다. 주군

오다 노부나가의 아들들 대신 손자를 정권의 계승자로 내세우고 섭정을 한 이유는 무엇인가? 1592년 당시 어느 나라까지 정복할 심산으로 대한해협 너머로까지 대규모 군대를 보냈는가? 자신의 권력 일부를 양도해주었던 조카 도요토미 히데쓰구를, 뒤를 이을 아들이 태어난 직후에 할복으로 몰아간 것은 과연 정상적인 판단에서 비롯된 것인가?

《에혼 히요시마루》 | 모친은 태양이 배 속으로 들어오는 꿈을 꾼 뒤 히데요시를 낳았다.

마치 1941년에 하바로프스크 근처에서 태어난 김정일을 1942년에 백두산에서 태어났다고 주장하는 것과 같이, 애초에 히데요시가 몇 년 몇 월에 태어났는지부터가 불확실하다. 또한 그의 아버지가 누군지도 알 수 없다. 여러 문헌에서는 히데요시의 아버지를 기노시타 야에몬木下彌右衛門이라고 밝히고 있으며, 이것이 사실에 가까워 보인다. 하지만 기노시타가 원래 농민이었다는 설, 하급 병사였다는 설, 아주 천한 신분의 사람이었다는 설 등, 히데요시의 아버지를 둘러싼 정보는 하나하나 나열하기도 힘들다. 히데요시가 생전부터 이미 자신을 신격화하면서 아버지의 존재를 말살하려 했기 때문이다. 히데요시는 대내외적으로 자신을 태양의 아들이라고도 선언했는데, 태양의 아들을 낳은 셈인 어머니에 대해서는 마치 성모 마리아와 같이 성스러운 존재로서 무한한 애정을 표현했다. 그리하여 어머니가 교토의 덴노를 모시던 궁녀였는데, 어떤 귀족과의 관계에서 자신을 얻은 뒤에 고향으로 돌아왔다고 주장하기도 했다.

이렇듯 히데요시가 과연 지배계급과 피지배계급의 어디에 속한 사람이었는지부터 시작해서, 권력의 정점에 올라서는 과정에서 작용했을 권력의지의 지향점, 일본 바깥 세계에 대한 관념, 자신의 사후에 도요토미 정권이 어떤 형태를 띠어야 할지에 대한 구상 등, 그 무엇 하나 명확하지 않다. 그렇기 때문에 그가 임진왜란을 일으킨 이유가 무엇인지도 여전히 모호하다.

선과 악의 대결로서의 임진왜란?

히데요시가 임진왜란을 일으킨 이유에 대해서는 그야말로 '백가쟁명 百家爭鳴'이라고 할 만큼 여러 가지 견해가 제시됐다. 세상의 모든 학설이 그렇듯이, 의견 자체만 봐도 그 의견을 주장하는 사람이 서 있는 곳과 세계를 바라보는 관점을 알 수 있다. 그런 의미에서 히데요시가 일으킨 임진왜란의 '궁극적' 목적이 조선의 정복이었다는 한국 일각의 주장은, 한국을 '선량한 세계의 중심'으로 간주하고 일본을 그 선한 중심에 적대하는 '악의 축'으로 설정하는 크리스트교적 관점을 기반으로 한다. 세계를 빛과 어둠의 전쟁으로 해석하고 빛이 최후 전쟁에서 승리하리라 믿은, 조로아스터교의 세계관에서 비롯된 그 이원론二元論 말이다.

자기 집단을 이 세계에서 가장 유의미하고 선량한 존재로 간주하고 집단 바깥에 사악한 적대 세력을 설정하는 것은 집단의 존속을 위해서 필수불가결한 행위다. 다만 이런 관점은 자기 집단의 세계관에 대해 바깥 세계의 동조를 구하고자 할 때 문제가 된다. 2015년 현재 한국은 조선어 탄압, 731부대의 생체실험, 종군위안부 문제 등을 '제국주의 일본이 조선인에 대해 저지른 범죄'로서 세계에 호소하고 있다. 그러나 이들 사안은 한일 간에 국한되는 지엽적인 문제가 아니라, 제국주의 일본이 인류의 존엄성을 훼손한 보편적인 문제다. 그리하여 오늘날 한국의 여러 세력은 이들 사안을 한일 간의 문제로 국한시키는 데에서 벗어나, 20세기 전반에 제국주의 일본으로부터 마찬가지의 피해를 입은 중국 및 제2차 세계대전 당시의 연합국 시민들, 나아가 인류 보편의 문제로서 일본을 비판하는 일본계 미국인 마이클 마코토 혼다Michael Makoto Honda 의원 등과 연대하기 시작했다. '일본'을 한 덩어리로 간주하여 비판하는 기존의 방식을 폐기하고, 조선과 마찬가지로 자신의 언어를 쓰는 것을 금지당하고 학살당한 오키나와인과 아이누인,

《도요토미 승진록》(19세기 중기)

묵묵히 징용 조선인의 흔적을 찾아내는 '양심적 일본인'과의 연대를 본격화하고 있는 것은 그만큼 세계를 바라보는 한국인의 태도가 성숙해졌다는 증거다.

아무튼 임진왜란의 궁극적 목적이 조선에 국한된다고 보는 것은 전쟁 전후로 히데요시가 발급한 여러 문서와 충돌할 뿐 아니라, 일본의 궁극적 목표가 자국임을 안 명나라가 20여만 명의 군대를 조선에 파병시켜 전선戰線을 한반도에서 교착시킨 것이라는 당시 조선과 명의 해석과도 엇갈린다.

이 난제에 대한 가장 손쉬운 의견은 히데요시가 "나이가 들어서 판단력이 흐려져 과대망상을 했다"는 것이다. 이 견해는 유라시아 동부를 뒤흔들고 한반도를 지정학적 요충지로 부상시킨 장기간의 국제전을 지나치게 히데요시 개인적인 이유로 환원시킨다. 역사가 필연보다 우연으로 움직이는 듯 보이거나, 한 집단의 의사결정을 주도할 수 있는 일개인의 사적인 사정이 결과적으로 역사에 영향을 미치는 경우가 있음을 부정할 수는 없다.

그러나 얼핏 우연적이고 개인적인 이유에서 비롯된 것처럼 보이는 역사의 움직임은, 역사지리적 상황이 특정한 국면에 이르렀기 때문에 비로소 현실에 나타나는 것이다. 현 일본 총리 아베 신조安倍晋三가 국수주의적 정책을 밀어붙이는 배경에는 A급 전범 용의자인 외할아버지 기시 노부스케岸信介에 대한 특별한 감정에서 비롯된 신념이 엿보인다. 하지만 그의 개인적인 감정이 국가 정책에 반영되는 데에는 경제 불황 속에 자신감을 잃고, 2011년의 도쿄전력 핵발전소 사고 이후에 생존의 위기를 느낀 일본 사회의 피해의식이라는 배경이 필요했다.

다만 우경화되는 모습이 명백하다고 해도 일본의 행보는 과거와 다르다. 100여 년 전처럼 세계에 위협을 줄 수 없으며, 400여 년 전처럼 임진왜란이라는 대형 사고를 친 뒤에 '쇄국鎖國' 체제로 숨어버릴 수 없다. 바로 세계의 정치경제적 구조가 바뀌었기 때문이다. 그런 의미에서 역사를 해석할 때 지나치게 개인적인 이유를 강조하고 그 사회적 배경을 돌아보지 않는 것은 선동적인 영웅주의 이상의 그 무엇도 아니다.

중국 대륙의 지배권을 건 한인과 비한인의 충돌

인류 역사가 시작된 이래 유라시아 동부 지역을 살펴보면, 한인漢人과 여러 비非한인 집단은 중국 동부 지역의 황허 강과 양쯔 강 유역에 대한 지배권을 둘러싸고 충돌을 거듭했다. 물론 북아시아 지역의 집단들은 한인의 영역뿐 아니라 중앙아시아·러시아·유럽 등으로도 세력을 팽창했기 때문에, 이들 집단이 한인의 영역만을 절대시하여 정복을 시도했다고 말하는 것은 중국 중심적인 사고방식이다. 중국사의 입장에서는 어떤 비한인 집단이 이 지역을 지배하게 되면, 그 집단의 거주지만큼 '중국'의 영역이 확장되는 과정이 반복됐다. 최근세에는 만주인의 청나라가 이 지역을 정복하면서 만주, 즉 현재의 동북삼성東北三省 지역을 비롯하여 몽골·티베트·위구르 등이 현재 중국의 국가 영역에 편입됐다.

미국 예일대학의 피터 퍼듀Peter C. Perdue 교수는 《중국의 서진China Marches West》이라는 저서에서, 한인이 지배하는 현대 중국은 '이민족' 정권이었던 청나라를 증오하면서도 그 이민족 정권이 만들어준 유산은 모두 계승했다고 지적한다. 이렇듯 중국사의 중심을 한인으로 두고 '이민족'이 한인에 흡수된 것으로 보아온 기존의 중화주의中華主義 관점을 비판하는 학설을 신청사新淸史, New Qing History라고 하며, 아시아·태평양 세력으로서 중국의 지나친 팽창을 억제하고 유라시아 동부의 여러 국가를 후원하는 미국의 국책 학문과 같은 성격을 띠고 있다.

이렇듯 서로 밀고 밀리는 경쟁 관계였던 한인과 비한인 집단이었으나, 중국 '주변' 지역의 집단 가운데 이 경쟁에 참여하지 않은 집단이 둘 있었다. 그 하나가 한반도의 한민족이고 다른 하나가 일본열도의 일본인이다. 오늘날 한국인의 조상이 되는 집단이 주축이 돼 건설한 부여·고구려·발해 등은 동북삼성 지역을 거점으로 하여 한반도까지 영역을 확대했으나, 끝내 황허 강 유역으로 서진西進하지 않았다.

한민족의 이 같은 역사에 대해, 조선시대 후기의 학자 이익은 《성호사설星湖僿說》 권9 〈인사문〉에서 16세기 조선인 임제의 말을 전한다. 임제는 자신의 임종 때 아들들이 슬퍼하자 "이 세상의 모든 나라가 황제를 일컫지 않는 자 없는데, 유독 우리나라만이 예부터 그렇지 못했으니 이와 같은 누추한 나라에 사는 신세로서 그 죽음을 애석히 여길 것이 있겠느냐?"라며 곡을 하지 말라고 했다는 것이다. 또한 "내가 만약 오대五代나 육조六朝 같은 시대를 만났다면 돌려가면서 하는 천자天子쯤은 의당 되고도 남았을 것이다"라고 농담 삼아 말하곤 했다고 한다.

실제로 신라나 발해, 고려 등이 한때 연호年號를 정하고 황제국을 선언한 적이 있다. 하지만 임제의 말을 음미하면, 그는 한반도에 있던 여러 국가가 한인의 영역을 정복하지 않은 채로 '좁은' 한반도에서 칭제건원稱帝建元한 것은 명실상부하지 않다고 생각한 것 같다. 물론 임제가 농담을 즐겨 했다는 이익의 글로 미루어 보아, 이 말은 일종의 농담이겠지만 촌철살인寸鐵殺人임에는 틀림없다.

한편, 일본열도 세력은 임진왜란 이전에도 백제 구원군이 당나라와 충돌하고 왜구가 명나라의 해안 지역을 약탈하는 등 두 차례에 걸쳐 중국 세력과 충돌했다. 그러나 원양 항해 기술이 발달하지 않았고 대규모의 군대를 동원해서 해외로 보낼 만큼 정치적 통일성이나 원동력도 없었기 때문에, 다른 비한인 집단과는 달리 한인 국가를 근본적으로 위협하는 일은 없었다.

임진왜란은 이러한 상황에 근본적인 변화가 생겼음을 보여준 전쟁이었다. 16세기 후기, 일본에는 100년간의 전국시대를 거치며 풍부한 실전實戰 경험을 지닌 대규모 병력과, 유럽 해양 세력과의 접촉을 통해 확보한 해외 정보가 있었다. 일본은 이를 바탕으로 다른 비한인 집단과 마찬가지로 한인의 명나라를 정복할 뿐 아니라 인도까지 가려는 계획을 세운다. 조선에 보낸 국서에서 히데요시는 자신의 목표가 명나라임을 선언하고 조선이 그 선봉에 설 것을 요구했다. 물론 전쟁 발발 후 1년도 채 지나지 않아 중국 정복이 불가능해지면서 히데요시의 야망은 꺾였다. 게다가 애당초 자신의 심복인

서일본 세력을 주력 부대로 동원하는 바람에 일본 국내의 정치적·군사적 기반이 약화돼 도요토미 정권은 2대로 단명했다. 이 때문에 그가 임진왜란을 일으킨 이유가 '늙음에서 기인한 오판'이라는 주장이 제기되는 것이다.

그러나 한인의 영역을 지배하고자 한 모든 비한인 세력의 시도가 성공한 것은 아니고, 만주인과 같이 우연이 겹치며 명나라의 정복에 성공한 사례도 있다. 따라서 히데요시가 대규모의 군대를 동원하여 명나라의 정복을 시도한 것은, 한인과 비한인 세력이 유라시아 동부 지역의 패권을 두고 경합한 수천 년의 패턴과 궤를 같이하는 것이라 할 수 있다.

한반도, 지정학적 요충지가 되다

그리하여 임진왜란은 한반도가 지정학적 요충지로 세계사에 등장했음을 알린 사건이 됐다. 그전까지는 한반도가 북아시아 평원과 황허 강·양쯔 강 지역의 외곽에 위치했기 때문에 한인과 비한인 세력 간의 충돌로 입은 피해가 상대적으로 적었다. 그러나 일본이 한인의 중국을 정복하려 하자, 한반도는 험난한 동중국해를 항해하는 대신 중국으로 갈 수 있는 교두보로서 이전과 비교할 수 없는 지정학적 중요성을 띠게 됐다. 16세기에는 원양 항해 기술이 낙후했기 때문에, 일본이라는 유라시아 동해안의 신흥 세력이 중국을 직접 공격하려면 한반도를 거쳐야 했다. 따라서 중국은 한반도를 방패막이 삼아 피해를 최소화하는 것이 효과적인 전략이었다.

16세기 후기에 한반도가 갖게 된 이러한 지정학적 동력動力은 19세기 말에도 거의 동일한 방식으로 작동했다. 한반도를 둘러싸고 청·러시아와 일본이 충돌한 끝에 한반도는 일본의 식민지가 되고 일본은 유라시아 동부의 대륙 세력으로서의 길을 걷기 시작했다.

그러나 몽골·러시아 등의 대륙 제국에 대항하여 에스파냐·포르투갈·영국·미국 등의 해양 제국이 세계사적 헤게모니를 잡게 됐고, 교통과 통신의 발달로 인해 육지보다 바다에서 움직이는 것이 더욱 편리해진 현재, 한반도의 지정학적 위상은 근본적으로 변화하고 있다. 오늘날 중국과 일본이 군사적으로 첨예하게 대립하고 있는 곳은 한반도가 아니라 동중국해의 센카쿠열도중국명 댜오위다오다. 또한 남중국해의 영해권을 두고 베트남·타이완·필리핀·브루네이·말레이시아·미국과 중국이 새로운 전국시대를 연 덕분에 한반도 주변의 군사적 위기가 상대적으로 완화되는 효과가 나타나고 있다.

한국 일부에서는 여전히 일본이 대륙 진출을 노리며 북한에 접근하고 있고, 이를 막기 위해 중국이 북한을 번병藩屛으로 거느리고 있다고 해석한다. 필자는 이를 '역사가 반복된다'는 가설을 지나치게 기계론적으로 해석한 데에서 비롯된 오류이자, 일본을 세계사 속에서 불변하는 절대 악으로 간주하는 이원론적 종교관의 영향 탓이고, 기술 문명의 발달이 이끌어낸 인류사의 비가역적irreversible 변화를 이해하지 못한 결과라고 생각한다. 한반도가 유라시아 동부의 변경이었던 16세기 중기 이전과, 일본열도 세력의 대두로 한반도가 유라시아 동해안의 지정학적 요충지가 된 임진왜란부터 20세기 전기에 이어, 오늘의 한반도는 지정학적으로 세 번째 의미를 부여받고 있다. 인류 문명이 현재의 교통과 통신 기술을 폐기하지 않는 한, 한반도의 주민은 이제까지의 역사적 경험과는 전혀 다른 형태의 상상력으로 미래 전략을 구상해야 할 것이다.

3장 임진왜란, 대륙을 향한 세 번째 시도와 좌절

대륙 세력이 되고자 한 일본의 첫 번째 좌절—삼한·삼국시대

역사상 최초로 일본 세력이 유라시아 동부 지역을 뒤흔든 사건이 임진왜란이라면, 그 사건이 전에 없는 갑작스러운 것이었을까? 사실 일본의 활동이 유라시아 동부의 대륙에서 관측된 것은 한반도의 삼한 시기로 거슬러 올라간다. 소설《삼국지연의》가 아닌 중국의 역사서《삼국지》가운데〈위서魏書〉의 한반도 관련 기사에는 왜인이 한반도에서 활동하는 듯한 모습이 보인다.

고려시대에 편찬된《삼국사기》에서도 왜인이 신라의 도읍인 금성오늘날 경주을 공격했다는 기사를 비롯하여 왜인의 움직임이 지속적으로 나온다. 일본의 역사서《일본서기》에서는 이른바 '임나일본부任那日本府'라는 일본열도의 중앙집권 세력이 이러한 움직임을 주도했다고 해설하며, 이러한 이해는 일본에서 20세기 전기까지 이어졌다. 이에 따라 조선을 강제 병합한 20세기 전반에 일본은 임나일본부의 거점으로 그려지는 가야 지역을 발굴 혹은 도굴했으나 그

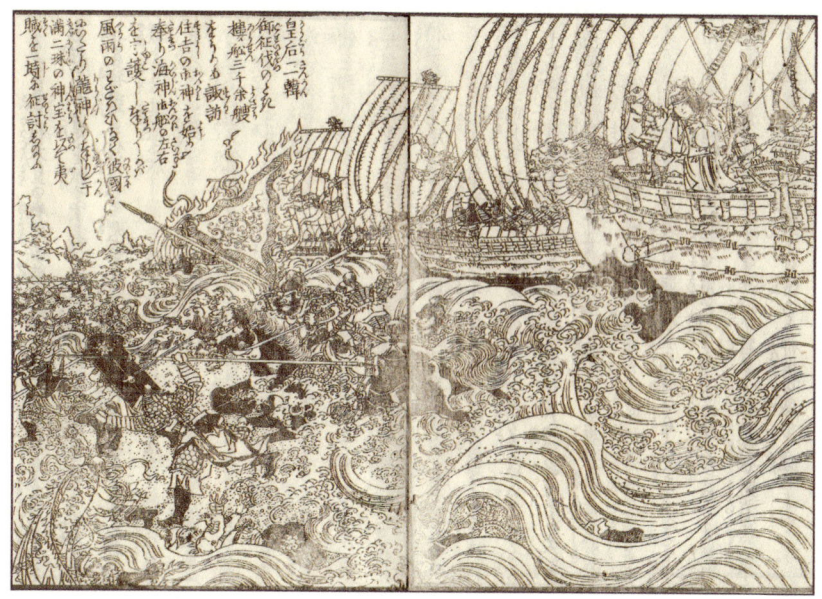

《에혼 조선정벌기》 상권(1853) | 진구코고가 신라를 '정복'하기로 하고 배에 타자 일본의 신들이 도와줘 순식간에 신라의 도읍 서라벌에 이르렀다는 《일본서기》의 기사를 묘사했다.

역사적 실체를 찾아내는 데 실패했다. 최근 들어 가야 지역이 아닌 전라남도의 영산강 지역에서 일본의 무사들이 묻힌 것으로 보이는 '왜계倭系' 무덤이 발굴되고 있다. 이들은 중국의 《진서晉書》 열전에 보이는 마한馬韓의 잔존 세력 '신미제국新彌諸國'이 백제에 저항하기 위해 고용한 용병으로 이해된다.

이처럼 20세기 전기에 일본이 만들어낸 '임나일본부설'과는 무관하게, 일본열도의 세력이 한반도 남부에서 군사적 움직임을 보인 것은 사실이다. 그리고 《일본서기》에 보이는 임나일본부는, 마치 일본열도의 통일 정권이 이들을 주도적으로 한반도 남부에 파견

《에혼 조선정벌기》 상권(1853) | 백제 부흥군이 부여풍을 데려가기 위해 일본에 도착했다.

한 양 후세에 정리한 것으로 보는 것이 통설이다.

《일본서기》 등의 고대 일본 역사서에서 임나일본부의 창세기創世記로서 존재하는 것이 '진구코고神功皇后의 삼한정벌' 전설이다. 이 전설을 간단히 설명하면 이렇다. 진구코고의 남편인 주아이텐노仲哀天皇가 규슈 지역에 군사 원정을 갔다가 한반도를 정복하라는 신의 계시를 받고도 무시했다. 그 때문에 남편이 죽자, 진구코고가 이 신탁神託을 수행하여 신라·백제·고구려를 정복, 일본의 속국으로 삼았다는 것이다. 진구코고라는 사람의 실존 여부, 과연 이 시기 일본에 이처럼 대규모의 해외 원정을 수행할 수 있을 정도의 단일한 중앙집권 정권이 존재했는가의 문제를 포함하여 이 전설은 역사적 사실로 인정되지 않는다. 그러나 사실 여부와는 상관없이 전근대 일본은 이 전설을 통해 한반도 남부 지역에 군사적으로 개입했고, 국제관계를 설명해왔다.

    이처럼 일본이 진구코고의 삼한정벌 전설을 통해 유라시아 동부에서의 활동을 정당화하려고 했다면, 그 활동의 대미를 장식하는 것은 백제 부흥군을 지원하러 온 일본의 수군이 당나라 군대에게 패한 663년 8월의 백강 전투였다. 당시 신라·당 연합군이 백제를 멸망시키고 의자왕 등의 지배층을 당나라로 끌고 가자, 백제 부흥군은 일본에 머물고 있던 의자왕의 아들 부여풍을 귀국시키고 일본 세력의 힘을 빌리고자 했다. 그리하여 백제 부흥군이 육지에서 신라군에 맞서고, 일본 수군은 오늘날 금강 근처에서 당의 수군과 맞섰다. 육지와 바다를 피로 물들일 정도로 치열한 전투 끝에 신라·당 연합군이 승리하면서 백제의 멸망은 기정사실이 됐다. 이로써 일본열도 세력이 한반도 남부에서 군사적으로 움직일 수 있는 여지는 사라졌고, 대륙에 거점을 확보하고자 한 첫 번째 시도는 실패로 끝나고 말았다. 이 시도는 유라시아 동부의 정세에 큰 영향을 주진 못했지만, 한반도의 분열 상태라는 불안정 요인이 제거돼 이후 신라·당·일본은 국내외적으로 안정을 유지했다.

대륙 세력이 되고자 한 일본의 두 번째 좌절—왜구

앞선 첫 번째 시도가 실패로 끝난 뒤, 일본은 대륙 국가들의 군사적 위협을 걱정할 필요가 없는 지정학적 요건에 힘입어 폐쇄적이고 독자적인 역사를 만들어갔다. 그러나 13세기에 몽골과 고려의 연합군이 일본을 침공한 사건은 일본 세력에 거대한 군사적 위협으로 다가왔다. 저명한 일본 중세사 연구자 아미노 요시히코網野善彦가 지적하듯이 몽골의 군사적 압박에서 일본열도가 자유로울 수 있

《삼국퇴치 신덕전》 중권 | 몽골·고려 연합군이 일본에 상륙하자 일본인들이 피하고 있다.

었던 것은 고려가 40년간 몽골의 침공에 항거한 덕분이었다.[2] 그러나 고려가 느슨한 형태로 몽골 제국의 일부가 되자, 몽골은 고려와 연합하여 일본열도의 정복을 시도했다. 당시 일본을 지배하던 가마쿠라막부의 군사 정권은 1274년과 1281년에 있던 몽골·고려 연합군의 공격을 막아냈지만, 그 충격으로 막부는 무너지고 일본에는 두 명의 덴노가 병립하는 분열기가 시작됐다. 그리고 이 시기를 전후한 일본열도의 혼란기에 주로 서부 일본의 세력이 또다시 유라시아 동부 대륙 지역에 약탈과 점령을 시도했다.

《고려사》에서는 왜구가 처음으로 활동한 시기를 1223년으로 전하면서도, 1350년에 "왜적의 침입과 노략질이 이때부터 시작됐다"라며 왜구의 움직임이 본격화됐다고 적었다. 이와 비슷하게 고대 영국의 역사서인 《앵글로색슨 연대기Anglo-Saxon Chronicle》에도 유럽의 왜구라 할 바이킹이 787년 기사에 처음으로 등장하지만, 793년 기사에서 "번개가 몰아치고 사나운 드래곤들이 하늘을 날아다니는 등 무시무시한 전조들이 노섬브리아 땅에 일어나 사람들을 매우 두렵게 했다. 그 직후에 큰 기근이 있었고 같은 해 1월 8일에 이교도들의 무리가 린디스판에 자리한 하느님의 교회를 약탈하고 살육했다"고 하여 바이킹의 활동이 이때 본격화됐음을 인상 깊게 전한다. 이처럼 왜구와 바이킹은 유라시아 대륙 동부와 서부의 국가들에 충격을 주며 여러 세기에 걸쳐 활동했지만, 노르망디·시칠리아·러시아 등에 항구적 정착지를 마련한 바이킹과 달리 왜구는 대륙에 거점을 만드는 데 실패했다.

왜구 세력이 소멸한 데에는 몇 가지 이유가 있다. 한반도는 이종무가 이끄는 조선군이 1419년에 쓰시마를 공격한 것과 같이, 일본 왜구에 공세적인 입장을 취했다. 중국에서는 명나라가 무역을 활성화함으로써 왜구가 취할 수 있는 상업적 이익을 줄이고, 왜구에 섞여 있던 왕직王直과 같은 중국인을 회유하여 제거했으며, 척계광戚繼光과 같은 장군이 왜구에 맞설 수 있는 효과적인 전술 전략을 개발했다. 일본에서는 오다 노부나가와 도요토미 히데요시가 통일 정권을 수립하면서 왜구에 대한 통제가 이루어졌다. 특히 도요토미 정권은 한편으로는 왜구를 진압한 공을 인정해달라고 명나라에 요구하여 전쟁의 명분을 만들고, 다른 한편으로는 왜구 세력을 흡수하여 임진왜란 당시 수군의 일부에 편성시키는 이중적 태도를 취했다. 이러한 이유로 왜구의 활동과 임진왜란이라는 침략 전쟁을 동일한 성격으로 파악하는 견해도 있지만, 왜구의 활동에서는 일본열도의 통일된 정권이 대륙을 정복하려는 의지와 그 의지가 실현되는 메커니즘이 파악되지 않기 때문에 필자는 이에 부정적이다.

'성전'으로서의 임진왜란

임진왜란은 일본 세력이 유라시아 동부의 대륙을 침공한 세 번째 사건이었다. 100년간의 분열을 끝낸 도요토미 히데요시는, 예수회 선교사들이 일본 내에 가톨릭을 포교하려 하자 일본을 불교와 신도神道의 국가로 규정하여 이를 저지했다. 그러나 아직 그의 지배가 일본 구석구석에 미치지 못했고, 한편으로는 조총이나 전함과 같은 가톨릭 국가들의 우수한 군사 물자를 지원받고자 하는 마음도 있었기 때문에, 도쿠가와 이에야스의 에도막부가 시행한 것과 같은 철저한 가톨릭 탄압은 이루어지지 않았다. 그렇기 때문에 고니시 유키나가小西行長, 세례명 아고스티뇨와 같은 유력 가톨릭교도 장군들이 그레고리오 데 세스페데스Gregorio de Cespedes와 같은 예수회 신부를 군종신부로서 한반도로 데리고 올 수 있었다. 이들에게 임진왜란은 가톨릭을 믿지 않는 유라시아 동부 지역에 대한 일종의 '성전聖戰'이었다. 당시 유럽 가톨릭 국가들도 종교의 이름으로 남아메리카를 비롯한 세계 각지를 정복하고 원주민을 학살하는 데 아무런 죄책감을 느끼지 않았으니, 임진왜란 당시의 가톨릭교도 장군·병사들 역시 기본적으로는 그러했으리라 짐작할 수 있다.

한편 임진왜란 중 고니시 유키나가와 대립한 가토 기요마사加藤淸正는 열렬한 불교 신도였다. 그가 믿고 따른 불교는 13세기에 니치렌日蓮이라는 승려가 개창한 니치렌슈日蓮宗라는 종파다. 니치렌은 《묘법연화경妙法蓮華経》의 힘으로 몽골·고려 연합군의 일본 침공에 맞설 수 있다고 주장했으며, 그런 의미에서 니치렌슈는 일종의 일본적 '호국불교'로서 기능했다. 니치렌슈 신도는 자신들의 종교가 일본이라는 국가보다 위에 있다는 근본주의적 주장을 펼치며 반란을 일으키거나 정권에 저항했기 때문에 탄압을 받았다. 20세기에도 이 종교의 일파인 창가학회의 설립자 마키구치 쓰네사부로牧口常三郎가 국가신도國家神道를 강제하는 일본 정부에 저항하다가 감옥에서 사망하기도 했다. 이렇듯 신앙이나 사상에 투철하여 국가와 정면으로 대결하는 사례는 일본 역사상 보기 드물다. 참고로 식민지 시기 한반도와 일본에서는 수십 명의 여호와의 증인 신도가 마찬가지 이유로 체포돼 옥응련 등이 옥사한 '등대사燈臺社 사건'이 있었고, 한반도에서는 박관준 등 수십 명의 기독교 신도가 신사참배에 반대하여 옥사했다.

가토 기요마사는 니치렌슈 신도이긴 했지만 정치보다 종교가 앞선다고 주장하며 국가와 반목하는 일이 없었다. 그 대신 일본의 토착적인 신앙인 신도와 열광적 불교 종파인 니치렌슈의 가르침을 체화하여 자신의 군사행동을 종교적으로 정당화했다. 조선 침

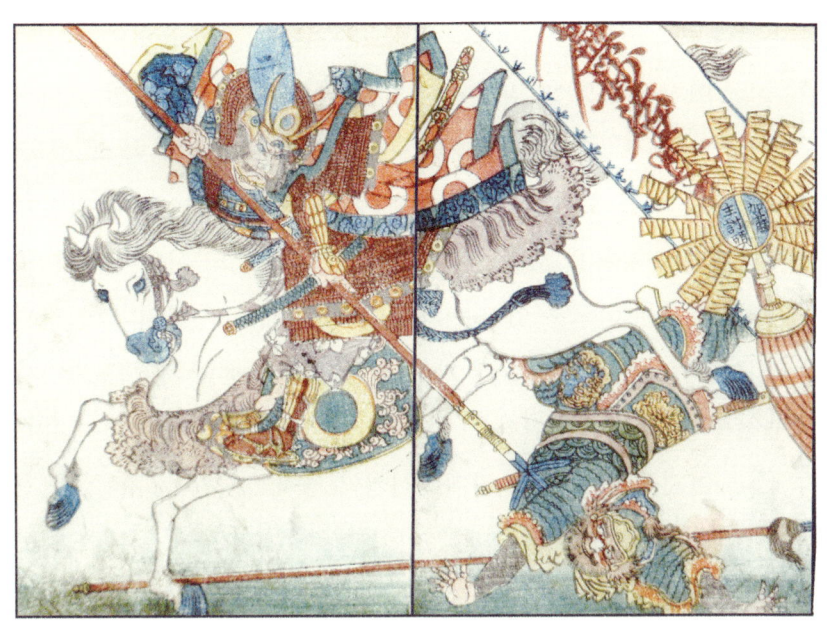

《영결삼국지전》(1850) | 나무묘법연화경 깃발을 꽂고 싸우는 가토 기요마사.

공을 선언한 도요토미는 가토가 독실한 니치렌슈 신도임을 알고는 이 종파의 가르침을 상징하는 "나무묘법연화경南無妙法蓮華經"이라는 글귀가 적힌 깃발을 하사했다. 가토는 이 깃발을 내걸고 임진왜란 7년 동안 한반도에서 활동했으니, 그에게도 임진왜란은 니치렌슈를 믿지 않는 이교도와의 성전으로 간주됐을 터다. 가토가 사명대사와 같은 조선의 불교도에 대해 비교적 우호적인 태도로 임한 것 역시, 그가 임진왜란을 일종의 종교전쟁으로 보았음을 짐작케 한다. 불교는 역사상 평화로운 종교라는 이미지가 있지만 대규모 승병僧兵이 있는 사찰들이 정치적 영향력을 행사하던 중세 일본이나 미얀마·스리랑카의 현대사에서 보듯이, 불교도가 공세적인 입장에 서는 경우도 적지 않다.

　　이렇듯 1592년 임진왜란 당시 일본군의 선봉에 선 고니시 유키나가와 가토 기요마사는 각기 크리스트교가톨릭와 불교니치렌슈 신도였으며, 이들에게 임진왜란은 일종의 종교전쟁이었다. 일본에 있는 임진왜란 기록을 보면 일본군이 부처와 일본의 여러 신의 도움으로 전투를 잘 치를 수 있다는 대목이 적지 않게 확인된다. 인간은 종교라는 이름을 내걸었을 때 가장 잔인하게 전쟁을 치렀음을 역사는 수천 년에 걸쳐 증명한다.

　　여기에 도요토미 히데요시가 도중에 전쟁의 목표를 변경하면서 임진왜란에서의 학살은 그 도를 더해갔다. 중세 일본이 알고 있는 전 세계, 인도·중국·일본을 모두 지배하겠다는 목표를 내걸었던 전쟁 초기에는 한반도를 향후 장기전의 거점으로 간주했다. 그렇기 때문에 일본군은 한반도의 주민을 철저히 지배함으로써 군량미의 원활한 보급 등을 꾀했다.

　　그러나 조선 관민官民의 항전과 명나라의 참전으로 인해 '세계 정복'의 기대가 1년 만에 꺾이자, 히데요시는 명나라에 한반도 분할론을 제안해 한반도 남부 네 개 지역만이라도 점령하려고 했다. 명나라의 심유경沈惟敬과 일본의 고니시 유키나가가 이러한 조건으로 강화 교섭을 추진하는 한편, 명 조정의 일각에서도 조선 국왕의 교체를 주장하는 등 조선은 정치적 위기에 직면했다. 그러나 결국 국왕 교체와 한반도 분할안 모두 기각되자, 히데요시는 실력으로 한반도 남부 지역을 장악하기 위해 1597년에 정유재란을 일으켰다. 당초 의도가 이루어지지 않은 데 대한 보복으로 한반도 남부 지역에서 일본군이 조선인을 학살한 것은 주로 이 시기였다.

유라시아 동부를 지배하고자 하는 목표를 내걸고 임진왜란을 일으킨 도요토미 히데요시가 1598년 여름에 사망하자, 전쟁을 계속할 명분을 상실한 일본군은 열도로 되돌아갔다. 이로써 일본열도 세력이 유라시아 동부 대륙부에 대한 지배를 꾀한 세 번째 시도도 무위로 돌아갔다. 그러나 이 세 번째 시도가 유라시아 동부에 미친 영향은 이전의 두 차례와는 달랐다. 중국에서는 한인의 명나라가 만주인의 청나라로 교체됐고, 일본에서는 도요토미 정권이 몰락하고 도쿠가와 정권이 들어섰다. 이 영향은 타이완과 동남아시아에까지 미쳐서 이들 지역의 정치적 지형을 바꿨다. 한반도는 분단의 위험을 피했지만 잇따른 쿠데타와 반란, 그리고 만주인과의 두 차례 전쟁과 점령이라는 일련의 사태를 겪으며 왕조 교체에 준하는 정치적 위기를 겪었다. 그런 의미에서 임진왜란은 유라시아 동부의 질서를 재편한 100년간의 장기적 변동기를 연 사건이었다.

4장   만주인, 임진왜란이
누르하치를 키웠다

누르하치가 여진의 전국시대를 끝내다

100년의 전국시대를 통일하고 세계 정복을 꿈꾸며 조선을 침략한 도요토미 히데요시의 야망은 채 1년도 지나지 않아 꺾였다. 1592년 7월에 조승훈祖承訓 등이 이끄는 명나라 군대가 조선군과 연합하여 고니시 유키나가가 점거한 평양성을 공격한 것이다. 비록 조선·명 연합군이 패배하기는 했지만, 명나라군이 조선에 진입했다는 사실을 확인한 일본군은 충격을 받았다. 일본에 있는 도요토미 히데요시가 전쟁 초기의 파죽지세에 편승하여 세계 정복 계획을 몽상한 반면에, 같은 시기에 한반도에서 실제로 전쟁을 수행하던 일본의 장병은 이 전쟁이 히데요시의 생각처럼 쉽게 진행되지 않을 것임을 직감하고 있었다.

      임진왜란 초기에 일본군은 각 지역의 거점만을 점령하며 급히 북쪽으로 진격하는 양상을 보였다. 그 때문에 거점 지역 바깥은 일본군이 지배할 수 없었고, 조선은 바깥 지역에서 의병을 조직하고 관군과 연합작전을 펼칠 수 있었다. 즉, 1592년 시점에서 일본군은 점령지를 면적面的이 아니라 선적線的으로 지배하고 있었던 것이다. 또한 고니시 유키나가, 가토 기요마사 등의 육군과 함께 침략전쟁의 한 축이었던 일본의 수군은 이순신이 이끄는 조선 수군에 연전연패하고 있었다. 그런 가운데 명나라 군대의 참전까지 확인하자 일본군으로서는 당혹스러울 수밖에 없었다.

또한 한반도 북부에 진입한 일본군은 개전 때 경험하지 못한 조선군의 강력한 저항에 부딪쳤다. 임진왜란 이전에 한반도 국가의 존망을 위협하는 세력은 언제나 해양이 아닌 대륙 쪽에서 왔다. 따라서 조선을 비롯해 한반도에 자리했던 국가는 영토 북쪽에 주력부대를 배치하고, 남쪽에는 소규모의 왜구 세력을 막을 수 있을 정도의 병력만을 배치했다. 임진왜란 초기에 조선군이 무력하게 무너진 이유가 이것이다. 그러나 1592년 말이 되면 북방에서 여진인女眞人에 맞서 국경 지역을 지키던 조선의 정예병이 일본군과의 전투에 투입됐다. 여기에다 날씨도 조선군을 도왔으니, 따뜻한 기후의 일본열도 서부 출신이 주축을 이룬 일본군 장병은 한반도 북부의 혹독한 겨울에 견디지 못한 것이다. 여담이지만, 1950년에 발발한 한국전쟁 당시 북한 지역에서 작전을 전개하던 미군이 가장 힘들어한 것 역시 이 지역의 혹독한 겨울 추위였다.

이러한 요인이 겹친 끝에, 백전노장 이여송李如松이 이끈 명나라군과 조선군이 연합해 1593년 1월에 평양성을 탈환하면서 히데요시의 야망은 꺾였다. 그 뒤로도 벽제관 전투, 행주산성 전투, 진주성 전투 등 조선·명의 연합군과 일본군은 승패를 주고받았지만, 전쟁의 주요한 국면은 강화협상으로 전환됐다.

　　이 시기에 전황이 바뀌었음을 파악한 조선은, 또 다른 문제가 북방에서 발생하고 있음을 깨달았다. 만주 지역, 즉 오늘날의 중국 동북삼성 지역의 여진인은 조선과 명의 견제로 인해 오랫동안 분열돼 있었다. 그런데 일본군의 침략으로 조선과 명이 관심을 한반도로 돌린 사이에 아이신 기오로 누르하치Aisin Gioro Nurhaci라는 인물이 여진 세력을 통일하기 위한 전쟁을 전개 중이었던 것이다.

　　12-13세기에 금金나라를 세웠다가 몽골인에 의해 멸망당한 뒤로, 이 지역의 여진인은 몽골·조선·명의 견제를 받고 있었다. 16세기 당시 여진인은 몽골의 영향을 강하게 받은 해서여진海西女眞 4부部, 명과 조선의 영향이 강한 압록강 북쪽의 건주여진建州女眞 5부, 그리고 두만강 북쪽의 야인여진野人女眞 4부 등 13개 세력으로 나뉘어 있었다. 이들은 동질감이 약하여 서로 대립하고 있었으며, 몽골·조선·명 등의 주변 세력이 이러한 대립을 부채질하고 있었다.

　　즉, 임진왜란 이전의 만주 지역은 마키아벨리의 이탈리아처럼 내부 세력이 상호 적대하고 프랑스·에스파냐 등의 강력한 외부 세력이 이러한 적대를 조장하는 상황이었다. 일본의 오다 노부나가도 비슷한 상황에서 통일 전쟁을 수행했지만, 그가 맞서야 했던 외부 세력은 유럽 이베리아반도에서 온 예수회뿐이었다. 누르하치는 예수회 세력과는 비교할 수 없을 만큼, 만주에 강력하게 개입하는 몽골·조선·명 등의 외부 세력과도 맞서야 했기에 노부나가보다 더욱 어려운 상황에 처해 있었다.

　　이러한 여진인의 전국시대는 몽골·조선·명 등이 이 지역

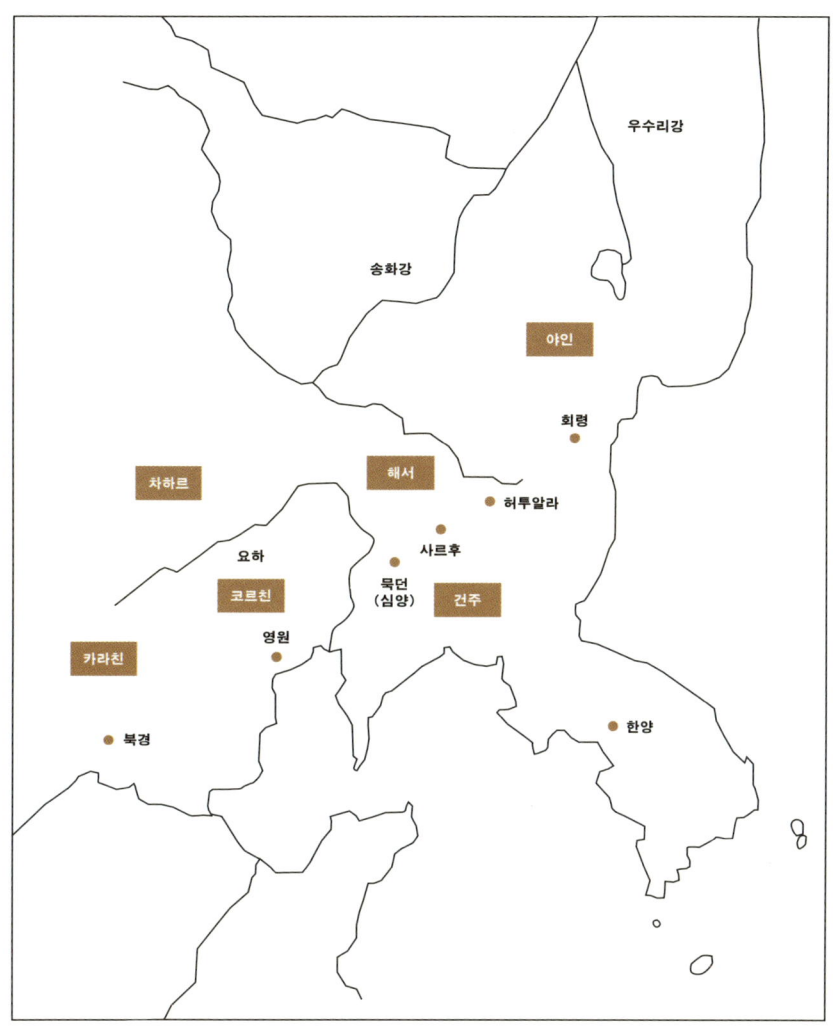

16세기 만주의 여진 세력도 | 여진인은 조선·명·몽골의 압박을 받아, 해서·건주·야인으로 분열돼 있었다.

에 계속 개입하는 한 이어질 터였다. 그러나 건주여진의 누르하치는 빠른 속도로 여진 집단을 합병해나갔고, 임진왜란으로 조선과 명의 관심이 유라시아의 해양 세력인 일본으로 가 있는 사이에 그 과정을 거의 완성했다. 말하자면 오다 노부나가와 도요토미 히데요시가 전국시대를 끝낸 뒤 통일 일본 세력이 한반도를 공격하고, 그 파장으로 만주 지역의 전국시대가 끝나는 연쇄반응이 일어난 것이다.

압록강의 얼음성과 홍삼, 그리고 '만주인'의 탄생

신중한 누르하치는 임진왜란 발발 직후에 조선을 도와줄 의향이 있다고 타진하는 등 여전히 조선과 명에 저자세를 유지했다.[3] 그러나 1595년에 경기·황해·평안·함경 도체찰사가 된 류성룡은 여진 세력이 누르하치의 영도하에 급속히 통일되고 있음을 우려하며, 이를 방치하면 장차 화근이 될 것이라고 예측했다. 류성룡은 유사시에 겨울의 압록강에 얼음성을 쌓아 여진 세력의 공격에 대비할 수 있다고 건의했다. 실제로 누르하치가 1626년에 만리장성 북쪽 영원성寧遠城 근처를 공격했을 때에 명나라군이 얼어붙은 보하이 만渤海灣의 얼음으로 성을 쌓아 대응하기도 했는데, 군사학적인 소양이 깊었던 류성룡 역시 한반도 북부의 특성을 활용한 병법을 고안한 것이었다. 그만큼 임진왜란 당시부터 누르하치 세력이 장차 위협이 되리라는 사실이 예견돼 있었다. 바꿔 말하자면, 이처럼 온갖 방법을 구상해야 할 정도로 누르하치의 여진 세력은 이제 무시할 수 없는 가까운 미

THE VIEW OF SLEDGES RUNNING ON THE RIVER YALU.
氷結せる江上を駛る橇の眺め （國境の冬）

엽서집 《국경의 겨울 - 압록강의 정경》 표지와 그 중 한 장 | 강물이 얼어붙어 성벽처럼 솟구쳐 있다. 다리 아래에 있는 사람들의 키와 비교하면 그 높이를 짐작할 수 있다. 조선과 명나라에서 누르하치 군을 막기 위해 얼음성을 쌓으려 한 것은 겨울의 만주 지역에서는 실현 가능한 방안이었다.

〈압록강 타령(鴨綠江節)〉, 일명 〈혜산진 타령(惠山鎭節)〉의 가사집 표지 | 1920년대 일본에서 유행한 곡으로 압록강의 뗏목꾼이 부르기 시작했다고 한다. 비슷한 노래로 〈백두산 타령(白頭山節)〉이 있는데, 이 곡의 가사를 바꿔 〈특공대 타령(特攻隊節)〉, 〈진주만 타령(眞珠灣節)〉 등으로 불러 제국주의 일본에서 프로파간다로 기능했다.

래의 위협으로 다가와 있었다.

　　1595-1596년에 누르하치를 방문하고 돌아와 《건주기정도기建州紀程圖記》라는 기록을 남긴 신충일 역시, "예전에는 출입하는 자가 반드시 무기를 휴대해야만 안전했는데, 누르하치가 단속한 후부터는 무장하지 않고 다녀도 안전하다"[4]는 여진인의 말을 전하고 있다. 토머스 홉스Thomas Hobbes의 《리바이어던》 등에 보이는 "만인에 대한 만인의 투쟁"이라는 표현 그대로 상호 적대적이었던 여진인이 누르하치의 영도하에 급속히 결속됨을 우려한 것이다.

　　당시 여진 세력과 조선 사이에서는 백두산 자락의 인삼 채취를 둘러싼 대립이 심각했다. 인삼을 채취하기 위해 경계를 넘어온 여진인을 조선 측이 죽인다고 누르하치가 지속적으로 문제를 제기한 것이다. 신충일은 여진인이 "조선은 여진인의 영역으로 건너와서 활동하면서 왜 우리들이 조선의 영역으로 넘어가 인삼 캐는 것은 막느냐"라며 조선에 큰 불만을 가지고 있다고 전했다. 류성룡도 이 문제를 신중하게 처리해야 한다고 지속적으로 조정에 건의했다.

만주어로 '길고 하얀 산'이라고 불리는 백두산은, 비단 한 민족뿐 아니라 이 산을 둘러싸고 발생한 많은 민족들의 성지였다. 여진인은 백두산 인삼을 귀중하게 여겨 명나라와의 주된 교역 상품으로 거래했는데, 생 인삼을 물에 적셔서 명나라 상인에게 팔았다. 이를 노린 명나라 상인이 교역할 때 일부러 시간을 끌었기 때문에 인삼이 썩을 것을 우려한 여진인은 헐값에 인삼을 팔 수밖에 없었다. 이때 누르하치가 인삼을 햇볕에 말리는 방법을 개발해 오랫동안 보관할 수 있도록 했고, 덕분에 여진인의 수익이 증대됐다. 이러한 업적이 누르하치의 일대기를 담은 청나라의 공식 기록인《만주실록》에 실릴 정도로 백두산 인삼은 여진인의 사활이 걸린 상품이었다(참고로,《만주실록》은 2014년에 고려대학교 민족문화연구원 만주학센터 만주실록역주회에서 한국어로 번역 출판하여 이용이 편리해졌다).

《만주실록》권3을 보면, 임진왜란이 끝난 이듬해인 1599년에 누르하치가 금과 은을 채굴하고 철의 제련을 시작함과 동시에 몽골 문자를 변형하여 만주 문자를 제정함으로써 여진인의 언어생활에 혁신을 가져오고 여진인의 정체성을 확립했다고 칭송한다.[5] 당시 여진인에게는 문자가 없었기 때문에 그들보다 문화적으로 우위를 차지한 몽골의 문자를 이용했다. 이는 여진어를 몽골어로 번역하여 몽골 문자로 표기하는 방식이었는데, 상호 대립하던 여진 부족을 통일하여 하나의 정체성을 부여하려면 자신들의 언어를 표기할 문자를 제정해야 함을 누르하치 역시 절감한 것이다.

《만주실록》에서는 옛 법대로 몽골 문자를 이용하자는 여러 신하의 반대에 맞서 "중국인이나 몽골인은 자신들의 언어를 자신들의 문자로 표기하는데, 우리들은 남의 문자를 빌려 쓰기 때문에 백성들이 이를 이해하지 못한다"라고 주장하며 끝내 새로운 문자를 제정하는 누르하치의 모습이, 마치 조선의 4대 국왕 세종과 같이 그려진다. 실제로 몽골 문자와 만주 문자를 비교하면 한자와 한글 간에 나타나는 근본적인 차이는 확인되지 않는다. 어쨌든 기록을 통해 알 수 있듯이, 훗날 청나라를 세우는 여진인은 누르하치의 가장 큰 업적을 얘기할 때 문자를 제정하여 '만주인'이라는 민족 정체성을 형성하고, 홍삼 제조법과 광산을 개발함으로써 여진 세계의 경제적 문제를 해결한 것을 으뜸으로 꼽는다.

누르하치, 제국 건설을 시작하다

1599년 이전까지 몽골 문자를 빌려서 여진어를 표기한 것처럼, 여진인은 정치·경제·문화적으로 우월한 몽골의 영향을 강하게 받고 있었다. 명 태조 주원장朱元璋이 명나라를 건국하면서 몽골인은 14세기 후반에 몽골고원으로 되돌아가 북원北元을 건국했다. 그러나 북원의 건국은 몽골인이 자신들의 제국 가운데 한인의 영역을 포기하고 원래의 출발지로 돌아간 것뿐이었으며, 명나라는 이후에도 몽골과의 항쟁에서 승리하지 못했다. 이전 왕조의 역사서를 편찬해 새로운 왕조의 수립을 기정사실화하는 한인의 전통에 따라 명나라에서는 서둘러 《원사元史》를 만들었으나, 몽골 세력에 대한 적대감에서 만들어진 이 역사서는 후대에 혹평을 받기도 했다.

   서울대 김호동 교수가 《몽골제국과 세계사의 탄생》이라는 저서에서 밝혔듯, 몽골인이 수립한 연합 제국은 유라시아 동서 전체를 포괄했으며 결코 '중국사'라는 범위에 포섭될 성질의 것이 아니었다. 유라시아 동부에서 몽골인의 정치적 독립이 소멸되고 오늘날과 같이 '중국'의 일부로서 자리하게 된 것은 여진인이 수립한 청나라에 의해서였다.

   1580년대에 여진 통일 전쟁을 시작한 누르하치에게 임진왜란은 천재일우의 기회였다. 그러나 상호 적대적이던 다른 여진 집단은 누르하치에게 정복되기보다는 몽골이나 명나라와 같은 외부의 힘을 빌려 누르하치를 꺾고자 했다. 한반도에서 조선·명 연합군과 일본군 간의 치열한 공방전이 전개되던 1593년에, 몽골과의 연계가 강한 해서여진 세력은 코르친Khorchin 등의 몽골 세력과 연합하여 누르하치를 공격했다. 일본을 통일하고자 한 오다 노부나가의 기세를 꺾기 위해, 상호 적대하던 세력이 연합하여 노부나가 포위망을 펼친 것과 마찬가지의 모습이었다.

   그러나 누르하치는 군사적 재능을 발휘하여 이 전투에서 승리했고, 건주여진에 이어 여허葉赫 집단을 제외한 모든 해서여진도 합병한 뒤에 1603년에 허투알라興京老城에 거점을 구축했다. 이제까지

여진을 낮게 평가하던 몽골인 가운데 일부 세력이 이때부터 누르하치와의 연합을 모색하기에 이르렀고, 1593년의 전쟁에서 누르하치에게 졌던 코르친을 포함한 칼카Kalka 몽골 세력이 1606년에 그에게 '공경스러운 한쿤둘런한'이라는 존호를 바쳤다. 금나라 멸망 이래로 이 지역에 존재한 몽골과 여진의 관계가 처음으로 역전되기 시작한 것이다.

이 무렵 일본에서는 1598년에 사망한 도요토미 히데요시의 뒤를 이어 도쿠가와 이에야스가 1600년의 세키가하라 전투, 1614~1615년의 오사카 전투를 거치며 일본의 지배자가 됐다. 도쿠가와막부는 히데요시가 무너뜨린 조선과의 외교관계를 복원하고자 간청과 협박을 섞어서 조선을 설득했는데, 협박 가운데에는 다시 조선을 공격할 수 있다는 내용도 있었다. 따라서 조선은 일본과의 문제를 해결하는 데 여념이 없었으며, 만주의 상황을 우려했지만 개입할 수 있는 처지가 아니었다.

명나라도 누르하치의 여진 통일이 현실화되자 이이제이以夷制夷 전략에 따라 해서여진의 잔존 세력인 여허를 지원하여 누르하치를 견제했다. 누르하치는 시종 명나라에 저자세를 취해왔으나 이제 명나라와의 대결을 피할 수 없다고 판단했다. 그리하여 1616년에 여허를 제외한 모든 여진 세력 유력자들이 모인 가운데 후금국後金國 건국을 선포하고 '여러 나라를 기르실 밝은 한'이라는 존호를 받았다.

이어 누르하치는 1618년 1월 16일에 명나라에 전면전을 선포했다.《만주실록》권4에서는 이날 아침에 황색과 청색 선이 기우는 달을 꿰뚫는 징조가 나타났다고 하여 이 전쟁을 성화聖化한다. 또한 같은 해 4월에 여진군이 명나라를 향해 출발할 때, 누르하치는 자신이 명나라에 대해 '일곱 가지 큰 한七大恨'을 풀어야겠다고 선언함으로써 이 전쟁이 외국에 대한 침략 전쟁이 아니라 '정당한' 복수전이라는 명분을 만들어냈다. 일곱 가지 한이란 자신의 아버지와 할아버지를 명나라가 죽였다든지, 명나라가 여허를 도와 자신과 적대한다는 등의 여러 가지 명분을 숫자 7에 맞춘 것이다. 누르하치는 하늘이 자신을 옳게 여기기 때문에 (여허를 제외한) 여진을 통일할 수 있었으며, 이처럼 천명을 받은 자신에게 대항하는 여허를 명나라가 도와주는 것 역시 천명에 어긋나기 때문에 자신에게 승산이 있다고 주장한 것이다.6

물론, 《만주실록》에 실려 있는 누르하치의 이러한 '복수' 운운은 명나라를 멸망시키고 수립된 청나라의 만주인 지배세력이 한인의 전통적인 정치 관념을 이용하여 후세에 정교하게 구성한 것으로 보아야 할 것이다. 하버드대학의 피터 퍼듀가 《중국의 서진》에서 지적하듯이, 통일 전쟁으로 여진인 사회가 급속하게 중앙집권화됐고, 이 때문에 경제가 어려워지자 누르하치는 랴오둥반도와 조선을 약탈하여 부족한 물자를 공급하려 했던 것이다. 그러나 누르하치가 명나라와 전쟁을 시작하면서 자신의 군사행동을 정당화했으리라는 것은 어렵지 않게 상상할 수 있다.

도요토미 히데요시 역시 1592년에 임진왜란을 일으키면서 자신의 군사행동을 정당화하고 일본의 침략 대상이 된 조선과 명을 비난한 바 있다. 이유인즉, 명나라를 괴롭히던 왜구를 자신이 소멸시켰으니 감사를 표해야 마땅한데 그러지 않아 명나라가 잘못한 것이고, 이 문제를 중재해달라고 조선에 요구했는데 무시했으니 조선이 잘못했다는 것이다. 《징비록》에도 이와 비슷한 내용이 실려 있다. 이덕형이 쓰시마의 승려 게이테쓰 겐소景轍玄蘇와 회담하다가 일본의 침략을 비판하자, 겐소가 고려가 몽골과 함께 일본을 공격한 데 대한 보복이라고 응수했다는 것이다. 지구상에 존재했고 존재하는 모든 세력은 자국이 외부에 전개하는 전쟁이 정당하다고 주장한다. 그 누구도 자신들이 탐욕스러워서 남의 것을 빼앗기 위해 전쟁을 일으켰다고 주장하지 않는다.

  오다 노부나가가 일본의 전국시대를 종결시키고, 도요토미 히데요시가 유라시아 동부 정복이라는 야망하에 임진왜란을 일으키며 촉발된 누르하치의 여진 통일 전쟁은, 이제 명나라와 후금국의 정면충돌이라는 새로운 국면으로 접어든다.

5장 급변하는 대륙, 동네북이 된 한반도

유라시아 동부의 패권을 건 사르후 전투

여진인은 12-13세기에 처음으로 강대한 국가를 만들며 역사에 등장했다. 여진인의 금나라는 한인韓人의 고려, 거란인의 요遼나라, 한인漢人의 송宋나라, 탕구트인의 서하西夏와 함께 시베리아 이남의 유라시아 동부 지역을 지배했으나, 이들 세력은 모두 칭기즈칸의 몽골에 멸망당했다. 몽골 세계제국의 분열과 원나라의 멸망 이후에도 여진인은 명·조선·몽골 등 외부 세력의 간섭과 10여 개 집단으로 분열된 내부 상황으로 지리멸렬한 상태였다. 그러던 중 누르하치라는 걸출한 인물이 나타나고, 일본의 도요토미 히데요시가 조선·명과 충돌하면서 공백이 생기자 이러한 분열 상황에 극적인 변화가 일어났다.

    누르하치가 여진 세계를 통일할 의지를 실천에 옮기자, 몽골의 영향을 강하게 받은 해서여진의 여허 부족은 명과 몽골 세력 등을 끌어들여 이를 저지하려 했다. 이들 외부 세력과의 충돌을 피할 수 없다고 판단한 누르하치는, 1618년에 명나라에 대해 일곱 가지 한이 있다고 주장하며 전면전을 선포했다. 이때까지 누르하치는 만주 지역에서의 패권 획득을 목적으로 삼았던 것으로 보이며, 자신이 만든 나라가 한인의 명나라를 멸망시키리라는 예상은 결코 못했을 터다.

누르하치가 전면전을 선언하자 명과 몽골은 여허 부족과 함께 연합군을 형성했으며, 광해군이 파견한 강홍립·김응서·김응하 등의 조선군도 명군과 함께 행동했다. 이는 일본열도의 분열을 끝내기 위해 오다 노부나가가 거병하자, 당시까지 분열돼 있던 일본 내의 모든 세력이 반노부나가 연합군을 결성한 것에 비유할 수 있다. 노부나가에 비해 누르하치는 더욱 거대한 적에 맞서야 했다. 이 전투에는 양호楊鎬·유정劉挺·이여백李如柏 등 임진왜란 당시 조선에서 활동한 명나라의 장군들과, 역시 임진왜란 당시 조선군에 투항한 일본 병사를 능란하게 다룬 경험이 있는 김응서 등이 참전했다. '항왜降倭'라 불리는 조선군 속의 일본 병사들 역시 사르후 전투에서 반누르하치 연합군에 포함돼 있었다. 이렇게 16세기 말에서 17세기 초 사이 유라시아 동부 지역 정세는 일본과 여진이라는 두 신진 세력이 국내 통일과 대외 세력 확장을 위한 전쟁을 수행하고, 기존 패권 세력인 조선·명·몽골 등이 현행 질서를 지키기 위해 이를 저지한 것으로 보인다.

유라시아 동부 지역의 패권을 두고 누르하치 세력과 반누르하치 연합군이 충돌한 것이 바로 1619년의 사르후 전투다. 잘 알려져 있듯이, 후금과 명이라는 양대 세력의 충돌에서 중립을 유지하고자 한 광해군은 조선군에 소극적인 대응을 명했다. 이 전투에서 승리한 세력은 수적 열세를 극복한 누르하치군이었다. 전투 중 포로가 된 강홍립은, 조선군이 자발적으로 이 전투에 참전한 것이 아니라 임진왜란 당시 조선을 도와준 명나라의 은혜를 갚기 위해 할 수 없이 온 것이라고 변명했다. 누르하치의 일대기인 《만주실록》 권5에는 강홍립의 다음과 같은 말이 실려 있다.

우리 병사들이 이 전쟁에 원해서 온 것이 아닙니다. 왜자국(倭子國, 일본)이 우리 조선을 공격하여 토지와 성을 모두 약탈했었습니다. 그 환란(患亂)에 대명(大明)의 군사가 우리를 도와 왜자를 물리쳤습니다. 그 보답이라고 우리를 데리고 왔습니다. 당신들이 살려준다 하면 우리는 투항하겠습니다. 우리 병사들 중 대명의 군대에 합류하여 간 자들을 당신들이 모두 죽였습니다. 우리의 이 영(營)에는 조선인뿐입니다. 대명의 한 유격(遊擊) 관원과 그를 따라온 병사들뿐입니다. 우리는 그들을 잡아 당신들에게 보내겠습니다.[7]

누르하치는 명이나 몽골에 비하면 상대적으로 충돌할 요소가 적은 조선을 적으로 돌리지 않는 것이 자신의 목표를 달성하는 데 유리하다고 판단했다. 그래서 그는 사르후 전투 후에 조선으로 보낸 편지에서, "나를 하늘이 옳게 여겼고, 대명국을 하늘이 질책했다. 조선 너희의 군대가 대명국을 원조하여 나에게 군대가 온 후, 내가 생각하니 '조선의 군대가 바라서 온 것이 아니고, 대명국에 이기지 못하고, 왜국의 적을 물리쳐준 보은이라고 왔을 것이다'(라고 생각했다)"라며 유화적인 자세를 취했다.[8] 이처럼 유라시아 동해안에서 동부 대륙으로 진출하고자 한 도요토미 히데요시의 그림자는 이 지역에 짙게 드리워 있었다.

여진인과 '한국인'은 동족인가?

자신에 적대한 모든 세력과의 충돌에서 대승을 거둔 누르하치는 이제 랴오둥반도로 세력을 확장코자 했다. 사르후 전투 후에 조선에 유화적인 자세를 취한 것과 마찬가지로, 그는 몽골 세력에도 친근한 언사로 접근했다. 그는 당시 몽골에서 가장 강력했던 차하르 몽골의 릭단 칸Ligdan Khan에게 1620년에 편지를 보내, "대명과 조선 두 나라는 말이 다를 뿐이지 입은 옷과 머리 모양은 하나같아서 같은 나라처럼 삽니다. 만주와 몽골 우리 두 나라도 말이 다를 뿐이지 입은 옷과 머리 모양은 하나같습니다"라고 몽골을 회유한다(《만주실록》권6). 명과 조선이 언어는 다르지만 문화적으로 하나인 것처럼, 만주와 몽골 역시 언어는 달라도 문화적으로 동일하니 힘을 합치자는 것이었다. 이 밖의 여러 기록에서도 누르하치 등 만주인 집권층은 자신들의 인종적·문화적 동질성을 몽골인에게서 추구했으며, 조선은 여진인과는 무관한 존재로 인식했음을 확인할 수 있다.

청나라는 일종의 전근대판 동북공정東北工程의 결과물이라 할 《만주원류고滿洲源流考》와 같은 문헌을 작성하여, 유라시아 동부의 비한인 지역에 대한 역사적 정통성이 자신들에게 있다고 주장했다. 오늘날 한국의 일각에서는 이러한 프로파간다적인 문헌에 적힌 내용을 문자 그대로 이해하여, 몽골인이나 여진인과 '한국인'이 인종적으로 동일하기 때문에 몽골인이나 여진인의 역사적 경험은 '남의 역사'가 아니라 곧 한국인의 역사라고 주장하기도 한다. 그러나 누르하치의 언급에서 보듯이 여진인은 한반도 주민에 대해 동질감을

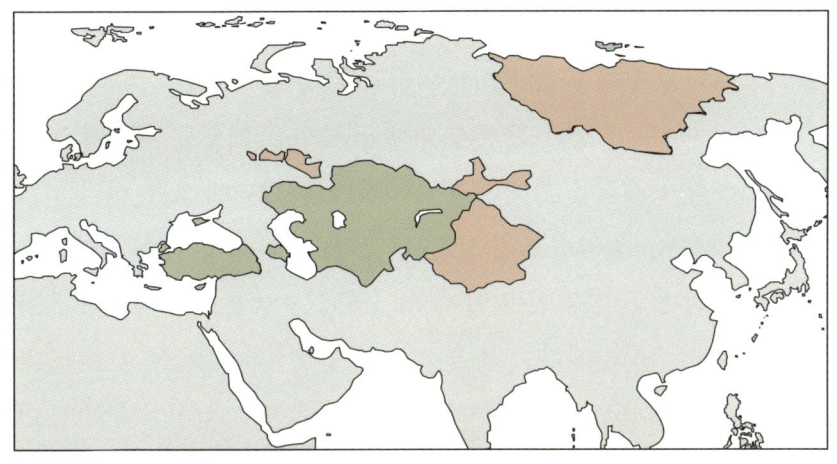

범투르크주의(위)와 범몽골주의(아래)가 상정하는 영역 | 오늘날에도 터키나 몽골의 일각에서 '범투르크주의'나 '범몽골주의' 등을 주장하는 경우가 있지만, 한반도와 '한국인'은 이들의 포섭 대상이 아니다.

표하지 않았다. 유라시아 대륙의 주변부에 붙어 있는 반도의 주민 일부가 대륙을 향해 품은 짝사랑이라고 해야 할지.

아무튼 조선과 몽골에 대해 유화적인 태도를 취하며 만주 지역으로 착착 세력을 확대한 누르하치는, 1622년에 요동 지역의 거점인 요양遼陽을 점령하고 수도를 두었다. 그러나 한인을 지배하는 데 실패하여 반란 움직임이 있자 1625년에는 심양으로 수도를 옮기고, 만주어로 '흥하다'라는 뜻을 지닌 묵던Mukden으로 그 이름을 바꾸었다. 참고로 1657년에는 이 지역에 봉천부奉天府가 설치됐으며, 이들 지명은 20세기의 만주국滿洲國 시기에 널리 인구에 회자됐다.

한편, 이 사이에 조선에서는 광해군이 축출되고 인조가 새로운 국왕으로 즉위했다. 광해군의 조선 조정이 명과 후금의 충돌에서 보여준 태도에 대하여는 '균형외교'(한명기)라는 긍정적 평가와 '기회주의'(오항녕)라는 부정적 평가가 공존한다. 역사의 해석에서 논쟁이 일어나는 것은 당연한 일이고 양측의 주장 모두 경청할 바가 있으나, 필자로서는 전자의 입장에 동조하는 편이다.

요동 지역에서 우위를 확고히 하고자 한 누르하치는 1626년에 만리장성 동쪽 끝자락에 자리한 산해관山海關 바깥의 영원성을 공격했다. 명나라의 탁월한 군사 지도자 원숭환袁崇煥은 만리장성 바깥쪽을 포기하자는 조정의 입장에 반대하여, 매우 열세한 병력이었음에도 포르투갈에서 유래돼 임진왜란 때 맹활약한 홍이포紅夷砲를 활용하여 여진의 기마 전술을 격파하는 데 성공했다. 누르하치도 이 전투에서 입은 상처로 결국 사망에 이르는데,《만주실록》에는 그의 죽음이 영원성 전투 때문이라는 사실이 미묘하게 처리돼 있다. 정복자 누르하치의 일생에서 이 패배가 그만큼 치욕적인 사건이었음을 반증하는 것이리라.

《만주실록》 권8에는 누르하치가 죽음에 인하여 자손에게 남긴 긴 유언이 실려 있는데, 그 가운데 눈을 끄는 대목이 있다. "《충경忠經》에서 말하기를, '일을 시작하기 전에 만류하면 무엇보다 상上이고, 일이 끝난 후에 만류하면 무엇보다 하下이니, 알고도 만류하지 않으면 바른 사람이 아니다'라고 말했다."⁹ 지배자가 된 사람은 간언諫言하는

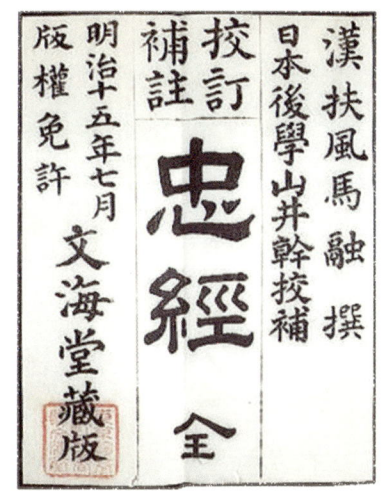

《충경》(1882)의 표지 │ 일본에서 메이지유신으로 근대화된 뒤에도 계속 간행되고 있어 이 책의 인기가 식지 않았음을 보여준다.

충신을 가까이 둬야 한다는 뜻일 터다. 이《충경》은 중세 중국에서 만들어진 책으로,《효경》에 호응하여 주군에 대한 충성을 논하고 있다. 이 책은 역대로 중국과 일본에서 널리 읽혔으며, 그 인기는 근대 이후에도 식지 않았다. 누르하치가《충경》을 유언 중에 인용했다고《만주실록》에 기록돼 있는 것처럼 만주인 역시《충경》을 중시했다.

이에 반해, 조선시대와 현대 한국의 주민 가운데《충경》에 대해 들어본 사람은 얼마나 될까? 전근대 사회에서 주군, 곧 국가에 대한 충성과 가문에 대한 효성이 충돌할 때 충성을 효성보다 앞세우는 모습이 한국의 역사에서는 별로 확인되지 않는다. 모친상 중임에도 위기에 처한 국가를 지키기 위해 나선 이순신이나, 가족을 포기

하고 멀리 타향에서 독립운동을 하다가 죽어간 사람들이 한국 역사에 없는 것은 아니다. 그러나 유라시아 동부의 여러 지역 가운데 한반도는《충경》의 존재감이 사라지고《효경》만이 득세한 특수한 곳이었다.

정묘호란과 병자호란—한반도 문제의 종결

사르후 전투 이후 요동 지역으로 진출한 누르하치는, 압록강을 넘어 조선으로 도망간 요동 지역의 한인을 되돌려 보내라는 내용의 서한을 조선에 보낸다. 여진인의 가장 오래된 편찬 역사서인《만문노당滿文老檔》천명6 1621년 3월조에는 "후금국의 한이 조선 한에게" 편지를 보내 "조선은 올바른 나라이니 도리를 모를 리 없을 것이므로" 요동의 지배자가 된 자신에게 요동의 한인을 돌려보내라고 요청했다고 기록돼 있다. 누르하치와 조선 국왕이 동등한 한han, khan으로 간주됐음을 확인할 수 있다.《만문노당》의 다른 곳에는 명나라의 "만력 한萬曆帝이 조선의 한에게" 말했다는 구절이 보이는 등, 만주인의 초기 세계관에서 조선·여진·명은 평등한 한han의 나라로 간주됐다.

《만문노당》은 근대 일본의 '동양학자' 나이토 고난內藤湖南 등이 그 사료적 가치에 주목했으며 패전 후에 일본의 동양문고에서 전7권으로 출판되기도 했다. 이 동양문고본《만문노당》에는 "조선 한"이라는 구절이 "조선 왕"으로 번역돼 있다. 하지만 일본 학자들이 의도적으로 왜곡했다기보다는, 조선에 대한 만주인의 인식 변화를 무의식 중에 번역에 반영한 것으로 봐야 할 것이다. 앞서 여러 차례 인용한 《만주실록》은 여진인이 명나라를 멸망시킨 뒤에 편찬된 문헌인데, 여기에는 "만주국의 태조 경기연 한을 조선국의 왕에게 보낸다"(권7)[10]라는 대목이 보인다. 《만문노당》의 단계에서는 만주의 한과 조선의 한이 서로 동등했지만, 조선보다 위에 자리했던 명나라가 만주인에 정복당한 뒤인 《만주실록》의 단계에서는 만주의 한이 조선의 왕보다 상위에 자리한 것이다. 따라서 동양문고본 《만문노당》의 편찬자들 역시 만주인의 이러한 조선관을 투영하여 원문을 왜곡하는 결과를 빚었다.

만주인 지배자들이 조선을 자신과 동등한 존재가 아닌 자신보다 하위에 있는 존재로서 보게 된 계기는 1627년의 정묘호란과 1636년의 병자호란이었다. 누르하치가 1626년의 영원성 전투에서 전사한 뒤 즉위한 홍타이지Hong Taiji는, 일찍이 아버지 누르하치가 협조를 얻고자 했던 차하르 몽골을 정복하고, 칭기즈칸으로부터 전해졌다는 옥새를 손에 넣었다. 이로써 몽골 세계 제국의 정통성을 획득한 홍타이지는 1636년 4월 11일에 만주인과 몽골인, 그리고 요동 지역의 한인의 추대를 받는 형식으로 황제에 즉위했다. 《만문노당》에 따르면, 이때 조선에서는 나덕헌과 이곽이 사신으로 와 있었지만 이들은 홍타이지가 황제로 즉위하는 것을 인정할 수 없다며 목숨을 걸고 강경한 태도를 취했다고 한다. 홍타이지로서는 만주·몽골·한·조선 등 네 개 세력의 황제로서 즉위하려던 계획이 무산된 것이었으니, 그가 조선에 어떤 감정을 느꼈을지 짐작할 수 있겠다.

홍타이지는 이미 즉위식 이전인 1627년에 조선을 공격한 바 있다. 이 공격이 바로 정묘호란이다. 정묘호란 당시 후금의 최대 목표는 평안도 철산 앞바다의 가도椵島, 皮島에 주둔하던 명나라의 모문룡毛文龍 세력을 척결하고, 정복 전쟁과 명나라의 금수 조치로 인해 부족해진 물자를 조선에서 입수하는 데에 있었다. 따라서 전쟁 당시에도 후금은 조선을 완전 정복하는 대신에 양국 간에 형제 관계를 맺고 경제적 착취 구조를 구축하는 데 그쳤다. 홍타이지는 조선이 17세기 전기의 변화된 국제관계를 인정하여 자신을 명의 황제와 대등하게 대해주기를 바랐다.

그 뒤에 일어난 일을 이미 알고 있는 후세 사람은 '왜 조선은 그때 명나라를 버리고 후금을 편들지 않았는가' 하고 쉽게 말하지만, 명나라는 여전히 건재한 상태였다. 더욱이 임진왜란 당시 조선이 일본과 내통하여 명을 치려고 한다는 유언비어가 돌았던 것과 마찬가지로 이번에는 조선이 후금과 내통하여 명을 배신했다는 소문이 명나라에서 돌았기 때문에, 조선 조정은 더욱 대응이 곤란했다. 우방이라도 믿지 않는 국제 정세의 냉혹함을 보여주는 대목이다. 당시 유라시아 동부의 급변하는 국제 정세에서 '독립변수'는 명과 후금뿐이었으며, 조선은 이들 독립변수 간의 길항관계에 영향을 받을 수밖에 없는 상황이었다.[11] 국제 정세를 정확히 파악하고 교묘한 외교를 전개하는 한편으로 힘껏 군사력을 확보했다면, 급변하는 국제 정세에서 어느 정도의 자율성을 보장받을 수 있었을 것이다.

그러나 16세기 당시 유럽의 어느 나라보다도 많은 수의 조총과 100년간의 실전 경험이 있는 20여만 일본군의 침공을 받은 조선에 그러한 역량은 남아 있지 않았다. 참고로, 정묘·병자호란 당시 일본의 쓰시마에서 조선을 군사적으로 원조하겠다며 국교國交를 재개하자고 접근했다. 임진왜란 초기에 누르하치가 조선을 도와주겠다고 한 것과 아울러 생각하면 그야말로 '병 주고 약 주고' 하는 격이라 하겠다.

그리하여 황제로 즉위한 1636년의 12월, 홍타이지는 명나라와의 전면전을 앞두고 걸림돌이 되는 한반도 문제를 해결하기 위해 조선을 침공했다. 전쟁 발발이 기정사실이 된 시점에 현실주의적 정치가였던 최명길은, 만약 정말로 청과 전쟁을 벌일 것이라면 인조가 직접 압록강가로 나아가 싸워야 한다고 주장했다. 그래야 전쟁에 지더라도 피해 범위가 최소화한다는 것이었다.[12] 그러나 조선 조정은 천혜의 요새인 강화도만을 믿고 결사항전을 주장했다. 실제로 전쟁이 시작되고 사태가 급박해지자 국왕 인조는 미처 강화도로 들어가지 못하고 남한산성에서 농성하다가 항복했으며, 믿었던 강화도는 쉽사리 함락됐다. 청군의 기동력을 무시하고 그들의 해전海戰 수행 능력이 극적으로 향상됐음을 알지 못한 결과였다.

이로써 한반도 문제를 해결한 청나라는 조선으로 하여금 홍타이지를 칭송하는 비석을 세우게 했다. 현재 서울 잠실의 석촌호숫가에 자리한 '대청황제공덕비大清皇帝功德碑', 일명 '삼전도비三田渡碑'가 그것이다. 청나라의 공식 언어인 만주어·몽골어·중국어 세 개 언어로 새긴 이 비석은 청의 요구로 세워지고 비문의 세세한 부분까지 청에서 지정했다. 그러나 비석의 내용을 읽어보면, 조선의 신하들이 국왕 인조의 어리석음을 사죄하고, 홍타이지가 패전한 조선을 멸망시키지 않음에 감동하여 자발적으로 세운 것처럼 돼 있다.

대청황제공덕비의 만주어·몽골어 비문(위)
대청황제공덕비의 중국어 비문(아래)

비문의 첫머리에는 "인자하고 관대하고 온화하고 신성한 한han께서 '화친을 깨뜨린 것이 우리 조선으로부터 시작됐다'며 병자호란을 일으키셨다"라고 선언한다. 이어서 "작은 나라가 윗나라에 죄를 얻음이 오래됐다"라고 하여 1619년 사르후 전투, 정묘호란 등의 사례를 든다. 그러나 조선이 사태를 파악하지 못한 듯하자 "신성한 한 홍타이지는 여전히 관대하게 즉시 군대를 보내오지 않고, 분명한 칙령을 내려 거듭거듭 조선 조정을 깨닫게 하는 것이 마치 귀를 잡고 가르치는 것보다 또한 더했다." 그럼에도 조선은 여전히 깨닫지 못했으니 병자호란의 원인은 하늘의 뜻을 깨닫지 못한 조선에 있다는 것이다.

비문에는 남한산성에 갇힌 인조가 다음과 같이 말하며 항복을 결심했다고 적는다. "내가 정묘호란 이래 큰 나라와 화친한 지 10년이다. 내가 무능하고 우매하여 하늘이 정복함을 서둘렀고 만민 백성이 재난을 만났으니 이 죄는 오로지 내게 있다. 그러나 신성한 한은 차마 조선의 관민을 죽이지 못하여 이처럼 깨닫게 하시니, 내가 어찌 감히 나의 조상들의 도道를 온전케 하고 백성을 보호하기 위해 칙령을 받지 않겠는가?" 실제 인조는 어떻게든 홍타이지의 앞에서 절하는 항복 의례만은 피하려 했으나 그럴 수 없는 처지였다. 물론 비문에는 그러한 이야기가 감춰져 있다. 그리고 모든 상황이 종료된 뒤, 조선에서는 다음과 같이 논의하여 황제의 공덕을 찬미하는 비석을 세우기로 했다고 주장한다.

이런 큰 천복을 내린 바, 작은 나라의 주군과 신하들과 포로된 자식들과 부인들이 모두 예전처럼 되니, 서리와 눈이 변하여 봄이 되고 마른 가뭄이 바뀌어 계절의 비가 내린 것 같았다. 작은 나라가 망한 것을 다시 있게 했다.

전후에 수십만 명의 포로가 끌려갔음을 생각하면 참으로 뻔뻔하다고밖에 할 수 없는 내용이다. 적반하장 격으로 청은 도리어 청이 조선을 다시 일으켰다고 하여 조선에 '재조지은再造之恩'을 베풀었다고까지 주장했다. 원래 재조지은이란 임진왜란 당시 원군을 보낸 명나라가 조선에 대해 주장한 개념이었다. 이 개념을 홍타이지의 청나라가 차용한 것이다. 1716년에 일본 도쿠가와막부의 실권자인 아라이 하쿠세키新井白石도《조선빙사후의朝鮮聘使後議》라는 책에서 재조지은을 주장한다. 즉, 도쿠가와 이에야스가 도요토미 히데요시를 멸망시켜서 조선의 원수를 갚아주고 재침 위협에서 구해준 것이니, 재조지은이 있는데도 이를 인정하지 않는 것은 괘씸하다는 것이다. 조선의 주변 국가가 모두 재조지은을 주장하니, 참으로 동네북과 같은 처지의 한반도였다.

청나라는 자신들이 어디까지나 하늘의 뜻에 맞는 정당한 전쟁을 수행한 것이며, 작은 나라가 큰 나라에 적대하는 죄를 지은 조선은 정벌당해 마땅하다고 주장했다. 그리고 이러한 자신들의 주장을 더욱 설득력 있게 만들고자, 조선인이 자국의 죄를 스스로 비판하는 내용을 비석으로 남기게 했다.

이와 관련해서 생각해봐야 할 또 다른 비석이 있다. 임진왜란 당시에 활동이 부진했던 시마즈島津 가문은 임진왜란 후에 일본의 영산靈山인 고야 산에 '고려진 적·아군 전사자 공양비高麗陣敵味方戰死者供

養碑'를 세웠다. 비문 내용은 전쟁 중에 자신들이 죽인 명군의 수가 참으로 많았으며, 비록 전쟁 때문에 죽이기는 했지만 적군과 아군의 명복을 평등하게 빈다는 것이다. 시마즈 가문은 고니시 유키나가나 가토 기요마사, 구로다 나가마사黒田長政에 비해 임진왜란 당시 자기 가문의 훈공이 일본 내에서 인정받지 못하는 데 불만을 품었기 때문에, 이렇게 공양비라는 형식으로 스스로를 찬미한 것이다. 근

고려진 적·아군 전사자 공양비 | 임진왜란 당시 시마즈 가문이 자신들의 훈공을 찬미하기 위해 고야 산에 세웠다.

대 이후에 일본 적십자사는 이 비석이 일본인의 박애 정신을 상징한다고 주장하여 비문의 내용을 영어로 번역하여 세우기도 했다. 상상컨대, 만약 임진왜란 때 일본이 한반도 정복에 성공했다면 이 고려진 적·아군 전사자 공양비는 청의 대청황제공덕비와 마찬가지로 한반도에 세워져서 조선 침략 전쟁을 정당화하는 프로파간다로서 기능했을 것이다.

  이리하여 청나라에 눈엣가시였던 조선이 굴복하고 한반도 문제가 종결됐다. 오다 노부나가의 일본 통일 전쟁에서 시작된 유라시아 동부 지역의 변동은 임진왜란과 누르하치의 여진 통일을 거쳐 청나라의 조선 정복에 이르렀다.

6장 명·청 교체, 비한인이 대륙을 지배하다

고려의 충선왕, 조선의 소현세자—심양의 두 한국인

1627년의 정묘호란과 1636년의 병자호란을 통해 한반도 문제를 해결한 대청국大淸國은, 이제 본격적으로 한인의 명나라와 결전을 앞두고 있었다. 1643년에 홍타이지가 사망하고 아이신 기오로 풀린Aisin Gioro Fulin이 순치제順治帝로 즉위했으나, 겨우 여섯 살이었기 때문에 숙부 도르곤Dorgon이 섭정으로 전쟁을 지휘했다. 도르곤이 이끄는 청군의 앞을 가로막은 장벽은 만리장성 동쪽 끝 산해관의 오삼계吳三桂 장군이었다. 애초에 그는 청군과의 일전을 준비하고 있었으나, 1644년에 명나라에서 이자성李自成의 농민 반란이 일어나자 이후의 세계사를 바꿀 결정을 내린다.

오늘날의 산시 성에서 태어난 이자성은 기근 때문에 일어난 농민 반란에 참여했다가 점점 출세 가도를 달렸다. 1644년에 서안西安을 정복한 그는 순順이라는 국가의 탄생을 선언하고 황제로 즉위, 북경을 향해 진군했다. 그리고 같은 해 3월, 북경이 함락되고 당

자금성에서 바라본 경산(위)
경산에서 내려본 자금성(아래) | 숭정제도 자결하기 전에 이러한 풍경을 보았을 터다.

시 명의 황제였던 숭정제崇禎帝가 자금성 북쪽 경산景山에서 목매어 자살함으로써 명나라는 멸망했다. 북경을 점령한 이자성의 군대는 산해관을 지키던 오삼계에게 투항을 요구했고, 충성을 바칠 군주를 잃은 오삼계는 고민에 빠졌다. 결국 그는 산해관을 열어 이자성이 아니라 도르곤의 청군을 받아들이기로 결심했다.

오삼계는 왜 이런 결정을 내렸을까? 명나라를 멸망시킨 이자성의 농민군에 대한 적대감 때문이라는 게 통설이지만, 북경에 있던 애인 진원원陳圓圓을 이자성군에 빼앗겨 분노했기 때문이라는 설도 후대에 제기됐다.[13] 오삼계가 명나라를 배신했다고 생각한 한인들이 그를 원망하여 이런 설을 만들어낸 것인데, 한인 왕조 멸망의 단초를 제공한 오삼계에 대한 원한의 정도를 보여주는 이야기라 하겠다.

《에혼 국성야충의전》 전편 권7 | 도르곤과 오삼계가 만나다.

그런데 오삼계가 산해관의 문을 열고 도르곤의 청나라군을 맞이하는 역사적 현장을 지켜본 조선 사람이 있었다. 바로 1636년의 병자호란 이후에 인질로 청나라에 와 있던 소현세자였다. 중국의 동북 지방, 만주 지역의 중심지인 심양에 거주하던 소현세자는, 청나라군이 산해관을 돌파하고 북경을 정복하는 원정군에 참가하도록 요구받았다. 청나라는 단순히 만주인만의 국가가 아니라 만주인·몽골인·한인의 연합 체제였으며, 조선인 역시 정묘·병자호란 전후로 이 체제의 일원이 됐다. 청나라의 근본이 되는 시스템인 팔기八旗 가운데에는 '고려니루'라는 조선인 조직이 결성돼 있었으며,[14] 병자호란 이후 명나라를 공격할 때에는 임경업 등이 이끄는 조선군도 참가했다. 1644년의 북경 공격 역시 이러한 연합군 체제로 수행된 것이다.

소현세자가 심양에서 거주하고, 산해관을 지나 북경에 들어가는 일련의 과정이 청나라의 강요로 이루진 것은 사실이다. 그러나 한반도의 군대가 만리장성 너머 북경에 진입한 것은 한반도 역사상 유래가 거의 없는 사건으로, 좀 더 적극적으로 평가할 여지가 있지 않을까? 이는 고구려의 유민인 고선지高仙芝가 당나라군을 이끌고 티베트군을 격파, 중앙아시아 연합군과 탈라스 평원에서 맞붙은 사건 이후, 한반도 출신이 군사적으로 유라시아 대륙에서 활동한 드문 사례로 볼 수 있다.

또한, 소현세자가 거주하던 심양은 과거 고려의 충선왕이 만권당萬卷堂을 만들어 원나라의 엘리트들과 인맥을 쌓는 등 외교 활동을 전개한 역사적 장소이기도 했다. 몽골제국의 5대 대칸大汗, Khagan이자 원나라 초대 황제인 쿠빌라이Qubilai, 세조의 외손자였던 충선왕은 8대 대칸이자 원나라 4대 황제인 바얀투Buyantu, 인종의 즉위를 도와주면서 원나라 내에서 정치력을 획득했다. 그러나 정치적 후원자였던 바얀투가 죽자 충선왕은 티베트인의 거주지인 사스캬Sa-skya와 도스마mDo-smad로 유배됐다.15

《역옹패설櫟翁稗說》의 저자로 유명한 고려시대의 정치인 이제현은 티베트에 유배된 주군을 찾아간 기록을 남기고 있어서, 몽골 제국 체제의 중국 지역을 구석구석 다닌 한반도 주민의 모습을 오늘날에 전한다. 고선지·충선왕·이제현·소현세자, 그리고 인도 아대륙 여행기《왕오천축국전往五天竺國傳》을 남긴 신라의 혜초慧超까지, 이들은 수동적인 상황에 처해서, 또는 자신의 적극적인 의지로 유라시아 대륙을 걸어 다녔다. 오늘날 세계를 무대로 활동하는 한국인이 또 하나의 롤 모델로 삼을 수 있을 것이다.

북경, 함락되다

만주인·몽골인·한인·조선인 연합군의 일원으로 참전한 소현세자를 모시던 신하가 기록한《심양일기瀋陽日記》는 이 전쟁을 생중계하듯 생생하게 담고 있다.《심양일기》1644년 4월 15일 자에는 오삼계가 도르곤에게 보낸 항복문이 남아 있다. 여기에는 북경이 함락된 뒤에 벌어진 학살극의 참상과, 숭정제의 원수를 갚기 위해 군대를 빌려달라는 명분을 내세워 청나라에 투항하고자 하는 오삼계의 혼란스러운 심정이 잘 나타나 있다.

서쪽 유적(流賊, 이자성의 군대)이 초봄에 황성을 포위하여 3월에 황성이 함락됐습니다. 황제는 군대가 들이닥치자 목을 매 자살했고, 후비(后妃)들도 불에 뛰어들어 자결했습니다. 나라가 이 지경에 이르고 보니 이미 어쩔 수 없습니다. (중략) 지금 대왕께서 이미 군대를 일으켰다는 소식을 들었으니, 이때를 당하여 군사를 재촉하여 와서 구원해주신다면 마땅히 산해관 문을 열고 대왕을 맞이할 것입니다. 대왕께서 일단 관문으로 들어오시면 북경에 입성하는 것은 시간문제입니다.16

이 항복문이 전달된 일주일 뒤인 23일, 오삼계는 산해관을 열고 도르곤에게 정식으로 항복했다. "밝을 녘에 청나라 군대가 진군하여 관문 앞 5리쯤까지 다가갔다. 포탄 연기 아래 포성이 크게 일어나더니, 이윽고 오삼계가 장수 십수 명과 갑옷 입은 기병 수백을 거느리고 성에서 나와 맞이하여 투항했다." 그러고 나서 오삼계와 도르곤의 연합군은 이자성군과 교전하기 위해 산해관으로 진입한다. "한인과 청인이 자주 왕래하더니, 청나라 군대의 좌우 진이 동시에 관문으로 말을 달려 들어가 성 위에 백기를 세운 뒤 구왕九王, 도르곤이 뒤이어 관문으로 들어갔다. 오삼계 장군이 바야흐로 유적과 교전을 벌이다가 성을 나왔던 것이다."17 여진인의 전국시대를 종결시키고 명나라와 대립하던 누르하치나 몽골과 조선을 굴복시킨 홍타이지는, 과연 자신이 건설한 국가의 군대가 산해관을 통과하는 이러한 상황이 실제로 일어나리라고 예상했을까?

성 아래 채소밭 가운데 담장에 기대 앉아 있던 소현세자는 "세자도 전투가 벌어지는 곳으로 따라가야 하겠소"라는 도르곤의 요구에 따라 몸소 갑옷을 입고 화살과 돌이 쏟아지는 곳에 섰다. 그리

《예혼 국성야충의전》 전편 권8 | 산해관을 통과한 오삼계와 청 연합군이 이자성 농민군과 싸우는 모습. 소현세자가 목격한 장면을 연상할 수 있다.

고 오삼계와 도르곤이 이끄는 연합군과 이자성군 간의 천하를 건 일전을 지켜보았다.

포성이 우레 같았고 화살이 비처럼 쏟아졌다. 청군이 세 번 뿔피리를 불고 세 번 함성을 지르더니 동시에 적진을 향해 돌진하며 화살을 여러 차례 쏘고 검광(劍光)을 번뜩였다. 이때 바람이 크게 일어나며 한 떼의 누런 먼지가 가까이에서 일어나 멀어지므로 비로소 적병이 패한 것을 알았다. 한 식경이 지나자 텅 빈 전장에 시체가 이리저리 뒤엉켜 쌓여 큰 벌판에 가득했다. 달아난 적의 기병들은 20리를 뒤쫓아 성 동쪽 해구에 이르러 모두 죽였다.[18]

이리하여 이자성의 봉기는 좌절됐고, 청나라라는 강대한 세력을 만리장성 안으로 끌어들이는 결과를 낳았다. 일본열도의 전국시대 종결과 임진왜란으로 촉발된 유라시아 동부 지역의 정치적 연쇄반응이 새로운 계기를 맞이한 순간이었다.

산해관 전투로부터 열흘가량 지난 5월 2일, 청나라 연합군은 북경에 진입한다. 소현세자를 수행하던 조선의 관료들에게 이 사건은 어떻게 비쳤을까?

청나라 군대가 성 동쪽 5리쯤 되는 곳으로 진군하자 도성 백성들이 곳곳에 모여 군병을 맞이했다. 명함을 가지고 와서 바치는 자도 있었고, 문 밖에 둔 꽃병에 꽃을 꽂고 향을 사르며 맞이하는 자도 있었다. (중략) 도성 사람들이 성대하게 의장(儀仗)을 갖추어 청나라 군대를 맞이했다. 구왕(즉 도르곤)은 수레를 타고 궁궐 안으로 들어갔다. 궁궐은 모두 잿더미가 됐고 오직 무영전(武英殿)만 남아 있었다. 구왕이 어탑(御榻, 황제가 앉는 의자)에 올라 앉아 명나라 대소 관리들의 배례를 받고, 성 안의 백성들을 위로하며 편안히 생업에 종사하게 했다. 또 유적의 패잔병들 중 마을에 흩어져 사는 자는 모두 참수형에 처하도록 하니, 성 안에 숨었던 피란민들이 차츰 돌아와 모였다.[19]

조선의 사대事大 대상이었던 명나라를 농민 출신의 이자성이 이미 멸망시킨 상태였기 때문인지, 기록자는 안타까워하거나 흥분하지 않고 담담히 기술한다. 오삼계나 소현세자를 모시던 조선인은 이자성과 같은 농민이 황제에게 반기를 든 데에 계급적 거부감을 가졌을 터다. 그렇기 때문에 명나라를 배신하고 청나라에 투항한다거나, 상국으로 섬기던 명나라의 수도에 청나라 군대와 함께 들어간 다는 사실이 불러일으키는 심리적 충격을 이러한 거부감으로 상쇄시킬 수 있었던 게 아닐까.

　　이리하여 여진인이 세운 금나라의 수도였던 북경이 다시 여진인이 세운 청나라의 소유가 됐다.《심양일기》의 저자는 북경을 정복한 도르곤의 청나라 군대가 규율을 지키는 모습을 기록했지만, 이후 전개되는 청나라의 정복 전쟁에서는 저항하는 한인을 무자비하게 학살했다. 정묘·병자호란 당시 조선이 겪었던 그 이상의 참극에 대한《양주십일기揚州十日記》와 같은 기록은 만주인 지배하의 청나라에서 유통이 금지됐으나, 중국 남부의 상인을 통해 근세 일본으로 전해졌다. 그리고 메이지유신 이후의 근대 일본을 배우고자 유학 간 한인 청년들은 이런 기록을 통해 만주인의 정복 초기에 일어난 일을 알게 되고 반청反淸운동을 일으킨다. 역사는 참으로 기묘하고 우연히도 연면히 이어진다.

중국인과 일본인의 혼혈아 정성공

이자성 농민군과 청나라군에 의해 북경이 함락되자, 중국 남부의 한인 세력은 명나라의 황족인 주朱씨 출신자를 모시고 각지에서 왕조를 세워 이에 저항했다. 이들 망명정권을 통틀어 남명南明 정권이라고 한다. 이들 남명 정권 세력은 구원군을 얻기 위해 동분서주했다. 남명의 마지막 황제인 영력제永曆帝는 서양 세력의 힘을 빌리기 위해

로마 교황에 사신을 파견했고, 남명 세력 가운데 일부는 가톨릭으로 개종했다. 청나라군과 남명 세력 간의 전쟁 양상을 전하는《대중국사Imperio de la China》의 저자 알바루 세메두Álvaro Semedo,《타타르 전쟁사Bellum Tartaricum》를 쓴 마르티노 마르티니Martino Martini 등은 모두 예수회 선교사로서, 당시 남명 정권과 함께 활동하기도 했다. 남명이 멸망한 후에는 청나라 측으로 돌아서서 선교 활동을 계속한다.

또한 유학자 주순수朱舜水는 일본에 구원병을 요청하기 위해 건너갔다가 전황이 도저히 뒤집힐 것 같지 않자 그대로 일본에 망명하여 주자학을 뿌리내렸다. 이처럼 명나라의 멸망 후 전 세계 세력의 각축장이 된 유라시아 동부의 정세는 어지러이 전개됐다.

여기서 명나라 부흥을 위한 구원군을 임진왜란 때 명나라와 맞섰던 일본에 요청했다는 사실이 얼핏 모순적으로 느껴질지도 모르겠다. 그만큼 남명 정권 세력이 궁지에 몰렸음을 보여주는 것이다. 한편 여기에는 정성공鄭成功이라는 인물이 개입돼 있다.

1645-1646년 사이에 복주福州에서 활동하다가 청군에 체포돼 자살한 남명의 융무제隆武帝는 정지룡鄭芝龍, Nicholas Iquan Gaspard이라는 해적을 자기 세력으로 끌어들였다. 정지룡은 일본의 규슈 히라도라는 곳에서 머무를 때 무사 계급 출신 여성인 다가와 마쓰田川マツ와 결혼하여 정성공을 낳았다. 즉 정성공은 중국인과 일본인의 혼혈인 것이다. 그렇기 때문에 임진왜란 당시 명과 일본이 맞붙었다는 역사적 사실을 뛰어넘어, 정성공에게는 주순수를 일본에 파견하여 남명 구원군을 요청할 수 있는 비책이 있었을지도 모른다. 정성공은 융무제에게 황족의 '주'씨 성을 주겠다는 제안을 받았으나 황송하다고

정성공과 일본인 어머니 다가와 마쓰(왼쪽)
《에혼 국성야충의전》 전편 권4(오른쪽) | 정지룡, 다가와 마쓰, 정성공 가족의 모습.

하며 거절했는데, 훗날 사람들은 그를 '임금의 성을 받은 어른'이라는 뜻의 '국성야國姓爺'라고 불렀다. 당시 서구에서 그를 부르던 호칭인 '콕싱가Koxinga'는 여기에서 비롯됐다.

그리고 근세 일본인은 중국인과 일본인의 혼혈인 국성야 정성공이 명나라의 부흥을 위해 전개한 활동을 '일본인'의 위업으로 받아들였다. 지카마쓰 몬자에몬近松門左衛門이라는 연극 작가가 《명청투기明淸鬪記》 등 명청 교체기에 관한 기록을 바탕으로 집필한 작품 〈고쿠센야 갓센國性爺合戰〉은 오사카에서 17개월 연속 상연되는 대기록을 세웠다. 이러한 열광은, 당시 일본인이 정성공의 활동을 단순히 '남의 역사'가 아니라 '우리의 역사'로 받아들였음을 보여준다.

연극 〈고쿠센야 갓센〉은 정성공의 군대가 남경을 공격하여 청나라 군대를 무찌르고 명나라의 황제를 복위시킨다는 내용으로 대단원의 막을 내리는데, 이는 절반만 진실이다. 연극에서와 같

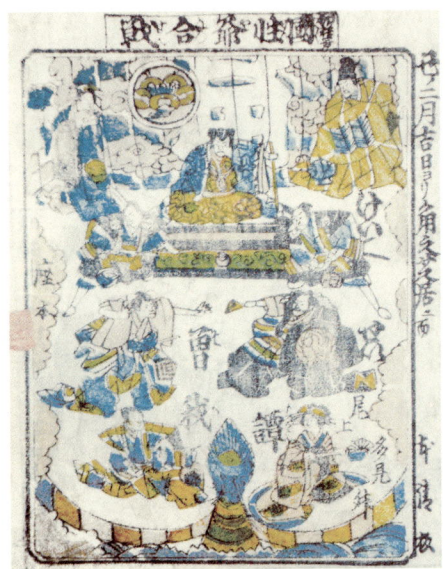 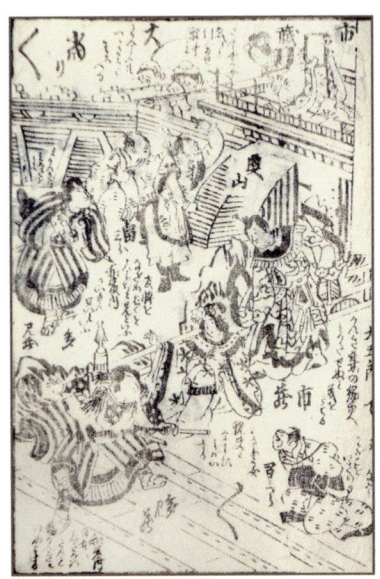

연극 〈고쿠셴야 갓센〉의 팸플릿(19세기) | 국성야 정성공이 명나라의 부흥을 위해 명나라에서 싸우다.

이 정성공은 1658년에 대군을 이끌고 남경을 공격했지만 폭우로 병력의 상당수를 잃고 남경 전투에서 패하고 말았다. 그러자 정성공은 장기전을 대비한 진지를 마련하기 위해 1661년에 타이완으로 넘어갔다. 이때 타이완은 네덜란드 세력이 지배하고 있었는데, 정성공은 이들을 축출하는 데 성공했으나 이듬해 사망했다. 정성공이 추대한 남명의 영력제 역시 동남아시아의 버마_{오늘날 미얀마}로까지 후퇴하며 항전했으나, 1644년에 청군에게 산해관을 열어주고 투항한 장본인인 오삼계에게 체포돼 살해됐다. 이로써 명의 멸망은 돌이킬 수 없게 됐다. 동시에 타이완에서는 정성공 일족이 독립국가를 수립했는데, 이는 이후 타이완 섬의 운명을 결정지었다.

7장 타이완, 또 다른 동아시아 해양 중심지

'아름다운 섬' 타이완의 정치적 수난

1912년 쑨원^{孫文} 등이 일으킨 신해혁명이 성공하면서 아시아 최초의 민주공화국인 중화민국^{中華民國}이 수립됐다. 중화민국의 핵심 정치 세력인 중국 국민당은 제국주의 일본과 마오쩌둥^{毛澤東} 등의 중국 공산당에 맞서다가 1949년에 타이완 섬으로 후퇴, 이 섬을 '본토 회복'을 위한 불침항모^{不沈航母}로 삼고자 현지인을 탄압하고 세계 최장기간의 계엄령을 유지했다. 이와 비슷한 사건이 300년 전인 1661년에도 있었다.

당시 동중국해에는 여러 민족으로 구성된 해적 집단이 활동하고 있었으며, 청나라에 대항하던 남명 정권은 그들의 군사력과 정보력에 주목했다. 남명 세력 가운데 하나였던 홍광제^{弘光帝}는 정지룡의 군사력에 의지하여 남경에 정부를 세웠으나 1년 만에 멸망했고, 정지룡 세력이 다시 추대한 융무제도 1646년에 청나라군에 생포됐다. 정지룡과 그의 아내 다가와 마쓰는 철저 항전을 주장하는 아들 정성공의 뜻에 반하여 청나라에 투항했으나, 안전을 보장해준다는 약속과 달리 살해됐다. 조국과 부모의 원수를 갚기 위해 일생을 바칠 각오를 한 정성공은, 남명 최후의 황제가 될 영력제를 모시고 청에 계속 항전했다. 1658년에는 대군을 이끌고 남경을 기습 공격했으나 실패하면서 명나라 부흥은 사실상 불가능해졌다. 그러나 정성공은 이 실패에 좌절하지 않고, 아버지 정지룡 때부터 배후기지

《에혼 국성야충의전》(1804) | 권두에 수록된 정성공의 초상.

로서 '개척'하던 타이완 섬으로 거점을 옮겨 부흥 전쟁을 이어가기로 했다.

그때까지 타이완 섬에 독립국가는 존재하지 않았다. 1592년에 임진왜란을 일으키기 전에 도요토미 히데요시는 자신에게 항복하라는 내용의 서한을 타이완 섬에 보냈으나, 통일 정권이 없어서 서한이 수신자 불명으로 일본에 되돌아온 일도 있었다. 이 섬에서 가장 오래전부터 거주한 사람은 오스트로네시아어족에 속하는 다수의 선주민이었다. 또한 이른바 '대항해시대'에 활약한 유럽 열강은 동남아시아의 자국 거점과 중국·일본 등 새로운 시장 간의 교역에서 중간 기착지로 적합한 위치에 있는 타이완 섬에 관심을 갖고 거

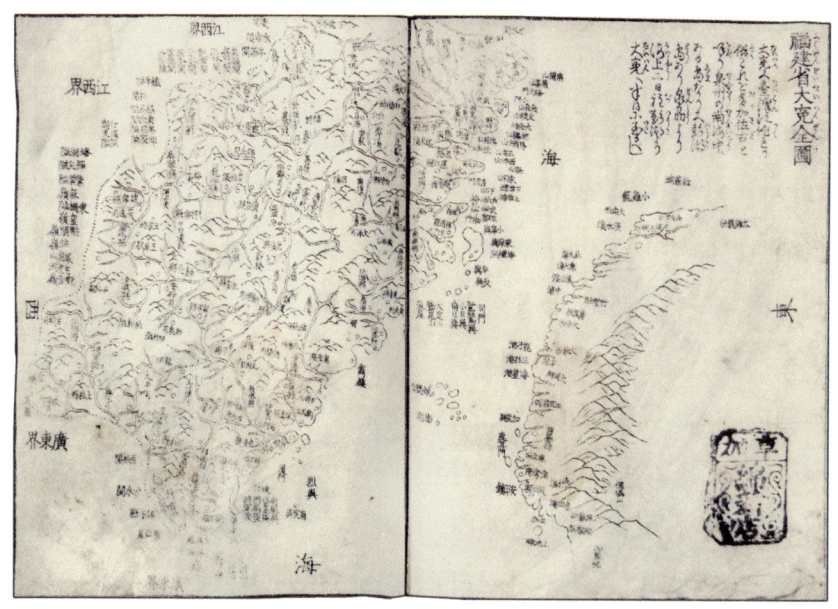

《에혼 국성야충의전》(1804) | 권두에 수록된 복건성과 타이완 지도.

점을 구축하고 있었다. 타이완 섬에서 아무런 가치를 발견하지 못한 명나라가 이 섬을 지배하려고 하지 않은 것도 유럽 열강의 활동을 자극했다.

16세기 중엽에 타이완 섬을 지나던 포르투갈 사람들이 그 아름다움에 감탄하여 포르모사Ilha Formosa, 아름다운 섬라는 이름을 붙였고, 이 명칭은 오늘날까지 서구권에서 타이완 섬을 가리키는 호칭으로 널리 쓰인다. 오늘날 타이난 시를 중심으로 한 섬의 남부는 제엘란디아·프로빈시아 요새를 구축한 네덜란드동인도회사Vereenigde Oostindische Compagnie: VOC 세력이, 오늘날 단수이 시를 중심으로 한 섬의 북부는 산살바도르·산토도밍고 요새를 구축한 에스파냐 세력이

17세기 전기부터 식민지 경영을 하고 있었다. 당시 인도네시아의 바타비아(오늘날 자카르타)와 필리핀 마닐라에 거점을 둔 프로테스탄트의 네덜란드와 가톨릭의 에스파냐가 타이완 섬에서도 충돌한 셈이다.

마찬가지로, 가톨릭의 포르투갈·에스파냐 세력과 프로테스탄트의 네덜란드가 교역을 두고 경쟁하던 일본열도의 주민도 타이완 섬에 대한 권리를 주장하고 있었다. 일본의 무역선은 이전부터 타이완을 중간 기착지로 이용했는데, 타이완 섬 남부를 지배하던 네덜란드가 제엘란디아 요새에 기착하는 선박에 10%의 관세를 매기려 했다. 이에 일본 규슈 나가사키의 하마다 야효에浜田弥兵衛라는 선장이 1628년에 이 요새를 습격, 제3대 네덜란드령 타이완 행정장관 피테르 나위츠Pieter Nuyts를 일본에 인질로 데려가 5년간 억류했다. 일본과의 안정된 교역을 노리던 VOC는 비록 10%의 관세를 취하하지는 않았으나, 이 사건을 계기로 크리스트교 선교를 하지 않겠다는 조건을 제시하는 등 일본에 우호적인 입장을 표명했다. 이로써 이후 200여 년의 양국 간 교역 관계가 확립된다. 1639년에 쇄국령을 완성한 도쿠가와막부는 일본인이 해외로 나가는 것을 금지했기 때문에, 타이완 섬에 대한 일본의 관심은 일단 잦아들었다.

타이완 섬의 운명을 결정지은 정성공

그러나 17세기 중기에 이르자 섬의 운명이 바뀌는 사건이 일어났다. '중국 본토'와 인접한 하문廈門·금문金門에서 최후의 저항을 하던 정

정성공 기념우표 | 왼쪽은 중화민국, 오른쪽은 중화인민공화국에서 발행됐다.

성공이 타이완으로 눈을 돌려 네덜란드 세력을 축출한 것이다. 그는 맏아들 정경鄭經에게 하문·금문을 맡기고 타이완 섬의 여러 세력을 진압했다. 그러나 정성공은 어디까지나 명나라의 신하를 자임하며 '번주藩主'로서 임했고, 남명 정권 최후의 황제인 영력제가 버마로 도주했다가 1659년에 체포돼 처형된 뒤에도 '영력永曆'이라는 연호를 사용했다. 더욱이 타이완을 정복한 지 채 1년도 안 돼 사망했으니, 중화민국의 장제스蔣介石와 마찬가지로 정성공에게도 타이완은 '중국 본토'를 치기 위한 진지전陣地戰의 거점으로서만 인식됐을 터다.

    정성공이 사망하자 하문에 주둔하던 맏아들 정경이 급히 타이완으로 가 후계자 경쟁에서 승리했다. 그 후에 하문으로 돌아갔다가 청나라와 네덜란드 연합군에 패함으로써 최종적으로 정성공 세력은 '중국 본토'에서 철수할 수밖에 없었다. 네덜란드는 1637년에 일본 규슈에서 발생한 가톨릭 민중의 반란인 시마바라의 봉기島原の亂에서도 막부군을 도와 가톨릭 반란군과 싸운 바 있다. 동아시아의 질서가 재편되는 과정에서 네덜란드가 중국·일본의 신흥 세력을

편들어 경제적 실리를 확보하는 양상을 확인할 수 있다.

정경은 아버지 정성공과 마찬가지로 명나라 부흥에 전념했다. 때마침 1673-1676년 사이에 청나라 남부에서 삼번의 난三藩之亂이라는 대규모 반청 전쟁이 전개됐다. 청나라 군대에 산해관을 열어 준 오삼계 등의 한인 장군들은 명나라를 정복하는 데 협력한 공적을 인정받아 청나라 남부에서 준독립국을 경영하고 있었다. 시간이 지날수록 한인 장군들의 준독립국은 만주인 지배층에 위협으로 다가왔다. 이 문제를 해결하려 나선 사람이 청나라의 제4대 황제로 즉위한 아이신 기오로 히오완 예이 Aisin Gioro Hiowan Yei 강희제康熙帝였다.

강희제의 압박이 거세지자 오삼계는 1673년 11월에 반란을 일으켰고, 다른 한인 장군 및 타이완 섬의 정경도 이 봉기에 참가했다. 이들 세력은 한때 양쯔 강 이남 지역에서 상당한 판도를 확보했으나, 결국 1676년 이후 오삼계를 제외한 다른 세력은 모두 청에 항복했고 오삼계는 1678년에 사망했다. 오삼계의 뒤를 이은 손자 오세번吳世璠과 정성공의 아들 정경이 각각 윈난 성과 타이완 섬에서 1681년에 사망하면서 삼번의 난이 끝났다. 정성공의 손자이자 정경의 아들인 정극상鄭克塽이 타이완 정씨 정권의 제3대 지배자가 됐으나 불과 2년 뒤에 바다를 건너온 청나라군에 항복함으로써 타이완 섬 최초의 국가는 20여 년 만에 멸망했다.

참고로, 삼번의 난을 진압한 만주인 장군 증수曾壽의 종군일기 《내가 전쟁터에서 행한 바를 기록한 글》 가운데 1680-1682년 기록이 오늘날까지 전해진다. 명청 교체기의 마지막 국면을 생생하게 증언하는 이 자료는 《만주 팔기 증수의 일기》(박문사, 2012)라는 제목으

청나라군의 타이완 정복을 기념하는 중국 우표

로 한국어 번역이 간행됐다.

한편, 중국인 정지룡과 일본인 다가와 마쓰의 아들로 태어난 정성공이 정권을 잡은 타이완 섬에 대해, 근세 일본의 관민은 역대로 큰 관심을 보였다. 연극 〈고쿠센야 갓센〉의 성공은 그러한 관심을 상징하는 것이지만, 1723년에 일본에서 간행된 소설《통속대만군담通俗臺湾軍談》역시 흥미로운 사례다. 이 소설은 1721년에 청나라의 지배에 반대하여 타이완 섬에서 발생한 주일귀朱一貴의 반란을 소재로 한다. 사건이 발생한 지 몇 년도 채 되지 않아 출간된 데다 삽화까지 있다는 것은, 출판인이 이 사건을 소재로 한 책이라면 독서 대중에게 인기 있으리라고 판단했기 때문일 것이다. 그리고 이러한 인기의 배후에는 당시 일본인의 타이완 섬에 대한 남다른 관심이 존재했다.

이렇게 정씨 정권의 역사를 살펴보면 정성공·정경·정극상

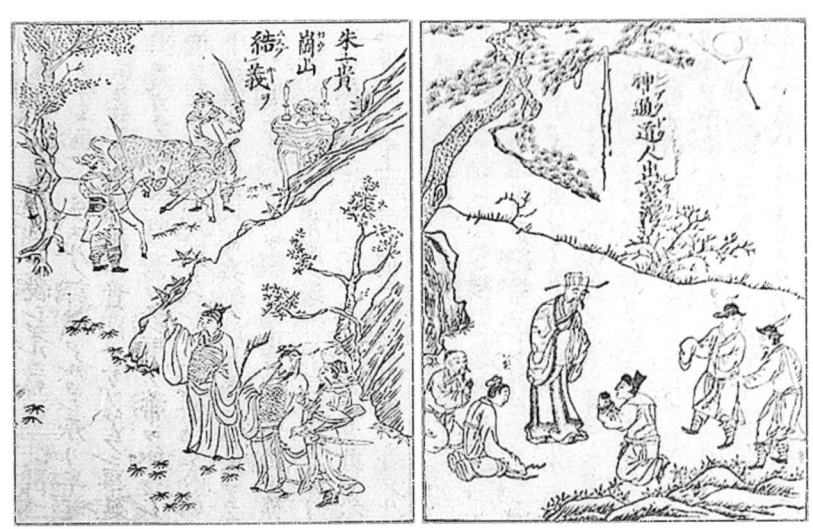

《통속대만군담》(1723) | 1721년에 타이완에서 발생한 주일귀의 반란을 소재로 일본에서 간행됐다.

세 사람은 모두 스스로를 명나라의 신하이자 중국인으로서 인식했으며, 타이완 섬에 독립국가를 만든다는 생각은 하지 않았다. 그렇기 때문에 오늘날 타이완 섬의 중화민국을 독립국가로 인정하지 않는 대륙의 중화인민공화국은, 정성공이라는 인물을 명나라 때까지 한인의 관심 밖에 있던 타이완 섬을 최초로 중국의 판도에 편입시킨 '위인'으로서 기린다.

　　명분은 어떻든 정성공은 그전까지 유럽 세력의 식민 지배를 받던 타이완 섬을 '해방'시키고 대륙과 구분되는 독자적인 정권을 처음으로 수립한 사람이었다. 그런 의미에서 타이완은 그를 타이완 섬에 최초의 국가를 만든 '개산왕開山王'으로서 인식하며, 중국 대륙과는 별개로 타이완 섬의 정치적 독립성을 주장하는 사람들 사이에서도 정성공은 기념할 만한 인물로서 기억된다. 그렇기 때문에 청나라로부터 타이완 섬을 떼어내 식민지로 삼은 제국주의 일본도 정성공을 기리기 위해 타이난에 세워진 '개산묘開山廟'를 '개산신사開山神社'로 바꾸어 그를 신격화한 것이다. 타이완 국립 성공대학成功大學이나 타이완 해군의 성공급成功級 호위함Frigate은 오늘날의 타이완에서 정성공이라는 인물이 차지하는 위상을 상징한다.

《정감록》의 정도령은 정성공의 아들 정경인가?

지금까지 살펴본 역사적 맥락에서 보면 흥미로운 사실이 있다. 앞에서 말했듯, 타이완의 '성공급' 호위함이 정성공의 위상을 상징한다면 이에 대응하는 것이 중국의 항공모함 스랑施琅, 시랑이다. 랴오닝호 항공모함遼寧號航空母艦이라고도 불리는 스랑은 러시아·우크라이나의 항공모함 바랴크Варяг를 개조한 것이다.

   시랑은 1683년에 타이완의 정씨 정권을 무너뜨린 청나라 군대를 이끈 장군이었다. 원래 정지룡의 부하였던 그는 정성공과의 의견 충돌 끝에 청나라에 투항했고, 결국 정씨 정권을 무너뜨린 장본인이 됐다. 명나라의 방침을 이어 타이완 섬을 포기하려 했던 청나라 조정의 중론에 맞서, 시랑은 타이완 지배가 군사적·경제적으로 청나라의 이익이 된다고 주장하여 강희제에게 받아들여졌다. 그렇기 때문에 오늘날 타이완 섬의 중화민국을 자국의 영토로 간주하는 중화인민공화국에서 시랑은 선각자로 간주되며, 중국 역사상 최초의 항공모함에 그의 이름이 붙은 데에는 중대한 의미가 있다.

또한 이 항공모함이 중국에 인계되기 전에 갖고 있던 바랴크라는 이름은 《원초 연대기 Повесть временных лет》 등의 고대 슬라브 기록에서 이 지역에 국가를 건설했다고 전하는 북유럽 바이킹 집단을 가리키는 명칭이다. 노르웨이·스웨덴·덴마크 등에서는 맏아들이 아니라서 땅을 상속받지 못한 사람들은, 바다 건너 자신의 행운을 찾아 나아갔다. 서쪽으로 향한 자들은 노르망디·시칠리아·영국·아일랜드·아이슬란드 등에 국가를 건설한 것은 물론, 그린란드와 오늘날의 캐나다 동부에까지 정착했다. 한편, 루릭 Rurik 일족이 이끄는 일군의 바이킹은 고대 북유럽어로 배링갸르 Væringjar, 그리스어로 바랑고이 Βάραγγοι라 불렸는데, 이들은 동쪽으로 향하여 오늘날의 노브고로드와 키예프 등을 아우르는 키예프 루스 국가를 건설했다. 오늘날 러시아·우크라이나·벨라루스 등의 국가는 모두 바랴크인이 건국한 키예프 루스를 자국의 중요한 근원이라고 믿는다.

항공모함 바랴크는 한반도와도 관련이 깊다. 러일전쟁 개전 초기에 랴오둥반도의 뤼순 항에서 일본군의 기습을 받은 러시아 함대 가운데 간신히 탈출한 바랴크호 및 코레예츠 Кореец, 고려인호 등 일부 선박은, 1905년 2월 9일에 인천 월미도 앞바다에서 일본 해군의 공격을 받았다. 러시아 수병들은 자국의 배가 적국 일본의 전리품으로 넘어가는 것을 막기 위해 자폭했으나, 바랴크의 깃발은 일본이 입수하여 보존하다가 조선의 광복 후에 인천시립박물관에 인계됐다. 이 깃발의 존재를 알게 된 러시아는 반환을 요청했고, 인천시는 러시아와의 우의의 상징으로 이 깃발을 장기 임대해준 상태다.

비슷한 사례로 1871년에 강화도에서 조선군과 미국군이 충돌한 신미양요 당시 전사한 어재연 장군의 장군기가 미군 해병대에 약탈됐다가, 2007년에 장기 임대 형식으로 반환돼 해군사관학교 박물관에 소장돼 있다. 과거에 일어난 국제 전쟁의 상처는 이런 방식으로 조금씩 치유될 수 있을 것이다.

1683년에 청나라가 타이완 섬을 정복함으로써, 1500년대 일본열도의 전국시대에서 시작돼 임진왜란, 누르하치의 여진 통일과 홍타이지의 대청국 건국, 정묘·병자호란, 청나라군의 산해관 돌파와 북경 함락으로 이어진 약 200년간의 연쇄반응이 비로소 끝났다. 유라시아 동해안의 이와 같은 장기 지각변동은 한반도 세력이 일본열도의 호전적 군사 세력을 막아내지 못한 데에서 시작됐으며, 타이완이 독립을 유지하는 동안에는 끝나지 않을 것이었다. 이러한 의미에서 한반도와 타이완 섬은 유라시아 동해안에 존재하는 두 개의 중심점 pivot이자 '약한 고리'다.

2015년 현재도 타이완 섬을 둘러싼 정치적 상황은 긴박하다. 중화민국이 중국으로부터 독립을 유지할 수 있는가의 문제와 함께, 일본·중화민국·중화인민공화국이 영유권을 주장하는 센카쿠열도에서의 긴장도 높아지고 있다. 타이완 섬 인근의 긴장 관계가 한반도 주변의 긴장을 이완시키고 있기도 하다. 이처럼 한반도와 타이완 섬 두 지역은 유라시아 동해안의 두 개의 중심점으로서 각기 기능할 뿐 아니라 상호 연동하고 있다.

마지막으로, 한반도와 타이완 섬이라는 두 개의 중심점이 16-18세기의 정치적 연쇄반응 속에서 뜻밖의 모습으로 관련을 맺은 흔적이 오늘날까지 남아 있는 사례를 소개한다. 청나라가 명나라를 정복하고 타이완 섬의 정씨 정권과 대립하던 시기, 한반도의 해안에는 정체를 알 수 없는 배가 종종 출몰했다. 이를 '황당선荒唐船'이라 부른다. 조선 사람들은 이 배를 명나라를 배신하고 청나라에 협조하는 조선을 증오한 타이완 섬의 정경이 보낸 것이라고 믿었다. 오늘날과 같은 지리 감각이 없던 조선 사람들은 타이완 섬을 한반도의 호서 지방과 가까이 있는 섬으로 생각했던 것 같다.

《정감록》(1926) | 호소이 하지메가 편집한 내용 중 〈징비록〉도 수록됐다.

  그런데 이러한 공포가 언제부터인가, 한반도 남쪽 바다 저 너머에 있는 섬에 사는 정씨 성의 사람이 장차 조선왕조를 뒤엎으러 올 것이라는 혁명의 신앙으로 바뀌었다.[20] 백승종의 《정감록 미스터리》에 따르면 현재 유통되는 《정감록》은 근대에 아유가이 후사노신鮎貝房之進, 호소이 하지메細井肇, 김용주金用柱 등이 그 형태를 만든 것인데, 원형은 뜻밖에도 타이완 섬의 첫 독립 정권과 이에 대한 조선 사람들의 공포에 기원한 것이었다.

8장 　대항해시대,
　　　노예무역으로 연계되다

유라시아 동부에 나타난 유럽

16세기 일본열도 세력의 분열과 오다 노부나가, 도요토미 히데요시에 의한 통일, 그리고 그들의 세계 정복 야망에서 비롯된 임진왜란은 유라시아 동부 일대에 도미노 효과를 일으켰다. 유라시아 동해안의 일본열도에서 시작된 이 100년간의 변동은, 유라시아 동부의 약한 지점인 한반도에서 시작돼 또 다른 약한 지점인 타이완에서 끝났다. 일본열도가 유라시아 동부 일대의 정치적 변동을 일으킬 수 있었던 원동력 가운데 하나는, 16세기에 유럽 세력과 교섭하면서 얻은 새로운 무기와 탈중국 중심적 세계관이었다. 어떤 지역이 역사적 변화를 겪을 때, 그 원인은 지역 내부에서 발생한 것과 지역 외부 세력과의 교섭에서 비롯된 것으로 나누어 고찰할 수 있는데, 16-17세기 유라시아 동부 지역의 연쇄 반응에서 가장 중요한 외부 요인은 유럽 세력이었다.

　　　이 시기에 유럽 세력은 유라시아의 북쪽과 남쪽에서 동시

《에혼 다이코기》 7편 권7 | 1543년 규슈 다네가시마에 표착한 중국 배에 타고 있던 포르투갈 선원들이 일본인에게 조총 사격법을 지도하고 있다. 이들이 가져온 조총을 개량하여 일본열도 내에 대량의 조총이 보급되면서 유라시아 동부의 역사가 바뀐다. 현재 다네가시마에는 일본 최대의 우주개발기지가 설립돼 있다.

에 유라시아 동부로 접근해 들어왔다. 시베리아에서는 중세 내내 몽골 세력에 눌려 있던 러시아와 만주인의 청나라가 최후의 유목 국가라 불리는 몽골인의 준가르 칸국을 18세기 중반에 멸망시키면서 유라시아 북부에서 직접 국경을 맞댔다. 이어서 러시아는 유라시아 동해안의 최북단인 사할린·쿠릴 열도 등 오호츠크 해 연안에서 일본과 충돌했다. 17세기 말에 청·조선 연합군과 러시아가 충돌한 국경 분쟁, 이른바 '나선정벌羅禪征伐' 역시 이러한 유라시아 북방의 정세 속에서 일어난 전쟁이었다.

앞서 7장에서 언급했듯이, 유라시아 동해안의 남쪽 끝인 동남아시아에서는 가톨릭과 프로테스탄트 국가들이 유럽 대륙에 발생한 30년전쟁의 연장전을 이 지역에서 전개하고 있었다. 기존에 더하여 후발주자인 유럽 세력이 크리스트교를 전파하면서, 인도 문명과 이슬람의 영향이 강했던 동남아시아의 대륙부와 도서부에는 오늘날 필리핀·미얀마에서 벌어지고 있는 종교 분쟁의 씨앗이 뿌려졌다.

16세기 전기부터 가톨릭 선교사들과 교섭한 경험이 있는 일본의 지배층은 이들의 선교가 유럽의 제국주의와 결부돼 있다는 사실을 잘 알고 있었다. 17-19세기 동안 일본을 지배한 도쿠가와막부는 전국시대와 임진왜란, 여러 차례의 내전을 통해 간신히 찾아온 안정을 지키기 위해, 사회질서를 흔들 수 있는 모든 요소를 제거하려 했다. 인구 증가를 막기 위해 일정 수 이상으로 태어난 아기를 죽이는 마비키間引き 풍습이나, 일본의 남녀 모두를 사찰에 등록시킴으로써 크리스트교도를 색출해내려 한 정책 역시 이러한 이유에서 비롯됐다. 도쿠가와막부는 크리스트교를 포교하지 않겠다고 약속한 네덜란드와만 경제적 관계를 맺는 한편, 유럽 국가들의 크리스트교 포교가 진행 중인 동남아시아에서 자국민을 철수시키고 자국 내의 가톨릭교도들을 학살·추방했다.

임진왜란과 동남아시아 노예무역

16-17세기 일본 지배층이 자국 내의 가톨릭교도를 학살하는 과정에서는 조선인 역시 적지 않은 피해를 입었다. 이는 1592-1598년 사이

에 일어난 임진왜란 당시 일본열도에 끌려온 조선인 포로들 가운데 일부가 가톨릭으로 개종했기 때문이다. 일족을 잃고 낯선 곳으로 끌려온 조선인에게 가톨릭은 그들이 의지할 수 있는 가뭄의 단비 같은 존재였다. 이런 점에서 보자면 가톨릭교도 조선인 포로들은, 조선 사회의 모순을 극복하고자 한 18-19세기 조선의 가톨릭교도와는 성격이 조금 다르다.

임진왜란 당시 일본군과 노예 상인이 조선인 다수를 포로로 끌고 간 사실은 유명하다. 1597년의 정유재란 당시 규슈의 오타 가즈요시太田一吉를 따라 한반도로 건너온 종군승려 게이넨慶念은 《조선일기朝鮮日記》라는 기록에서 노예 상인들이 조선인 포로들을 부산으로 데려와 노예시장을 연 모습을 증언하고, 이를 지옥 같은 모습이라고 한탄했다. 당시 일본열도와 한반도에 체류하던 예수회 선교사들은 가톨릭교도 노예 상인들에게 노예 판매를 멈추지 않으면 파문하겠다고 위협하기도 했지만, 이러한 협박은 전혀 통하지 않았다. 포르투갈과 같은 유럽의 가톨릭 국가들이 이미 15세기부터 아프리카인 노예를 거래해왔으며, 같은 시기 일본에서도 16세기의 전국시대 내란 중에 발생한 많은 수의 노예가 남아메리카 등지로 판매되는 실정이었다. 때문에, 조선인 포로를 노예로 거래하는 것에 그들이 특별한 죄의식을 느낄 이유는 없었을 터다.

피렌체 상인 프란체스코 카를레티Francesco Carletti가 조선인 포로 안토니오 코레아Antonio Corea를 일본에서 구입하여 유럽으로 데려간 사실은, 임진왜란 당시 일본이 세계 노예무역 시장에 편입돼 있었음을 보여준다. 여담이지만 안토니오 코레아는 네덜란드를 통

해 유럽으로 들어갔다가 로마에 정착했고, 1610년대 이탈리아 바티
칸의 신부들은 그를 한반도로 보내 선교하려 했으나 그 계획은 좌절
됐다고 한다.[21]

진주 출신의 조완벽도 정유재란 당시 일본에 포로로 끌려
갔다가, 당시 베트남과 교역하던 스미노쿠라 료이角倉了以로 추측되는
일본의 거상巨商을 따라 베트남을 다녀온 바 있다. 그의 이야기는 조
선 시대 중기의 유명한 학자인 이수광의《지봉유설芝峯類說》권17〈이
문異聞〉편과 정사신의《매창집梅窓集》권4〈조완벽전〉등에 전한다.
조완벽은 베트남에 갔다가, 1611년에 이수광이 명나라에서 베트남
사신과 주고받은 한시가 베트남에서 유행하고 있음을 알게 된다. 일
본으로 끌려간 지 10여 년 뒤에 진주로 귀향하는 데 성공한 조완벽
은 이수광을 만나 그러한 이야기를 전해주었다. 조완벽과 같은 사례
가 적지 않았던 듯, 임진왜란 당시 김덕령이 이끄는 의병군에 참가
한 적 있는 조위한은 1612년에《최척전崔陟傳》이라는 흥미로운 소설
을 집필했다. 일본군의 포로가 돼 이산가족이 된 최척崔陟과 옥영玉英
부부가 각기 중국인과 일본인 상선을 타고 베트남으로 갔다가 기이
한 해후를 한다는 내용이다. 박희병·정길수가 편역한《전란의 소용
돌이 속에서》(돌베개, 2007)를 통해 그 내용을 쉽게 접할 수 있다.

임진왜란과 동남아시아의 관계에서 흥미를 끄는 인물로
덴지쿠 도쿠베天竺德兵衛라는 사람이 있다. 앞서 조완벽을 언급할 때
나왔던 스미노쿠라 료이의 아들인 스미노쿠라 요이치角倉與一의 선단
船團에 소속된 덴지쿠 도쿠베는 1626년에 타이에 다녀왔다. 또 17세기
에 일본에 정착한 네덜란드인 항해사 얀 요스텐 판 로덴스테인Jan

Joosten van Loodensteyn을 따라서 천축天竺, 즉 인도에 다녀왔기 때문에 그의 이름에도 '천축'이 들어갔다고 한다. 뒤에서 다시 말하겠지만 여기서 말하는 인도란 동남아시아를 가리키는 것으로 보인다.

　　덴지쿠 도쿠베는 말년에 자신의 경험담을《천축 도해 이야기天竺渡海物語》라는 제목으로 남겼는데, 이 책으로부터 덴지쿠 도쿠베를 둘러싼 기이한 이야기가 시작된다. 즉 그가 인도에서 크리스트교 마법을 배워왔으며, 사실 그는 임진왜란의 복수를 하기 위해 일본에 잠입한 진주목사 김시민의 아들이라는 것이다. 에도시대의 인기 엔터테인먼트인 가부키歌舞伎의 명작〈덴지쿠 도쿠베 이국 이야기天竺德兵衛韓噺〉에서는 복수가 실패하고 정체가 탄로 난 김시민이 처형되기 직전, 마침 처형장에 와 있던 덴지쿠 도쿠베에게 "내가 너의 아버지다. 너는 조선인이고 조선의 복수를 해야 한다"라고 선언한다. 할리우드 영화〈스타워즈 에피소드 5: 제국의 역습〉에서 악의 축인 다스베이더가 루크에게 "내가 너의 아버지다"라고 말하는 반전에 맞먹는 순간이다. 이를 통해 자신의 사명을 깨달은 덴지쿠 도쿠베는, 일본 문화에서 악의 상징인 두꺼비를 타고 크리스트교 요술을 부리며 일본을 전복하려 하지만 실패한다는 줄거리다. 당시 가부키는 1박 2일 동안 상연했는데, 희한한 외국 옷을 입은 덴지쿠 도쿠베가 연기를 내뿜는 거대한 두꺼비를 타고 무대에 나타나는 장면은 한여름 밤의 열기를 식힐 '납량특집'에 어울리는 설정이었다.

동남아시아에서 사라져가는 한국인과 일본인

일본이 동남아시아를 인도로 파악했음을 보여주는 증거 가운데 하나가 캄보디아의 고대 유적지인 앙코르와트에 남아 있다. 1612년과 1632년 등 최소한 4회 이상 방문한 일본인들이 남긴 낙서 14개가 앙코르와트에서 확인됐다. 그 가운데 가장 유명한 것이, 모리모토 우콘다유森本右近太夫라는 사람이 부모님의 공양을 위해 1632년에 앙코르와트를 방문해서 남긴 낙서다. 캄보디아 내전의 피해를 입어 글자가 희미해졌지만, "일본 출생生國日本", "1632년寬永九年" 등의 글자를 여전히 읽을 수 있다. 한편, 일본 이바라키 현의 저명한 문고인 쇼코칸彰考館에는 〈기원정사祇園精舍〉라는 지도가 전래된다. 이 지도에는 정방형의 건물이 겹겹이 배치돼 있고 그 바깥에 정방형으로 해자가 놓여 있다. 이 지도 속의 건물은 석가모니가 설법한 인도의 기원정사가 아닌 캄보디아의 앙코르와트다. 이 지도를 그린 일본인이나 낙서를 남긴 모리모토 우콘다유 모두가 인도차이나 반도를 인도로 생각하고 있었음을 짐작할 수 있다. 임진왜란 당시 도요토미 히데요시는 자신이 알고 있던 천축인도·진단중국·본조일본를 모두 지배하고자 했다. 세계지리 지식이 깊지 않았을 터인 평민 출신의 히데요시가 생각하던 인도는 혹 동남아시아가 아니었을까?

　　　조완벽과 모리모토 우콘다유는 각자의 고향으로 무사히 돌아갈 수 있었다. 그러나 17세기 전기의 동남아시아에서는 고향으로 돌아가지 못한 일본인이 다수 살고 있었다. 이 시기에 도쿠가와 막부는 일본인이 해외로 나가는 것을 금지하고, 해외에 살고 있던

앙코르와트의 낙서 | 모리모토 우콘다유가 부모님의 공양을 위해 1632년에 앙코르와트를 방문했다가 남긴 낙서다. 캄보디아 내전의 피해를 입어 글자가 희미해져 있지만, "일본 출생", "1632년" 등의 글자를 읽을 수 있다.

일본인이 귀국하는 것 역시 금지했다. 배교背敎하지 않은 일본 국내의 가톨릭교도들은 순교하거나 동남아시아로 망명길을 떠나야 했다. 임진왜란 당시 명나라와 일본 사이에서 교섭을 담당한 나이토 조안內藤如安, 세례명 조안이나, 전국시대 말기에 정치적으로 중요한 활동을 한 다카야마 우콘高山右近, 세례명 주스토 등도 추방돼 필리핀 마닐라에서 죽었다. 추방령에 의해 일본을 떠나 인도네시아 자카르타에서 살아야 했던 자가타라 오하루じゃがたらお春, Jeronima라는 여성이 고향을 그리워하여 보냈다고 하는 '자가타라부미じゃがたら文'라는 위조 편지가 근세 일본에서 널리 회자됐다. 이러한 편지가 위조돼 나돌 정도로 17세기 일본인은 동남아시아로 떠난 사람들에 대해 관심과 연민을 갖고 있었다.

    조완벽과 마찬가지로 베트남과 무역하던 가도야 시치로베角屋七郎兵衛라는 일본인은 오늘날 유네스코 세계유산으로 지정된 베트남 호이안의 일본인 마을을 지도하는 임무를 맡았다. 그 역시 추방령으로 인해 일본에 귀국하지 못했으나, 일본에 거주하는 친족들과 주고받은 편지가 현존한다. 호이안의 내원교來遠橋라는 다리는 일본교日本橋라고도 불리며, 임진왜란이 한창이던 1593년에 일본인들이 세웠다고 전해진다. 이른바 '대동아공영권'이라는 이념을 내세워 동남아시아 지역의 패권을 둘러싸고 유럽과 맞선 제국주의 일본은, 가도야 시치로베와 같은 인물을 동남아시아 '진출'의 선각자로 내세웠다. 제2차 세계대전 당시 일본 어린이들은 〈남진의 영웅 가도야 시치로베南進の英雄 角屋七郎兵衛〉와 같은 연극을 보며 자랐다. 참고로 1687년에 베트남에 표류한 제주 사람 김대황·이덕인 등도 호이안을

〈남진의 영웅 가도야 시치로베〉(1942) | 모리타 다쓰오 작. 이야기꾼이 이런 그림판을 넘겨가며 아이들에게 보여주는 영업을 했다.

거쳐 귀국했다.

　　　　이렇듯 16세기에서 17세기 전기 사이에 일본인은 동남아시아 각지에서 활동하며 현지민 및 유럽인·중국인과 교섭했다. 임진왜란 당시 포로로 일본에 끌려갔던 조선인들 역시 노예나 선원으로 이러한 흐름에 동참했다. 그러나 일본에 쇄국령이 내려져 일본인이 더 이상 해외로 나가지 않자, 동남아시아의 일본인 거점은 서서히 현지에 동화되며 소멸했다. 이러한 추세를 상징하는 것이 야마다 나가마사山田長政라는 사람이다. 당시 타이의 권력 중심이었던 아유타야에는 타이인뿐 아니라 베트남인·중국인·일본인·포르투갈인·네덜란드인 등이 구역별로 거주하고 있었다. 최병욱의 저서《동남아시아사 – 전통시대》에는 이들 외국인의 집단 거주지가 묘사된 1687년 당시 아유타야 지도가 수록돼 있다.[22]

　　　　일본 시즈오카 출신의 야마다 나가마사는 1612년에 타이완을 거쳐 타이에 도착, 아유타야의 일본인 용병대로 두각을 나타내 일본인 마을의 수령이 됐다. 그는 아유타야 왕국오늘날 타이의 왕위 계승전에 개입했다가, 중국인 세력과의 충돌 끝에 좌천돼 1630년에 독살당했다. 그가 사망한 뒤에 일본인의 반란 가능성을 우려한 타이인은 아유타야의 일본인 마을을 파괴했고, 이로써 타이에서 일본인에 대한 중국인의 우위가 확립됐다. 야마다 나가마사의 행적은 16–17세기 동안 동남아시아에서 한때 활발한 움직임을 보였으나 일본 국내외의 정치적 요인으로 인해 사라져간 일본인 사회의 운명을 상징한다. 여담이지만, 1592년의 임진왜란 발발 소식을 들은 아유타야 왕국의 나레수언Naresuan 왕은 일본의 배후를 공격하겠다고 명나라에 제안한 바 있다. 그러나 아유타야군이 일본으로 가는 도중에 자국을 공격할 것을 우려한 명나라 측은 이를 거절했다.[23] 비록 실현되지는 않았지만 아유타야 왕의 이 대담한 제안은 유라시아 동부의 국가들에 강한 인상을 남긴 듯, 명나라의《만력야획편萬曆野獲編》이나 조선의《선조실록宣祖實錄》등에서 관련 기록이 확인된다.

　　　　　이처럼 16-17세기의 이른바 '대항해시대'에 동남아시아에서는 현지 세력과 유럽·중국·일본 등의 외부 세력이 활발하게 교류하고 각축을 벌였다. 한반도의 주민도 임진왜란이라는 국제전의 전쟁포로로서, 수동적이었지만 이 국제무역에서 한몫을 차지했다. 그러나 일본의 전국시대, 임진왜란, 누르하치의 여진 통일, 명나라 멸망, 타이완 정씨 정권의 몰락으로 이어지는 100년간의 대격변 끝에 유라시아 동부 지역에 다시 안정이 찾아오자 동남아시아에서 일본인과 한국인의 모습은 사라졌다.

2부

회오리 이후, 옛 질서에서 새로운 질서로 흘러가다
17-19세기 초

9장 표류민, 새로운 세상을 본 사람들

한반도로 표류한 네덜란드와 필리핀 사람들

네덜란드동인도회사VOC는 동남아시아에서 무력을 행사하여 현지민을 억압했지만, 동중국해를 둘러싼 지역에는 명·청, 조선, 일본과 같이 강력한 군사력과 정치력을 보유한 국가가 존재했기 때문에 동남아시아에서와 달리 현지 권력에 비굴할 정도로 영합하며 철저하게 실리를 추구하는 행태를 보였다. VOC가 동중국해 연안에서 얻고자 한 것은 중국의 비단·도자기·생사生絲와 일본의 은銀이었으며, 이들은 중국과 일본 사이를 오가는 중계무역에서 막대한 이익을 거뒀다. 이에 비해 조선왕조가 지배하던 한반도에서는 원하는 물산이나 우호적인 정권을 발견하지 못했기에, 중국과 일본의 근세 역사와 비교해볼 때 이들의 흔적이 상대적으로 확인되지 않는다. 그 드문 사례가 1627년의 우베르케르크Ouwerkerck호, 1653년의 스페르베르Sperwer호 표착 사건이다.

    1627년의 표착 사건에서는 얀 야너스 벨테브레이Jan Janesz

Weltervree, 일명 박연 朴燕, 朴淵 등이 조선에 정착하여 군사기술 혁신에 공헌한 사실이 널리 알려져 있다. 1653년에 표착하여 1666년에 일본으로 탈출한 헨드릭 하멜 Hendrick Hamel은 한반도에 대한 상세한 내용을 담은 《하멜보고서》 또는 《하멜표류기》로 저명하다.[1] 하멜보다 앞서 조선에 정착해 관리가 돼 살고 있던 박연은 새로 표착한 외국인의 정체를 파악하기 위해 파견됐고, 하멜과 만나 조선에 정착할 것을 권했다. 조선시대 후기 윤행임의 문집 《석재고 碩齋稿》 권9 〈해동외사 海東外史〉에는 지구 반대편에서 우연히 만난 박연과 하멜이 눈물을 흘리며 모국어로 대화하는 장면이 생생하게 묘사돼 있다.

박연은 아란타(阿蘭陀, 네덜란드)인이다. 1628년에 호남에 표류했다. 조정에서는 그를 훈련도감에 예속시키고 항왜 및 표류 중국인들을 지휘하게 했다. 박연의 원래 이름은 호탄만(hopman, 지도자 또는 우두머리라는 뜻)인데, 병서에 능통하고 대포를 매우 정교하게 만들었다. 1653년 진도군에 난파한 선박이 한 척 있었는데, 배 안의 36인은 옷과 모자가 괴이하고, 코는 높으며 눈은 깊었다. 언어와 문자가 통하지 않았다. 혹은 그들을 서양인이라고 했고 혹은 남만인이라고 했다. 조정에서는 박연에게 명하여 그들을 심문하도록 했다. 박연은 그들과 이야기를 나누었는데, 눈물을 흘려 옷깃이 다 젖도록 울기에 이르렀다. 그들은 모두 성력(星曆)에 능통했고 조총과 대포를 잘 만들었다. 그 사람들을 서울 바깥의 영(營)에 나누어 예속시켰다. 그 후 1667년, 호남 좌도 수군절도영에 예속된 8명이 몰래 고깃배를 타고 일본 나가사키로 도망쳤다. 왜의 추장은 조정에 편지를 보내, '아란타는 일본의 속군(屬郡)입니다. 귀국에 체류하던 8인이 도망쳐 지금 아란타에 이르렀습니다'라고 전했다. 이에 조정은 박연 또한 아란타인이라는 것을 알게 됐다. 박연은 대장 구인후의 휘하에 있었으며, 자손들 또한 훈련도감에 편제됐다. 아란타는 일명 하란(荷蘭), 홍이(紅夷), 홍모(紅毛)라 부른다. 서남해 중에 있다. 명말 때 타이완 섬을 거점으로 삼고 있었으나, 후에 정성공에 패했다. 왜인과 아란타는 서로 교역하고 외원(外援)한다.2

일본 나가사키로 향하던 배가 한반도에 표류했다. 하멜 일행은 자신들이 표착한 곳이 어딘지 몰랐고, 조선 사람들은 이들이 어느 나라 사람인지 몰랐다. 그렇게 불안한 나날이 이어지다가 말이 통하는 사람을 만났으니 그때의 감격이 얼마나 컸을지 짐작이 간다. 한편 윤행임의 글 속에서 일본이 네덜란드를 자국에 속한 지역이라고 주장한 것은, 네덜란드가 중국과 일본 간의 중계무역에서 이익을 얻기 위해 일본에 공순한 태도를 취한 데에서 비롯됐을 터다. 17세기 초기에 타이완 남부에 거점을 두고 있던 VOC를 명나라 부흥운동을 이끌던 정성공이 축출했다는 사실 역시 윤행임은 잘 알고 있었다.

그리고 박연과 하멜 두 사람이 눈물로 해후한 지 150여 년 뒤인 1809년경, 제주도에서는 또 한 차례 눈물의 해후가 있었다. 필리핀 루손에서 표류한 사람들이 말이 통하지 않아 귀국하지 못하다가, 루손의 언어를 말할 줄 아는 조선 사람을 만나 비로소 귀국 길이 열린 것이었다. 임진왜란 당시 포로로 필리핀에 끌려간 사람들을 제외하면, 한반도 역사상 최초로 필리핀 지역의 언어를 익힌 사람은 문순득일 것이다.

1801년에 제주에 표착한 루손 사람들은 조선 사람들과 말이 통하지 않아 "막가외莫可外, 막가외"라고만 외쳤다. 그리고 9년 만에 자신들과 말이 통하는 문순득을 만났으니, 미친 듯이 바보처럼 정신을 못 차리고서 울기도 하고 외치기도 하는 그 모습이 매우 딱하고 측은했으리라.³ 조선 조정은 주변 여러 나라와 교섭하여 이들을 귀국시키려 했지만 어디로 보내야 할지조차 몰라 뜻을 이루지 못하고 있던 터였다. 그러던 차에 우이도 출신 홍어장수 문순득이라는 사람이 유구琉球·루손·마카오를 거쳐 귀국한 것이다.

고립된 조선의 현실을 한탄하다

문순득에 관한 가장 유명한 기록은 가톨릭교도인 정약전이 박해를 받아 우이도에 유배됐던 시기에 집필한 《표해시말漂海始末》이다. 이 기록은 정약전의 동생으로 강진에 유배됐던 정약용의 제자 이강회가 남긴 《유암총서柳菴叢書》에 포함돼 전한다. 그런 의미에서 《표해시말》은 문순득·정약전·이강회의 공동 작업의 결과라고 할 수 있을 것이다. 한때 《표해시말》이 문순득의 표류를 전하는 유일한 문헌이라고 여겨졌으나, 현재는 문순득이 표류했던 유구·마카오·청나라의 문헌에서도 문순득에 관한 기록이 확인된다. 이에 대해서는 최성환 교수의 《문순득 표류 연구-조선후기 문순득의 표류와 세계 인식》(민속원, 2012)을 참고할 수 있다.

  오늘날 신안군에 속한 우이도에 살던 문순득은 전라도 특산인 홍어를 거래하기 위해 태사도에 들러 일을 마치고 귀향하던

문순득 생가 | 전남 신안군 우이도에 남아 있다.

1802년 1월 18일에 표류, 1월 29일에 유구에 닿았다. 중세 이래 중개무역으로 번성한 유구 왕국은 임진왜란 당시 경상도 사천 등지에서 활동한 바 있는 일본 사쓰마 번薩摩藩의 시마즈島津 가문에 1609년에 정복됐다. 그러나 유구 왕국이 중국 명·청조와 조공 무역을 하며 얻는 이익이 많았기 때문에, 사쓰마 번은 형식적으로나마 유구의 독립을 유지시키고 있었다. 문순득 일행이 표착하자 유구에서는 체계적인 시스템에 따라 이들을 잘 대우했다고 한다. 외국인을 후대함으로써 자기 나라가 국제무역을 위한 공정함과 신뢰를 잘 지키는 나라임을 외국에 보이고자 하는 무역 국가 유구의 특성을 보여준다.

유구는 문순득 일행을 잘 대우했으며, 청나라 일행에 이들을 붙여 보내 조선으로 귀국시키려 했다. 그리하여 이들은 1802년 10월에 유구를 떠났으나 또다시 표류하는 바람에 오늘날의 필리핀 루손에 표착하고 말았다. 1802년 11월부터 1803년 8월까지 문순득 일행은 루손에 머물며, 에스파냐의 식민지였던 이 지역의 전통적이고 유럽적인 문물을 섬세히 관찰할 수 있었다. 임진왜란 당시 일본으로 끌려간 조선 포로 일부가 일본의 가톨릭교도 추방령으로 루손에 간 적은 있으나, 조선에서 이러한 사실을 알 리 없었다. 반면에 문순득은 무사히 조선으로 귀환할 수 있었기 때문에 자신의 경험을 조선의 관민에 전할 수 있었다. 따라서 문순득의 루손 표착은 사실상 한반도 주민의 첫 필리핀 방문으로서 중대한 의의를 지닌다.

　　문순득은 중국인 가톨릭교도의 도움을 받아 기본적인 생활을 영위하는 한편, 담뱃값과 술값을 벌기 위해 끈을 꼬아 팔았다. 여러 나라 사람이 섞여 살면서 외국인도 자유롭게 상거래를 할 수 있는 루손의 경제적 풍토는, 상업이 천시 받고 외국인과의 교류가 거의 없던 조선 출신의 문순득에게 깊은 인상을 남겼다. 그러나 훗날 북경에서 문순득 일행을 데리고 귀국한 사람이 지은 한시 〈표류주자가漂流舟子歌〉 가운데 "흑산도 민속은 매우 어리석어 바다에서 이익을 쫓느라니 대부분 곤궁하구려 (중략) 원하노니 네 고향엘 가거들랑 농사에 안식해서 농사나 힘쓰게나"[4]라는 구절은, 바다를 통해 여러 나라가 함께 상업적 이익을 추구하는 19세기 초기 유라시아 동해안의 상황과는 정반대였던 조선 지배 계급의 세계 인식을 보여준다.

　　문순득은 《표해시말》에서 "다른 나라는 우리나라와 달라 중국·안남베트남·여송루손 사람들이 서로 같이 살며, 짝을 지어 장사를 하는 것이 한 나라同國나 다름이 없다. 하물며 안남과 오문마카오은 서로 그리 멀지 않고, 함께 배를 타고 함께 장사를 하니 이상한 일이 아니다"⁵라며 고립된 조선의 현실을 한탄했다. 1801년 제주에 표착한 루손 사람들이 조선 사람들에게 끝없이 되뇌던 '막가외'가 바로 문순득이 언급한 오문, 즉 마카오였던 것이다. 이들은 마카오까지만 가면 고향 루손으로 돌아갈 수 있었지만, 조선 조정은 마카오가 어디에 있는지조차 알지 못했다.

1803년 8월, 루손에서 배를 타고 한 달 뒤 광둥 마카오에 도착한 문순득은 당시의 국제적인 표류민 귀환 시스템에 따라 이동했다. 1803년 12월 마카오 출발, 1804년 5월 북경 도착, 북경에서 조선 연행사를 기다렸다가 11월에 이르러 조선으로 출발할 수 있었다. 고향인 우이도에 도착한 때는 1805년 1월로, 표류부터 귀향까지 장장 3년이 걸린 것이다. 그리고 제주에 표류한 루손 사람들이 여전히 귀국하지 못하고 있다는 사실을 안 문순득은 "내가 나그네로 떠돌기 3년, 여러 나라의 은혜를 입어 고국으로 살아 돌아왔는데 이 사람은 아직도 제주에 있으니 안남·여송 사람이 우리나라를 어떻게 말하겠는가. 정말 부끄러워서 땀이 솟는다"⁶라며 당혹스러워했다.

넓은 세계를 봐버린 문순득에게 조선이라는 나라는 답답하게 느껴졌던 것 같다. 평생 동굴에 갇혀 있다가 동굴 바깥에서 찬란한 빛을 봐버린 사람이, 동굴 안으로 돌아와 빛을 이야기하지만 그 안의 사람들이 그의 말을 믿지 않을뿐더러 적대시하기까지 한다는 프랜시스 베이컨Francis Bacon의 '동굴의 우상' 비유를 떠오르게 하는 대목이다. 문순득은 《표해시말》에 기록된 내용보다 훨씬 더 본 것이 많고, 남기고 싶은 이야기도 많았던 것 같다. 정약용이나 그의 제자 이강회의 글에는 《표해시말》에 담겨 있지 않은 문순득의 경험담에 기반을 둔 주장이 전개되고 있다. 특히 이강회는 유라시아 동해안을 누비는 대형 선박에 대한 문순득의 체험을 듣기 위해 우이도에 들어와 그의 집에 머물렀다고 한다.[7] 당시의 일반적인 조선 사람들에게는 땅끝의 유배지로 느껴졌을 터인 우이도가, 정약용으로 대표되는 어떤 사람들에게는 새로운 세상을 바라볼 수 있는 창문으로 기능한 것이다.

《유암총서》 앞표지 | 문순득의 표류 기록이 수록돼 있다.

한국과 일본의 표류민, 새 시대를 열다

한편, 문순득의 표류를 전하는 가장 유명한 문헌인 《표해시말》에는 조선어-유구어-루손어를 대조한 표가 붙어 있다. 일본을 중심으로 유라시아 동해안 각지의 현황을 상세히 정리한 신숙주의 《해동제국기》 이래, 조선에서는 외국에 대한 책을 지을 때 조선어와 해당 지역

언어를 대조한 표를 작성해왔다. 물론 이러한 관례는 중국과 일본에서도 마찬가지로 이루어졌다. 일본의 경우, 1644년에 만주에 표착하여 조선을 거쳐 일본으로 귀국한 사람들의 경험을 정리한《조선이야기朝鮮物語》,《달단 표류기韃靼漂流記》 등의 문헌군에는 일본어와 조선어, 또는 만주어·중국어 등을 대응한 표가 보인다. 표류기는 단순히 모험의 기록일 뿐만 아니라, 흔히 가볼 수 없는 바깥세상에 대한 다양한 정보를 제공하는 소스북sourcebook으로서 기능했다.

  문순득이 표류했던 18–19세기의 전환기에는 특히 러시아령 시베리아·북아메리카로 표류한 일본인이 많았는데, 러시아 측은 이들 표류민의 송환을 일본과의 통상무역을 시작하는 계기로 삼고자 했다. 다이코쿠야 고다유大黒屋光太夫라는 선장이 이끄는 배가 서기 1783년에 중부 일본의 이세 지역에서 출항했다가 알래스카의 알류샨열도에 표착, 당시 북아메리카에서 상업 활동을 펼치고 있던 러시아인들에게 구조됐다. 캄차카반도, 바이칼 호 부근의 이르쿠츠크, 상트페테르부르크를 거쳐 1792년에 귀국한 이 사건은, 특히 러시아와 일본이 표류민의 송환을 둘러싸고 우호적으로 협조한 사례로서 유명하다. 이들의 귀국에는 시베리아에서 활동하던 박물학자 키릴 구스타보비치 락스만Кирилл Густавович Лаксман의 능력이 크게 작용했다. 이들이 귀국한 지 20여 년이 지난 뒤에는 독일의 박물학자 필립 프란츠 폰 시볼트Philipp Franz von Siebold가 VOC의 일원으로 일본 나가사키에서 활동했으니, 일본열도가 북쪽과 남쪽에서 유럽의 탐구 대상이었음을 알 수 있다.

  한편, 키릴 락스만의 일족인 아담 키릴로비치 락스만Адам

Кириллович Лаксман이 다이코쿠야 고다유를 평화적으로 귀국시킨 지 10여 년이 지난 1806-1807년에는 니콜라이 페트로비치 레자노프 Николай Петрович Резанов가 이끄는 러시아군이 사할린·쿠릴열도에 주둔하던 일본 병사를 습격하는 사건이 있었다. 사실 락스만과 레자노프는 러시아와 일본의 무역 개시라는 공통의 목적을 가지고 움직였으나 전자는 평화적으로, 후자는 군사적으로 일본에 접근했다. 이 차이 때문에 일본인은 이 두 사람에 대해 상반되는 감정을 느껴왔다.

17세기 말부터 시베리아에 표착한 일본의 표류민은 적지 않았으나, 러시아에 정착하지 않고 일본으로 귀국한 것은 고다유 일행이 처음이었다.[8] 고다유 일행이 귀국한 뒤에 네덜란드학난학 연구자 가쓰라가와 호슈桂川甫周가 편찬한《북사문략北槎聞略》말미에는 일본어와 러시아어의 대조표가 실려 있다.

한반도 → 유구 → 필리핀 → 마카오 → 청으로 이어지는 유라시아 동해안의 남쪽 지역을 표류한 문순득과, 알래스카 → 캄차카 → 시베리아 → 이르쿠츠크 → 오호츠크로 이어지는 유라시아 동해안의 북쪽 지역을 표류한 고다유. 문순득의 모험을 기록하고 후세에 전한 것은 조선 후기를 대표하는 '실학자' 정약전과, 그의 동생 정약용의 제자 이강회였다. 고다유의 모험을 기록한 것은 일본의 근대를 예비한 난학 연구자 가쓰라가와 호슈였다. 문순득의 경험은 몇 년째 조선에 머물던 루손 사람을 귀향시키는 데 결정적인 역할을 했고, 고다유의 경험은 도쿠가와막부가 러시아의 위협에 대비하는 정책을 수립하는 계기가 됐다.

이처럼 문순득과 다이코쿠야 고다유라는 표류민은 당대에

바깥 세계의 정보를 제공해주는 정보원으로서 중대한 의미를 지녔다. 동시에 이들은 일본열도와 한반도가 바깥 세계에 대해 문호를 연 근대와 현대에도 일종의 롤 모델로서 기능했고 또 기능하고 있다. 한편 1868년에 메이지유신을 일으키면서 근대 국가로의 전환을 이룬 일본은 전근대 일본의 쇄국성을 비판하기 위해 다이코쿠야 고다유와 같은 표류민을 이용했다. 즉, "락스만이 온 것은 미국의 페리 제독Matthew Calbraith Perry이 개국을 요구하기 이전 도쿠가와막부의 '완고한 쇄국체제'에 대한 외국의 첫 도전이었으며, 막부는 이들을 반년 이상이나 네무로 지역에 머물게 하고 임시방편의 외교 전략을 폈다"라는 것이다. 그리고 고다유 같은 표류민도 오랜 고생 끝에 그리운 고국으로 돌아왔지만 그들이 획득한 귀중한 해외지식은 활용되지 않았으며, 일반 사회에서 격리돼 '비정하고 냉혹한 막부의 쇄국정책'에 희생됐다고 평가한다.

현대 일본은 1945년의 패전을 기점으로 이전까지의 길을 반성하고 국제사회의 일원으로서 공존하는 길을 찾고 있다. 그중 하나로, 이들 표류민에 대한 근대 일본의 인식을 재검토함으로써 새로운 시대에 적합한 새로운 역사관을 열어가려는 움직임이 확인된다.[9] 근대 일본의 재야 문화사가文化史家인 이시이 겐도石井硏堂는 전근대 일본의 표류기를 수집하여 《표류기담전집漂流奇談全集》(1908), 《이국표류기담집異國漂流奇譚集》(1927) 등을 출판했다. 소년을 위한 모험담 집필이 특기였던 이시이 겐도는 다이코쿠야 고다유 같은 표류민이 후발 제국주의 국가 일본을 이끌어야 할 '사명'을 띤 소년들의 롤 모델이라고 생각했을 터다.

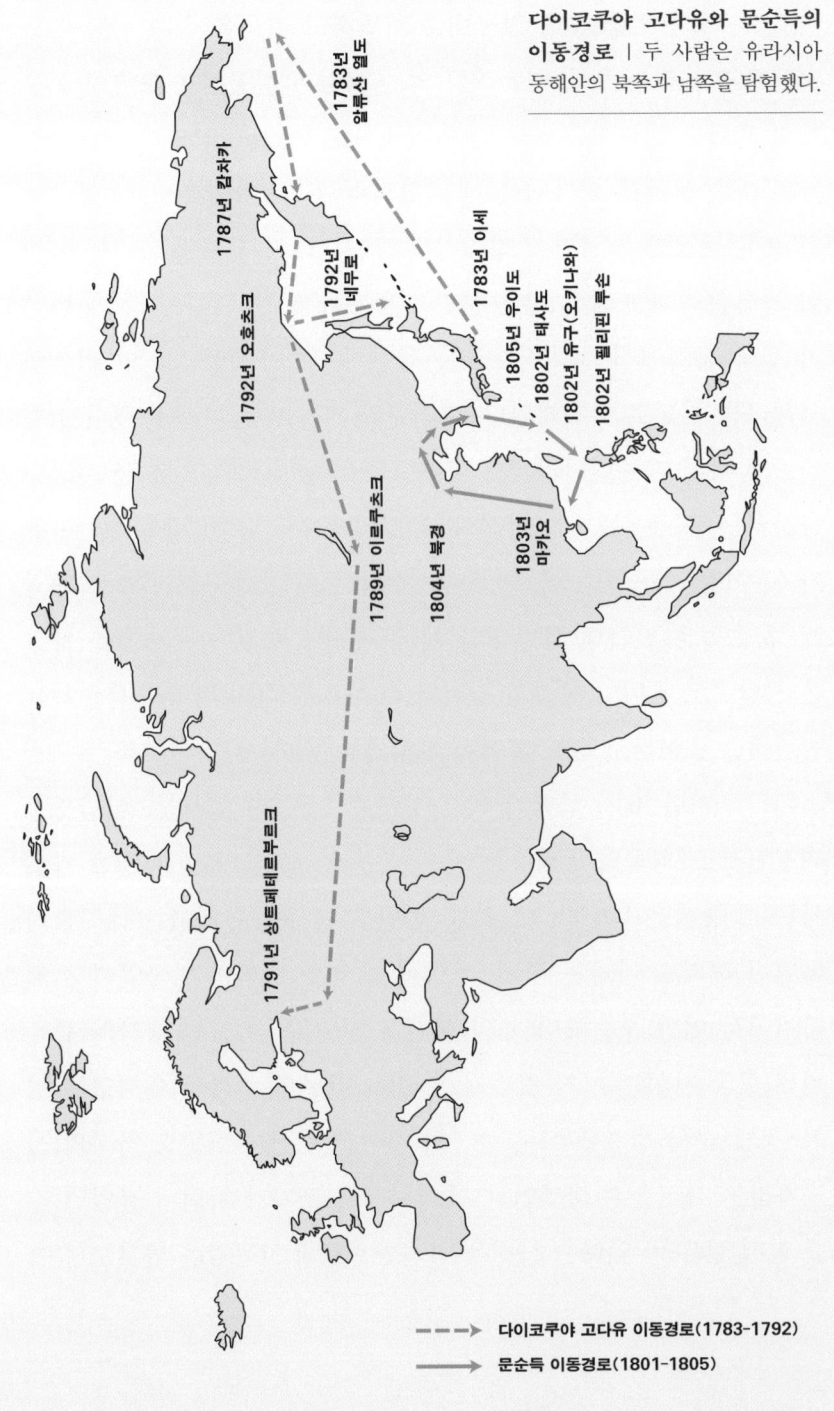

다이코쿠야 고다유와 문순득의 이동경로 | 두 사람은 유라시아 동해안의 북쪽과 남쪽을 탐험했다.

- ---▶ 다이코쿠야 고다유 이동경로(1783-1792)
- ──▶ 문순득 이동경로(1801-1805)

표류민을 통해 전근대를 비판하고 이들을 근대 국민의 롤 모델로 만들려는 현대 일본 일각의 움직임과 상통하는 모습이 문순득의 표류를 둘러싸고 오늘날 한국에서도 확인된다. 1979년에 문순득의 후손 문채옥 씨가 소장한 이강회의 문집《유암총서》에 문순득의 표류 내용을 정약전이 정리한《표해시말》이 수록돼 있다는 사실이 확인된 후,《표해시말》은 문순득의 표류를 전하는 유일한 문헌이자 한국 문화에서 상대적으로 존재감이 약한 '해양문학'의 귀중한 사례라는 정도로 이해돼왔다. 그러다가 21세기 들어 문순득의 모험을 공중파의 다큐멘터리에서 다루고, 청소년을 대상으로 한 서적도 출판하는 등 주목도가 높아졌다. 2012년에는 국립해양문화재연구소가 〈홍어장수 문순득, 아시아를 눈에 담다〉라는 대규모 전시를 개최해, 문순득은 전근대 한반도의 쇄국 체제를 빠져나가 세계를 보고 온 사람으로서 일약 부상한 것이다. 바야흐로 현대 한국은 문순득을 발견하는 중이라고 해도 과언이 아니다.

지난 세기 한국의 역사 교육은 '찬란한 역사'를 이념으로 내걸면서도, 외국의 침략으로 받은 고난과 그를 극복한 사실을 가르치는 데 중점을 두었다. 그 결과, 한반도 역사상 유례없는 대규모의 국민이 해외로 나가는 한편, 한국에 매력을 느끼는 외국인이 세계 각지에서 이민 오는 21세기의 현실을 설명할 수 있는 생각의 틀을 현대 한국 사회는 아직 갖추지 못했다. 한반도 역사상 유례없는 정치·경제·군사 성장을 이룬 한국의 시민은 자신이 한반도 역사의 선구자라는 사실을 기뻐하면서도, 역사상 누군가가 자신이 걸었던 길을 앞서 걸은 바 있다는 사실을 확인함으로써 고독감을 덜고도 싶어

한다. 메이지유신 이후의 근대 일본이 그러했듯이, 현대 한국 역시 롤 모델을 필요로 하는 것이다. 적절한 롤 모델이 제시되지 못한 결과 '위대한 한국사'를 주장하는 허구적 민족주의가 시장에서 힘을 얻기도 하지만, 많은 시민은 문순득과 같은 역사상의 실존 인물을 호출해내고 있다.

그리고 현재, 문순득에 대한 이야기는 단순한 영웅담을 넘어 또 다른 변화를 겪고 있는 것으로 보인다. 《표해시말》이 문순득에 대한 유일한 기록이 아님은 그 일행이 방문했던 유구·마카오 등지에서도 관련 기록이 발견되면서 밝혀졌다. 또한 조선을 포함한 유라시아 동해안 전체가 상호 호의에 입각한 표류민 송환 체제를 국제적으로 유지했음이 확인되고 있다. 앞에서 주장했듯이 한반도는 언제나 지정학적 요충지로서 기능한 것이 아니다. 하멜이나 1801년의 필리핀 루손 표류민은 한반도가 유라시아 동해안의 국제적 네트워크에서 외곽에 위치했음을 보여주는 사례다.

전근대 일본과 마찬가지로 조선 역시 결코 쇄국 체제를 완고하게 유지한 것이 아니었다. 지정학적으로 변두리에 있기 때문에 중국이나 일본에 비해 상대적으로 속도와 효율성이 떨어지기는 했지만 한반도 역시 국제 체제 속에서 움직이고 있었다. 문순득을 둘러싼 최근 한국 사회의 동향은 21세기에 맞는 역할을 수행해야 하는 현대 한국인에게 한반도와 유라시아 동해안의 관계를 새롭게 이해하는 틀이 필요함을 보여준다.

10장 난학, 네덜란드라는 창으로 세계를 보다

세계경제 시스템의 동중국해 거점—왜관, 광둥, 데지마

15세기 말부터 한 세기 이상 유라시아 대륙 남부의 바다를 지배한 것은 포르투갈이었다. 바스코 다 가마Vasco da Gama가 인도양의 상업 질서를 무력으로 깨뜨리면서 시작된 포르투갈의 우위는 네덜란드, 영국, 프랑스 등이 설립한 동인도회사의 위협을 받으면서도 상당 기간 지속됐다. 우월한 군사력으로 아프리카와 인도 연안을 장악한 포르투갈은, 동남아시아·중국·일본 등지와의 무역을 장악하기 위해 당시 동남아시아의 상업 거점이었던 말라카 왕국을 1511년에 정복했다. 이 사건 뒤에 누군가 이렇게 기록했다. "누구든지 말라카를 지배하는 자가 베네치아의 목을 누르고 있는 것이다."[10] 이 말은 유럽과 유럽 바깥의 세계를 잇는 주요한 바다가 지중해에서 대서양·인도양으로 넘어왔음을 선언하는 것이었다.

　　이어서 포르투갈 세력은 중국의 비단·도자기·생사 및 일본의 은을 노리고 동중국해로 접근했다. 당시 일본에는 조선에서 전해진 새로운 은 제련법 덕분에 은이 대량으로 생산되고 있었다. 기존에 유럽의 중상주의重商主義를 지탱하던 남부 독일의 은이 바닥난 상황에서, 오늘날의 볼리비아에 있는 포토시 은광과 일본의 이와미 은광에서 채굴되는 은은 각각 17세기 초에 세계 은 생산의 절반과 25~35%를 차지할 정도로 막대했다.[11] 참고로 이들 두 지역의 은광 채굴 유적은 모두 세계문화유산으로 지정돼 있다.

포르투갈 세력은 이들 지역의 은으로 중국의 물산을 구입하면 큰 수익을 거둘 수 있으리라고 판단했고, 아프리카·인도·동남아시아 연안에서 했던 것처럼 동중국해에서도 무력을 과시함으로써 무역을 독점하려 했다. 그러나 16세기 당시 중국과 일본에는 강력한 국가가 있어 포르투갈의 무력시위는 실패로 끝났다. 그러자 이들은 전략을 바꾸어 중국의 중앙정부에 공순한 태도를 취하면서, 오늘날의 광둥 마카오에 상업 거점을 만드는 데 성공했다. 후일 포르투갈이 네덜란드와 같은 프로테스탄트 국가에 의해 동중국해에서 밀려나고 중국 왕조가 명에서 청으로 바뀐 뒤에도, 광둥을 유일한 거점으로 하여 중국-일본-동남아시아를 잇는 서양 국가들의 무역체제는 유지됐다.

1841-1842년의 아편전쟁 이후 체결된 난징조약으로 서양 국가들의 중국 무역이 사실상 자유화될 때까지 유지된 이 무역 시스템을 광둥 시스템Canton System이라고 한다. 웹사이트 〈중국 광둥 무역 시스템의 흥망MIT Visualizing Cultures: Rise & Fall of the Canton Trade System〉[12]에는 이 시기 광둥의 상황을 생생하게 보여주는 시각자료가 다수 공개돼 있다. 박연이나 하멜과 같은 VOC 소속 선원이 한반도에 표류한

것 역시 동중국해에서 이러한 세계경제 시스템이 작동하던 가운데 생긴 불상사였다.

광둥 시스템은 조선왕조가 한반도 남부의 왜관에서만 일본인의 거주와 상업 활동을 허가한 것과 근본적으로 같은 철학에서 비롯된 무역 방식이었다. 예수회를 앞세워 대對일본 무역에 집중하던 포르투갈이 밀려나고, 도쿠가와막부의 크리스트교 포교 금지령에 충실하게 따르는 네덜란드가 17세기 중엽에 나가사키의 데지마에 상관商館 개설을 허가받은 것도 이와 상통하는 방식이었다. 이처럼 17-19세기 사이에 동중국해에서는 조선·청·일본이 각기 왜관·광둥·나가사키라는 해외무역 거점을 설치하여 해외와 교통하고 있었으며, 이들 무역 거점의 주도권은 어디까지나 조선·청·일본 등의 유라시아 동부 국가에 있었다. 포르투갈과 마찬가지로 동남아시아에서 학살을 자행하며 무역 이익을 추구하던 VOC도 동중국해에서는 막대한 상업적 이익을 얻기 위해 이 지역의 강력한 중앙집권 국가들의 방침에 순응했다.[13]

중국과 일본이 각기 광둥과 나가사키라는 거점을 통해 풍부한 물산과 은을 거래하면서 세계경제 시스템에 편입돼가던 때, 조선이 양적·질적으로 어느 정도 이 시스템에 편입돼 있었는지의 문제도 아직 충분히 밝혀지지 않은 것 같다. 물론 광주여자대학교의 정성일 교수 등 여러 연구자가 이 거대한 문제를 추적해온 바 있고, 최근에는 성균관대학교 안대회 교수가 온라인에 〈담바고의 문화사〉를 연재하면서 담배의 국제적 맥락을 흥미진진하게 소개하는 등 관련 연구가 없지는 않다. 그러나 한반도와 세계경제 시스템의 관계는 이 정도에서 그치는 것인지, 아니면 아직 밝혀지지 않은 거대한 저류底流가 존재할 것인지에 대해 필자는 여전히 관심과 기대를 품고 있다.

네덜란드라는 창을 통해 세계를 본 일본

이 책에서 이미 여러 차례 언급한 바와 같이 16-17세기 사이에 동중국해와 남중국해에서는 포르투갈·에스파냐 등의 가톨릭 세력과 네덜란드·영국·프랑스 등의 프로테스탄트 세력이 종교적·경제적 문제로 충돌하고 있었다. 이들 가운데 네덜란드는 명나라에 접근했다가 교섭에 실패하여 타이완에 근거지를 구축했고, 일본열도의 정권이 도요토미 히데요시에서 도쿠가와 이에야스로 바뀌자 신정권에 접근하여 히라도에 상관 개설을 허가받았다. 원래 네덜란드는 일본에서는 은, 중국에서는 생사를 구입해 타이완의 거점에서 동남아시아로 보내는 무역 시스템을 구축했다. 그러다가 1626년에 타이완의 네덜란드 항구 이용 문제를 두고 일본의 하마다 야효에 선장이 네덜란드 상관을 습격하고, 1662년에 정성공이 타이완을 정복하는 데 성공하면서 동중국해의 중요한 거점인 타이완을 잃어버렸다.

그러나 이렇게 불리한 상황이 계속됐음에도 네덜란드는 하마다 야효에 사건에 대해 도쿠가와막부에 사죄하고, 1637년에 일본 규슈 시마바라에서 일어난 가톨릭교도 농민 봉기 때 막부를 도왔다. 그리고 가톨릭교도 반군이 농성하는 성을 포격하는 등의 행동으로 막부의 환심을 사는 데 성공했다. 이 과정에서 도쿠가와막부는 VOC에 잇달아 일방적인 요구를 제시했다. 예를 들어 히라도에 있던 상관을 데지마라는 좁은 인공섬으로 옮기고 섬 밖으로 나가지 말라거나, 데지마 안에서 종교 의례를 하지 말라거나, 대포 및 병사를 포함한 일체의 무장을 하면 안 된다는 등이 그것이었다. 인도양에서 무자비한 실력행사로 무역 거점을 구축해온 VOC였지만, 일본에서는 막대한 무역 이익을 얻고자 공손한 태도로 일관했다. 그 결과 데지마로 한정되긴 했지만 유럽 국가들 가운데 유일하게 네덜란드만이 일본과의 무역 관계를 정식으로 인정받기에 이르렀다.

도쿠가와막부가 VOC에 부과한 의무 가운데에는, 일본어로 '카피탄ヵピタン'이라고 부르는 데지마의 VOC상관장 VOC-opperhoofden in Japan이 한 해에 한 번씩 막부가 위치한 에도를 찾아가야 한다는 것이 있었다. 상관장이 제공하는 '풍설서風說書'라 불리는 해외 정보를 통해 막부는 세계가 어떻게 돌아가는지 파악했다. 이 책의 후반부에서 다시 언급될 테지만, 상관장이 제공한 정보 가운데에는 1853년에 미국의 페리 제독이 일본에 오리라는 것을 미리 알려준 1852년의 풍설서가 특히 유명하다.

상관장 일행이 에도에 도착하면 당대 일본의 호기심 많은 지식인들이 이들의 숙소로 찾아와 유럽의 지식을 배우는 것이 상례였다. 도쿠가와막부하의 일본이 열렬히 배우고자 한 서양의 지식은 대략 19세기를 전후로 하여 크게 둘로 나눠진다. 앞 시기는 의학, 특히 해부학이었고, 뒤의 시기는 군사학, 특히 배와 대포에 관한 지식이었다. 포르투갈 세력이 일본과 교섭하던 16세기에는 이미 유럽의

나가사키에 축소 복원된 데지마 | 네덜란드 상관과 나가사키 시내를 분단하는 관문이 보인다.

의학 지식이 전해진 터였다. 일본과 교섭하는 서양 세력이 VOC로 바뀐 뒤에도 '남만류南蠻流'라 불리는 의사들이 활동하고 있어, 네덜란드가 전해주는 근대 서양 의학을 받아들일 준비는 이미 돼 있었다. 또한, 데지마에서 네덜란드인 의사들과 접촉할 기회가 잦았던 모토키 료이本木良意, 나라바야시 진잔楢林鎭山과 같은 일본인 통역관들이 17세기 후기부터 네덜란드어 해부학·외과서적을 번역하여 출판하기도 했다.

한편, 실험을 중시하는 한의학 유파인 고방파古方派 의사 야마와키 도요山脇東洋는 15년간의 고뇌 끝에 1754년에 사형수의 시체를 해부하고 그 결과를 《장지藏志》라는 책으로 출판했다. 일본 최초의 해부학서라 할 이 책에서 야마와키 도요는 자신이 해부한 시체의 내부가 네덜란드에서 건너온 유럽 해부학서와 같다는 사실을 확인하고 다음과 같이 적는다.

논리는 때로 뒤집힐 수 있지만 실물에 어찌 거짓이 있겠는가? 논리를 앞세우고 실물을 무시하면 아무리 큰 지혜라도 잃는 수가 있고, 실물을 실험한 뒤에 논리를 만들면 범용한 사람이라도 뜻을 펼 수 있다. 고대 중국의 성인인 요(堯)도, 고대 중국의 폭군인 걸(桀)도, 오랑캐도 그 장(藏)은 모두 똑같다. 소나무는 자연히 소나무고 측백나무는 자연히 측백나무며 나는 것은 날고 달리는 것은 달리니, 그 도리는 천고에 변함이 없고 외국이라고 해서 다르지 않다.14

즉, 옛날 사람이든 지금 사람이든 중국인이든 일본인이든 유럽인이든 물질적인 신체 구조는 똑같으며, 이러한 물질적인 증거에 바탕을 두지 않는 논리는 헛되다는 것이다. 말 그대로 '동서고금'을 막론하고 인간은 모두 똑같이 생겼다는, 오늘날 사람들에게는 지극히 당연한 이 생각이 1754년에 네덜란드라는 창을 통해 일본인들에게 처음으로 생겨났다.

난학의 도입을 이끈 해부학

이와 같은 기운에 힘입어 드디어 도쿠가와막부의 거점인 에도에서도 유럽 의학이 뿌리내리기 시작했다. 게이오대학 창립자인 후쿠자와 유키치福沢諭吉가 '난학사시蘭學事始'라는 제목으로 출판하여 유명해진 《난동사시蘭東事始》라는 책은 바로 이 시기 에도에서 '네덜란드학', 즉 '난학蘭學'이 어떻게 발생했는지 증언하고 있다. 과장벽이 적잖은 스기타 겐파쿠杉田玄白라는 사람이 노년에 집필한 이 책은, 후학자들이 밝혔다시피 과장한 부분과 오류가 있어 그 내용을 무조건 믿을 것은 아니다. 그러나 적절한 과장과 피 끓는 문장으로 기록된 《난동사시》는 일종의 '일본의 서양학문 창세기'로서 오늘날까지 독자에게 감동을 전한다. 《난동사시》에 등장하는 난의蘭醫 고이시 겐小石元俊의 후손에게 전해진 필사본을 저본으로 한 《일본고전문학대계日本古典文学大系》(이와나미문고)에 수록된 내용을 바탕으로 읽어보자.

스기타는 책의 첫머리에서, 일본에서 중국 학문漢學은 국가 사절단이나 영민한 승려들이 중국에서 배워와 차츰 유행한 것과 다르게, 난학이 순식간에 붐을 일으킨 원인이 무엇인지 독자에게 묻는다. 그러고는 "의사의 일은 그 가르침이 모두 실제에 근거하는 것을 앞세우기 때문에 순식간에 이해가 되"니 그러한 것이 아닐까 하고 추측한다.15 그 후 앞에서 언급한 16세기 이래 포르투갈에서 일본에 전래된 '남만류' 의학의 여러 유파를 소개하고 나서, 네덜란드어 의학서가 전래되자 그 세밀한 해부도가 당시 일본 의사들의 이목을 끌었음을 증언한다.

그렇게 유럽 의학에 대한 관심이 일본에서 높아지던 중, 훗날 일본 난학의 기틀을 세우는 마에노 료타쿠前野良澤라는 사람이 등장한다. 어릴 때 고아가 된 그를 길러준 큰아버지 미야타 젠타쿠宮田全澤는 평범하지 않은 교육 방침으로 료타쿠를 지도했다. 그 방침이란 "모름지기 사람이라면 이 세상에서 쇠할 것 같은 예능을 배워둬서 후세에 그 예능이 끊어지지 않게 하고, 당대 사람들이 외면해서 아무도 하지 않는 그런 일을 해서 세상을 위해 훗날까지 그 일이 전해지도록 해야 한다"16는 것이었다. 이 방침의 영향 덕분인지 료타쿠는 의사가 됐다.

한편 스기타는 나카가와 준안中川淳庵이라는 의사가 네덜란드인에게서 입수한 해부학 서적을 보고는, 글자 하나 알 수 없는데도 그 책에 실린 해부도에 한눈에 반한다. 스기타가 일하던 번의 책임자에게 이 책의 구입을 상담하니, 그는 "그 책은 사둘 만한 것인가? 쓸모가 있다면 번주님에게 필요한 금액을 받도록 하겠다"라고 말했다. 이에 스기타가 "반드시 그렇게 되리라는 확언은 못하겠지만, 반드시 쓸모 있는 것으로 삼아 보이겠습니다"라고 답하자, 주변에 있던 사람들도 "스기타 님은 이 책을 헛되이 할 사람이 아닙니다"

라고 거들었기에 무사히 책을 입수했다.[17]

이때 입수한 책은 독일인 의사 요한 아담 쿨무스Johann Adam Kulmus의 저서 《해부학 도표Anatomische Tabellen》의 네덜란드어 번역본으로, 이 책을 중심으로 하여 번역 출판된 것이 일본 최초의 본격적 해부학서 《해체신서解體新書》다. 쿨무스의 책은 실제로는 해부학자를 대상으로 한 전문서가 아니라 일반 독자를 위한 계몽서였기 때문에 이 책을 보고 실제로 외과 수술을 하는 것은 불가능할 정도였지만,[18] 그래도 당시까지 일본에서 유통되던 서적 가운데에는 가장 상세한 축에 속했다.

책을 입수했으니 번역을 하면 "큰 국익이 될 터"[19]라며 고민하던 스키타는 일본 최초의 해부서인 야마와키 도요의 《장지》를 보고 자극을 받았다. 유럽의 해부도를 입수했으니 실물과 대조를 해보고 싶다고 생각한 것이다. 그래서 막부의 허가를 받아 사형수의 몸을 해부해보니, 과연 인간의 몸은 한의학서의 설명과는 다르고 유럽 해부학서의 도판과 같았다. 중국책과 유럽책에 그려진 인체 구조가 그토록 다르니, 저자가 "중국인과 중국인 아닌 사람 간에는 (몸에) 차이가 있는 것인가?"[20]라고 고민한 것도 이해가 가는 바다.

이리하여 자신이 가진 유럽 해부학서가 사실에 합치한다는 것을 눈으로 확인한 스기타 겐파쿠는 뜻 맞는 사람들을 모아 네덜란드어판 《해부학 도표》를 번역하기 시작했다. 모인 사람들은 네덜란드어 통역관도 아니고, 당시까지 네덜란드어 사전이 일본에서 출판되지도 않았기 때문에 번역은 악전고투의 연속이었다. 예를 들어 "눈썹은 눈 위에 난 털이다雙眉, 毛斜生者也"라는 문장 하나를 번역하는 데 꼬박 하루가 걸리는 식이었다고 스기타는 말한다.[21] 다만 '눈썹 운운' 하는 말에 해당하는 내용은 네덜란드판 《해부학 도표》에서 보이지 않기 때문에, 오늘날 연구자들은 스기타가 자신들의 고생을 과장하기 위해 이 내용을 창작하지 않았을까 의심하고 있다. 그래도 필자를 포함해 《난동사시》와 근세 일본의 난학에 관심을 가진 사람이라면 이 '눈썹' 고생담을 가장 먼저 떠올릴 정도로 유명한 대목이기도 하다.

스기타 겐파쿠는 자기 모임이 쿨무스의 해부학서를 《해체신서》라는 이름으로 번역 출판하면서 에도에 난학 붐이 불었다고 주장하고는, 그 참여자를 차례로 소개했다. 그 가운데 가장 두드러진 개성을 보인 사람은 앞서 소개한 마에노 료타쿠였다. 큰아버지의 독특한 교육관에 입각하여 자라난 료타쿠는, 네덜란드어로 된 책을 모두 읽고 싶다는 뜻을 품은 뒤로 사람들과의 교유를 끊고 공부에 전념했다.

원래는 번에 속한 가신家臣으로서 부여받은 임무, 즉 의사 일에 충실해야 하는 것이 의무이나 료타쿠의 주군인 오쿠다이라 마사카奧平昌鹿는 "그는 원래 특이한 사람이야"라며 크게 혼내지 않았다. 료타쿠의 주변 사람들이 그를 비방해도, "매일 의업醫業에 전념하는 것도 자신의 임무에 충실한 것이고, 그 업을 위한 일을 하여 마침내 천하 후세 사람들을 유익케 하려는 것도 분명히 자신의 임무에 충실한 것이다. 그는 하고자 하는 바가 있는 것 같으니 하고 싶은 대로 내버려두어라"라며, 료타쿠가 하고 싶은 네덜란드어 공부를 하도록 내버려두었다고 한다. 세상 어디에나 자신이 뜻하는 바를 하려는 사

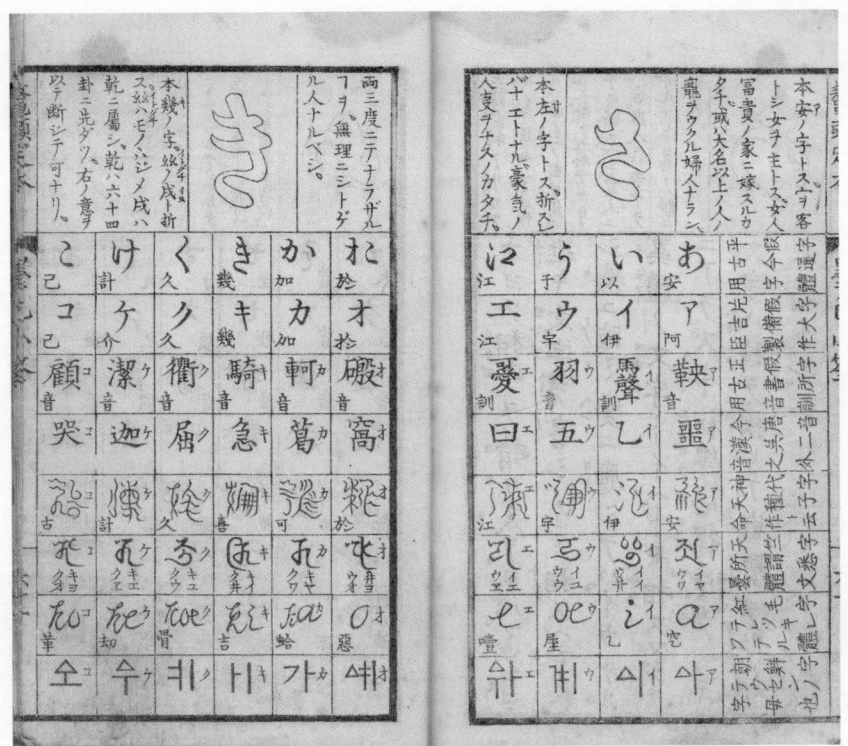

쓰루미네 시게노부(鶴峯戊申)의 《묵색소전》(1818) | 일본어 발음을 히라가나, 가타카나, 알파벳, 전승되는 과정에서 상당히 변형된 한글 등으로 표기했다. 도쿠가와막부가 성립할 당시에는 알파벳이 적혔다는 이유만으로 책이 판금되고 그 책의 저자가 처벌받는 일이 빈번했지만, 난학 붐이 한창인 19세기 초에 이르면 분위기가 바뀐다. 이러한 느슨한 분위기는 서양 열강의 압박이 심해지는 19세기 중기 이후에 다시 일변했다.

람을 비방하고 방해하는 사람은 있는 법이다. 하지만 사회 질서를 일탈한 것처럼 보이는 이들 '괴짜'를 내버려둘 수 있는 아량을 지닌 사람은 드물다. 료타쿠는 훗날 자신의 호를 '난화蘭化'라고 했으니, 이는 주군인 오쿠다이라 마사카가 늘상 그를 가리켜 "료타쿠는 네덜란드인이 둔갑한 사람이다"라고 농담한 데에서 비롯된 것이라 한다.[22] 이런 사람들이 있었기에 유학이나 불교와 달리 난학이 순식간에 일본에서 뿌리내릴 수 있었다는 것이 《난동사시》의 저자 스기타 겐파쿠의 결론이리라.

  이렇게 일본은 서양 학문을 착실히 수용했고, 18세기 말부터 러시아를 비롯한 서구 열강이 접근하기 시작할 때 어느 정도 대응할 수 있는 기반을 마련했다.

11장 러시아, 삼국지에서 열국지로 바뀌는 동아시아

유라시아 동부에 등장한 러시아

9장에서 살펴본 바와 같이 1800년을 전후한 시기에 조선과 일본 주민은 유라시아 동해안의 남과 북을 표류하며 새로운 세상을 보았다. 19세기는 유라시아 대륙의 서쪽에 자리한 유럽 국가들이 바다와 육지를 통해 세계를 지배하기 시작한 시기였다. 문순득과 다이코쿠야 고다유 모두 여러 나라의 호의로 무사히 귀국할 수 있었지만, 이들 표류민을 귀환시킨 국가들이 결코 순수한 선의에서만 행동한 것은 아니었다. 유럽 국가들이 유라시아 동부에서 궁극적인 목표로 삼은 지역은 청나라였으며, 특히 일본은 그 중간 기착지로서 주목되고 공격받았다.

일본에 가장 관심이 컸던 유럽 국가는 러시아였다. "거대한 암벽"[23]처럼 유럽인의 길을 가로막은 우랄산맥을 넘어 16세기 말부터 시베리아 정복을 시작한 러시아 세력은, 50여 년 만에 유라시아 동쪽의 오호츠크·캄차카 등지에 도착했다. 이러한 경이적인 정복 속도는 몇몇 몽골제국 후신後身 국가 외에는 시베리아에서 러시아의 침략을 저지할 토착 세력이 거의 없었기 때문에 가능했다. 17세기 당시 러시아 세력이 청나라의 세력권을 잠식하는 데 실패한 것이나, 훗날 알래스카와 캘리포니아에서 활동하던 러시아 세력이 미국의 견제를 받고 이내 물러난 사실에서도 이를 확인할 수 있다.

1574년에 러시아 황제에게 시베리아 지역을 위임받은 스트로가노프Строгановы 가문은 코사크Cossack라 불리는 무력 집단을 고용하여 빠르게 지배 지역을 넓혀나갔다. 이들이 얻고자 한 것은 '부드러운 금'이라 불린 검은 담비, 수달 등의 가죽이었다. 특히 코사크 가운데 예르마크 티모페예비치Ермак Тимофеевич는 잉카제국을 정복한 프란시스코 피사로 곤살레스Francisco Pizarro González와 비견됐다. 1581년에 우랄산맥 동쪽으로 원정을 시작하여 1584년에 전사하기까지, 그는 오늘날 시베리아의 3분의 1을 정복했다.

예르마크가 죽은 뒤에도 코사크는 "아직도 점령되지 않은 것이 있으면 무엇이든 모두 점령"[24]한다는 신조로 오브 강·예니세이 강·레나 강 등 시베리아의 거대한 물줄기를 따라 동쪽으로 동쪽으로 나아갔다. 이들 코사크가 대포와 총을 앞세워 선주민의 소규모 저항을 진압하고 요새를 건설하면, 1582년부터 시베리아로 유배된 러시아인이 지배의 기반을 굳히는 과정이 그 후 수백 년간 되풀이됐다. 유라시아 내륙에서 러시아가 대포라는 신무기를 이용해 세력을 확장하던 무렵, 유라시아 동부에서는 명나라의 대포와 일본의 조총

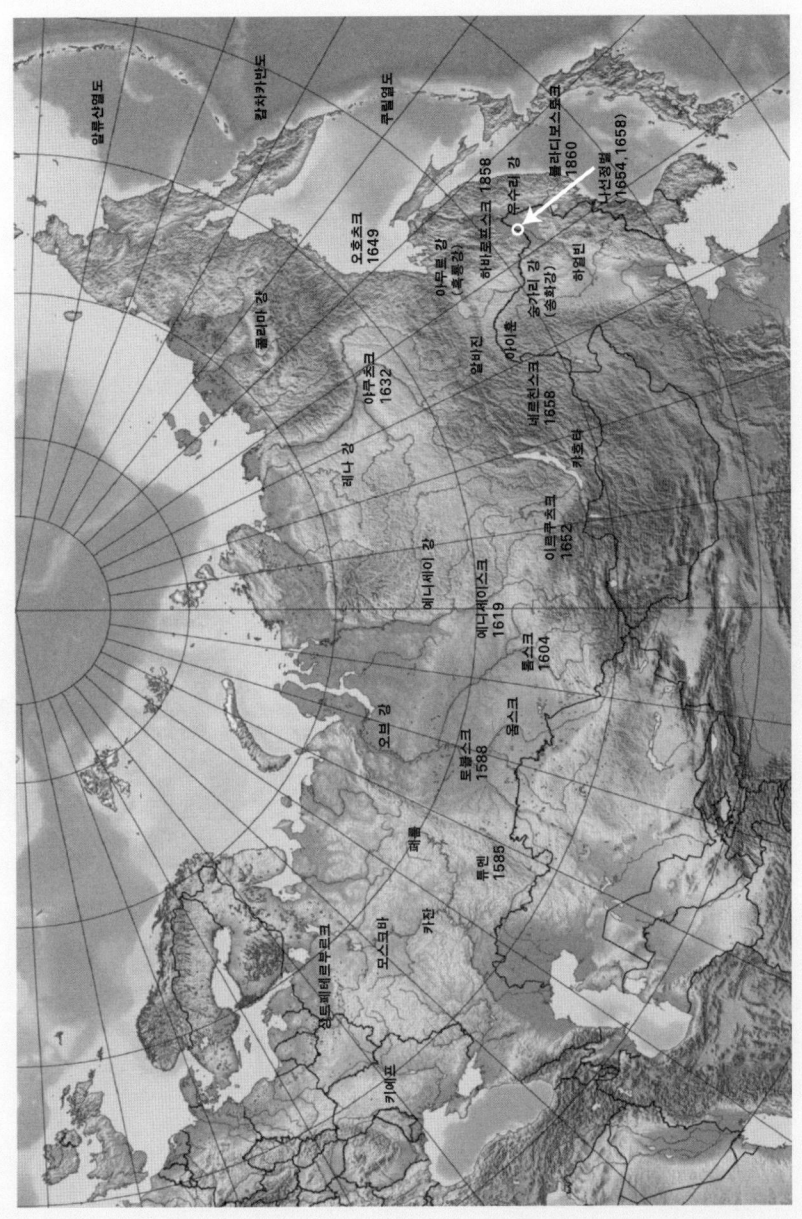

러시아의 주요 정복지와 정복 시기 | 1582년부터 동쪽 끝까지 도달하는 데 50여 년이 걸렸다.

예르마크 티모페예비치의 동상

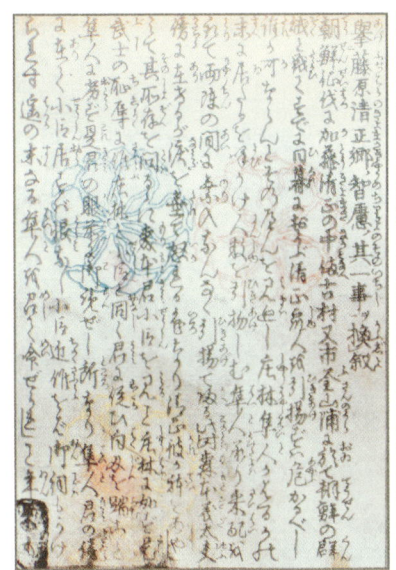
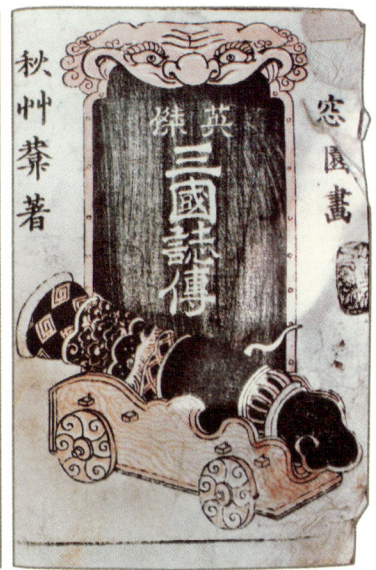

《영걸삼국지전》 | 일본의 전국시대를 배경으로 한 19세기 중기의 삽화 군담집. 표지 뒷면에 불랑기포가 그려져 있다.

이라는 양대 신무기가 임진왜란 기간에 한반도에서 맞붙었다. 바야흐로 새로운 시대를 알리는 포성이 유라시아 대륙의 곳곳에서 울려 퍼지고 있던 것이다.

아무르 강에서 펼쳐진 조선·청·러시아의 삼국지

1632년에 야쿠츠크 시가 건설된 뒤, 러시아 세력은 세 방향으로 확장해나갔다. 하나는 동쪽으로 베링해협을 건너 알래스카로 향하는 방향이었고, 또 하나는 캄차카반도·쿠릴열도 등 오호츠크 해의 북

예로페이 파블로비치 하바로프의 동상

쪽 연안 지역으로 향하는 방향이었으며, 마지막은 동남쪽으로 내려가 아무르 강흑룡강에 이르는 방향이었다. 특히 러시아령 시베리아에서 전체적으로 부족했던 식량을 아무르 강 유역이 공급해줄 수 있으리라는 환상이 코사크를 이끌었다.

러시아인 최초로 아무르 강을 탐험한 이들은 1643-1646년의 바실리 다닐로비치 포야르코프Василий Данилович Поярков 원정대였다. 포야르코프에 이어 1650-1651년에는 예로페이 파블로비치 하바로프Ерофей Павлович Хабаров가 거란인의 후예라고도 하는 다우르인Daurs의 알바진 요새를 점령했다. 알바진 요새를 점령한 다음 하바로프는 아무르 강 중류에 아찬스크 요새를 건설했는데, 이곳이 오늘날의 하바로프스크다. 아무르 강 하류 일대를 영유하고 있는 국가가 한국이나 중국이 아닌 러시아인 배경에는 하바로프의 군사 활동이 있다고 하겠다. 당시 러시아에서도 "예르마크가 시베리아 전체에 대한 문빗장을 올렸다고 한다면, 하바로프는 아무르 강에 대한 문빗장을 올렸다"[25]라며 그 의의를 높게 평가했다.

그러나 하바로프의 선구적 활동에도 불구하고 러시아가 아무르 강과 우수리 강 일대를 지배하게 된 것은 1858년의 아이훈조약과 1860년의 베이징조약 이후였다. 이처럼 200년간의 공백이 생긴 이유는 청나라를 세운 만주인이 민족의 발상지인 만주의 외곽에 자리한 '외만주' 지역 영유권을 1650년대에 무력으로 주장했기 때문이다. 이를 위해 조선의 조총 부대도 1654년과 1658년의 두 차례에 걸쳐 청나라 군과 연합하여 러시아를 공격했다. 이것이 바로 '나선정벌'이다.

나선정벌의 전조가 되는 전투가 1652–1653년 사이에 아찬스크에서 일어났다. 1652년에 청나라군이 하바로프의 아찬스크 요새를 포위 공격했으나 성공하지 못했고, 이듬해 봄에 아무르 강의 얼음이 녹자 하바로프는 스스로 요새를 파괴하고 퇴각했다. 하바로프에 이어 오누프리 스테파노프Онуфрий Степанов가 이 지역에서 군사 활동을 전개하자, 청나라는 두 차례에 걸쳐 조선에 조총 부대의 파병을 요청했다. 이에 1654년의 1차 파병 때에는 변급이, 1658년의 2차 파병 때에는 신유가 지휘관이 돼 아무르 강 유역에서 청나라군과 함께 러시아를 공격하여 승리했다. 특히 2차 파병 때에는 러시아의 알바진 요새가 함락되고 스테파노프가 전사하는 등 청·조선 연합군은 소기의 목적을 달성했다. 1644년에 청·조선 연합군이 이자성 농민군을 격파하고 북경을 점령한 데 이어, 조선군이 또다시 한반도를 벗어나 그 실력을 확인한 것이다.

그러나 정작 조선군은 자신들이 누구와 싸우는지 알지 못했다. 2차 파병군을 지휘한 신유는 《북정록北征錄》이라는 기록을 남겼는데, 그 첫머리에 "북쪽 바닷가에 한 떼의 도적 무리가 있는데,

그 소굴은 어느 곳에 있는지 알 수 없으나 오직 배로 집을 삼고 흑룡강 상하를 오르내"26렸다고 적었다. 또 러시아 코사크를 '노추虜酋', '오로소吳老素'와 같이 '러시아'와 비슷한 발음으로 적고 있지만, "적들은 바다오호츠크 해 쪽에서 강을 거슬러 올라온 것이 아니라 흑룡강 상류에서 배를 타고 내려왔다. 그 나라가 흑룡강 상류에 있는지 또는 육로로 나와 흑룡강에서 배를 타고 내려왔는지 좌우간 잘 알 수 없는 일이지만, 흑룡강의 상류는 몽골 지방에서 흘러나온다고 하니 이렇게 보면 그 나라는 강 상류에 있는 것 같지도 않다"27라고 적은 것에서도 알 수 있듯이, 이들이 어디에서 왔는지 끝끝내 알지 못했다. 아마 연합군을 구성한 청나라도 러시아 세력의 정체를 정확히 파악하지는 않았을 터다.

  이처럼 누구와 싸워 이겼는지 불확실하고 전투도 비교적 소규모였기 때문에 신유의 조선군을 비롯한 당시 조선 관민은 나선정벌에 큰 의미를 부여하지 않았던 것 같다. 조선이 자발적으로 출정한 것이 아니라 청나라의 요청으로 인해 어쩔 수 없이 전쟁을 치렀다는 사실 역시 나선정벌의 승리를 평가하지 않은 요인이었다.28 그러나 조선과 청나라 양국에서 나선정벌의 기억은 의외로 오래 이어졌다. 조선의 경우, 후대에 이 전투를 소설화한《배시황전裵是愰傳》에서《삼국지》적벽대전과 같이 아군이 아무르 강에서 화공법을 써서 승리한 것처럼 묘사하고 있어서, 어딘지 모르는 먼 곳에서 누군지 모르는 상대와 싸워 이겼다는 기억만은 지워지지 않았음을 알 수 있다. 청나라에는 1658년의 2차 전투에서 포로가 된 러시아 코사크가 북경으로 옮겨져 후대까지 그 후손이 남아 있었다.29

유라시아 동부, 《삼국지》에서 《열국지》로

1658년에 청·조선 연합군이 승리한 뒤, 러시아는 한동안 아무르 강 유역에 나타나지 않았다. 그 후 1680년대에도 알바진 요새를 둘러싼 러시아와 청나라의 공방전이 이어지다가 1689년에 양국이 네르친스크조약을 맺으면서 사태는 일단락된다.

명나라의 잔존 세력인 남명 정권의 저항과 삼번의 반란을 진압하느라 북방에 신경을 쓰지 못했던 청나라는 이 시기에 이르러 남쪽의 상황을 종결시키고 서북쪽에 군사력을 집중시키고 있었다. 서부 몽골에서 오늘날의 동투르키스탄 _{신장웨이우얼 자치구}, 티베트에 걸친 지역에는 최후의 유목제국이라 불리는 준가르가 세력을 키우고 있었으며, 청나라는 제국의 명운을 걸고 준가르와 전쟁을 벌였다. 18세기 중기에 가서야 비로소 청나라의 승리로 끝나는 이 장기간의 전쟁에서, 청나라는 준가르인을 절멸시키다시피 했다.[30] 준가르인이 학살돼 비어버린 땅에는 위구르인 등이 이주하여, 오늘날의 동투르키스탄 독립운동으로 이어지는 새로운 분쟁의 씨앗이 뿌려졌다.

청나라와 러시아 가운데 상대방과의 관계 개선이 더욱 절실한 쪽은 러시아였다. 아무르 강 일대는 처음에 생각했던 것보다 농업 생산력이 높은 땅이 아니었기에, 그 일대를 포기하고 중국과 교역 관계를 맺는 것이 러시아로서는 훨씬 이득으로 판단됐다. 청나라는 러시아에 별다른 매력을 느끼지는 못했으나, 준가르 세력과 결탁하는 것을 막기 위해 러시아와 조약을 맺기로 했다.

네르친스크조약은 역대 중국 역사 속에서 처음으로 외국

과 평등하게 맺은 조약이었다. 이는 청나라의 지배층인 만주인이 준가르 세력을 절멸시키고자, 러시아에 중화질서에 입각한 상하 관계를 요구하지 않고 실리적으로 대응했기 때문에 가능했다. 서울대학교 구범진 교수가 《청나라, 키메라의 제국》에서 상세하게 검토하듯이, 청나라의 지배집단인 만주인은 준가르, 즉 몽골인의 문제는 피지배층인 한인이 간여할 사안이 아니라고 판단했다. 그래서 네르친스크조약의 추진 과정에서는 한인이 배제되는 대신 예수회 신부들이 활약했고, 조약문 역시 중국어를 제외한 만주어·러시아어·라틴어로 작성됐다.

나선정벌로부터 150년경 뒤인 1804년에 통상 관계 수립을 요구하기 위해 일본에 온 니콜라이 페트로비치 레자노프 역시 중국어를 제외한 러시아어·일본어·만주어로 작성된 국서를 지참하고 있었다. 이들은 유라시아 동부 지역에서 한자로 상징되는 중국이 더이상 유일무이한 절대적인 존재가 아니게 됐음을 보여주는 상징적인 사건이었다.

레자노프는 일본이 교역 관계 수립을 거부하자 1806-1807년에 사할린과 쿠릴열도에서 일본군을 공격했다. 13세기의 몽골·고려 연합군 이래 본토에 대한 외국 세력의 공격을 받아본 적이 없던 일본의 관민은 매우 심각한 위기감을 느꼈다. 중국 이외에도 일본을 위협하는 세력이 유라시아 동부에 등장한 것이다. 이러한 일련의 무력 충돌을 통해, 러시아는 항구적으로 유라시아 동부에서 이익을 다툴 플레이어임을 이 지역의 다른 국가에 확인시켰다.

조선은 러시아군과 무력충돌하면서도 끝끝내 그들이 어떤

존재인지 알지 못했으며, 이들이 향후 한반도의 운명을 좌우하게 되리라고는 더더욱 예견하지 못했다. 조선에 중요한 외국은 여전히 중국과 일본, 특히 중국뿐이었다. 이를 《삼국지》에 비유하자면, 조선인은 자국을 《삼국지》 속의 위·촉·오 가운데 특히 촉나라와 동일한 존재로 생각하거나, 위·촉·오 바깥의 '오랑캐'와 대비되는 '중화'적인 존재로서 간주했다고 할 수 있다. 조선인이 진정으로 알아야 할 외국은 중국, 또는 중국과 일본뿐이었던 것이다. 이러한 세계관에 러시아·영국·프랑스·미국과 같은 서구 열강이 들어갈 틈은 없었다.

이는 일본인에게도 마찬가지여서, 일본은 자국을 천축^{인도}·진단^{중국과 한국}·본조^{일본}의 삼국 가운데 하나이거나, 자국을 일본열도 바깥의 오랑캐와 대비되는 중화로서 간주했다. 다만 차이가 있다면 일본은 러시아와의 접촉과 충돌을 통해 《삼국지》적 세계관을 벗어났으나, 한반도는 《삼국지》적 세계관을 탈피하지 못한 채 20세기를 맞이했다.

어쩌면 이런 상황은 지금도 마찬가지가 아닐까? 어떤 한국인은 세계에서 유일하게 알아야 할 가치가 있는 나라는 미국뿐이거나 미국과 중국뿐이라고 생각하고 있지 않은가? 현대 한국의 역사에서 러시아와 일본의 존재를 과소평가하고 미국과 중국의 존재를 과도하게 평가하는 바람에 중요한 판단을 그르치는 경우를 적지 않게 확인할 수 있다. 예를 들어 한반도 통일 문제에서는 미국과 중국만이 아닌 러시아와 일본 역시 중요한 플레이어로서 기능할 테지만, 한국 일각에서는 러시아와 일본의 중요성을 저평가하는 경향이 확인된다.

진수陳壽가 쓴 정사《삼국지》도 아닌, 극도로 단순한 세계관으로 이루어진 소설《삼국지연의》를 통해 세상을 이해하려다 보니, 한국 사람들 일부는 수많은 플레이어로 이루어진 현실 세계를 냉철하게 이해하지 못하는 것 같다. 굳이 소설을 읽고 세상을 이해하고자 한다면, 필자는《삼국지》보다 차라리《열국지》나 정비석의《소설 손자병법》을 권하고 싶다. "《삼국지》세 번 읽은 사람과는 말도 하지 마라"는 식의 주장이 더 이상 통용되지 않을 때, 한반도의 시민은 비로소 수많은 플레이어가 현란하게 얽혀 전개되는 국제관계를 진정으로 이해하고 능란하게 다룰 수 있을 것이다.

12장 영토 탐험과 점령, 오호츠크 해 열국지

러시아와 일본의 영토 분쟁

러시아가 시베리아를 정복하는 과정에 아무르 강 유역에서 청·조선 연합군과 충돌한 나선정벌이 발생했다. 이후 러시아와 만주인의 청이 맺은 네르친스크조약으로 인해 러시아는 19세기 중기까지 아무르 강 연안과 연해주 지역 진출을 포기할 수밖에 없었다. 그 대신 러시아 세력은 쿠릴열도와 사할린을 남하하며 일본에 접근했다.

오늘날 쿠릴열도 남부 섬들에 대한 일본의 영유권 주장이 상징하듯이, 18세기 후기에 이 지역에서 시작된 양국의 저강도 분쟁은 울치인·니부흐인·오로크인·아이누인 등의 선주민을 희생시키며 200년 이상 이어진다. 참고로 일본은 현재 네 개의 영토 문제를 안고 있는데, 그 가운데 힘을 쏟고 있는 곳이 바로 이 러시아령 쿠릴열도 남부다. 중국·타이완과 충돌하고 있는 센카쿠열도는 일본 관할, 독도는 한국 관할, 북태평양의 오키노토리섬沖ノ鳥島은 일본이 관할을 주장하고 있지만 영유권 인정을 받지 못하는 환초環礁다. 일본 정부

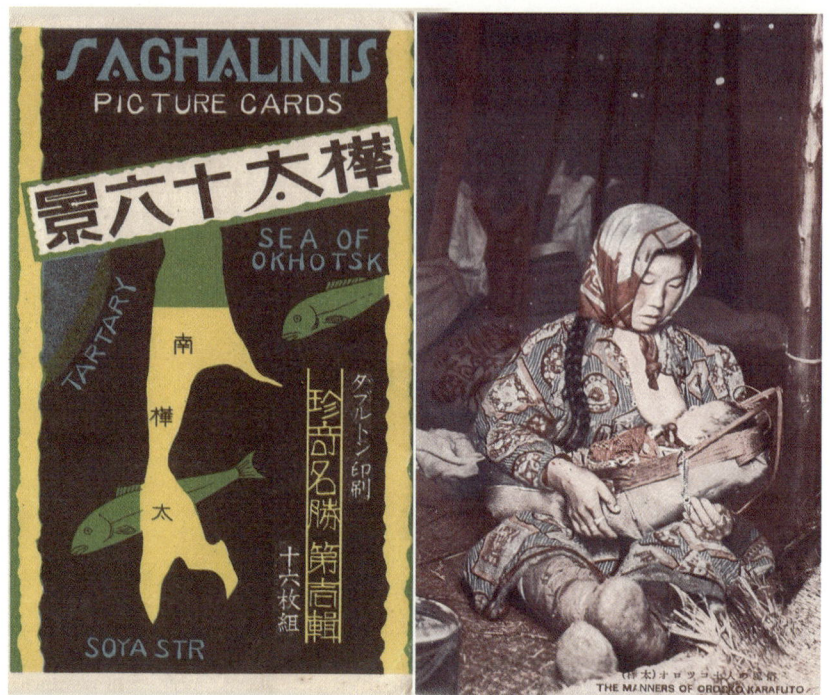

〈가라후토 16경〉 | 20세기 전기에 일본에서 간행된 남부 사할린 관광엽서집. 일본 관할 지역인 남부 사할린의 선주민인 오로크인 여성이 전통복장을 입고 아기에게 젖 먹이는 모습이 보인다. 식민지 시기 조선을 테마로 한 관광엽서에는 아들을 낳은 조선 여성이 가슴을 드러낸 모습이 종종 실려 있다. 새로이 일본국의 영역에 편입된 지역에 대한 일본 남성의 호기심을 자극하려는 의도에서 비롯된 것일 터다.

는 쿠릴열도 남부 도서를 분쟁지역으로 국제사회에 부각시키려는 반면, 센카쿠열도가 분쟁지역이라는 것은 부정함으로써 상충되는 태도를 보이고 있다. 일본이 처한 이러한 모순된 상황을 파악하면 독도 문제를 고찰하는 데 참고할 수 있다.

캄차카반도·사할린·홋카이도·쿠릴열도로 둘러싸인 거대한 내해인 오호츠크 해에 대해 현대 한국인이 지니고 있을 거의 유일한 이미지는 한반도에 장마철을 가져오는 오호츠크 해 기단 정도가 아닐까 한다. 그러나 한반도 주민은 역사상 오호츠크 해 연안 지역과 작게나마 관계를 갖고 있다. 식민지 시대에 강제노동을 위해 사할린에 징집됐던 조선인 중 일부는 1945년 8월에 소련과 일본이 충돌하는 과정에서 학살됐고, 일부는 오늘날까지 사할린에 남아 중앙아시아의 고려인과 함께 러시아 한인의 일대 세력을 이루고 있다.

또한 1983년 9월 1일에는 대한항공 007편이 캄차카반도 상공에서 격추됐다. 냉전의 끄트머리인 1983년에 우크라이나 동부에서 소련에 격추된 한국의 민항기와, 신냉전의 초입인 2014년 7월 17일에 러시아계 반군에 격추됐으리라 추측되는 말레이시아의 민항기. 30여 년의 간격을 두고 러시아의 동쪽과 서쪽에서 냉전의 결과로 민항기가 격추됐다는 것은 우울한 역사의 우연이다.

오호츠크 해 연안의 조선인

조선시대에도 드물지만 오호츠크 해 연안 지역을 경험한 사람이 있었다. 사할린 또는 홋카이도에 표류한 이지항이라는 무관武官이다. 그가 남긴 《표주록漂舟錄》은 앞서 살펴본 바 있는 문순득의 《표해시말》과 함께 한반도 주민이 유라시아 동쪽 바다의 남쪽과 북쪽을 관찰한 가치 있는 증언록이다. 1756년 4월 13일에 부산에서 출발한 일행은 동해에서 조난하여 아이누인의 영역에 표착했다. 아이누인은 사할린·홋카이도·쿠릴열도 등지에 주로 거주했는데, 이지항이 표착한 곳은 아마도 사할린이나 홋카이도의 서해안일 터다.《표주록》에는 표류 끝에 육지에 가까워지자 "앞길에 태산과 같은 것이 비로소 보였는데, 위는 희고 아래는 검었다. 희미하게 보이는데도 배 안에 있는 사람들은 모두 기뻐했다. 점점 가까이 가 살펴보니, 산이 푸른 하늘에 솟아 있어 위에 쌓인 눈이 희게 보이는 것이었다"[31]라는 대목이 보인다.

여기서 언급되는 눈 쌓인 산은 홋카이도 서북쪽의 리시리 섬으로 추측된다. 이 섬은 동해 연안에서 특히 눈에 띄는 존재였던 듯하다. 근세 일본의 임진왜란 관련 문헌을 보면, 1592년 여름에 함경도를 점령한 가토 기요마사가 두만강을 넘어 '오랑카이', 즉 오랑캐라 불리는 야인여진과 싸웠다가 패하여 조선으로 돌아오던 중에 함경도 북단의 서수라는 곳에 이르렀다. 이곳에서 홋카이도 남단의 마쓰마에라는 곳에서 함경도로 표류해 온 일본인의 안내로 바다 멀리 일본의 후지 산을 조망했다는 전설이 확인된다. 당연히 함경도에서 후지 산이 보일 리가 없기 때문에, 가토 기요마사가 보았다는 이 산의 정체가 과연 무엇인지 훗날 일본의 지식인들 사이에서 논쟁이 있었다. 이때 거론된 후보 가운데 하나가 리시리 섬이었다.

물론 이 이야기는 전설에 지나지 않지만, 오호츠크 해 연안 일대에서 특히 눈에 띄는 리시리 섬과 오호츠크 해 연안에서 일본인이 활동한 최북단 영역인 마쓰마에가 등장한다는 점이 주목된다. 이 지항 일행 역시 리시리 섬을 본 것 같고, 아이누인이 이들을 귀국시키기 위해 보낸 곳이 마쓰마에였다. 마쓰마에는 당시 아이누인의 땅이었던 홋카이도에서 유일하게 일본인이 거주하는 남쪽 끝의 지역

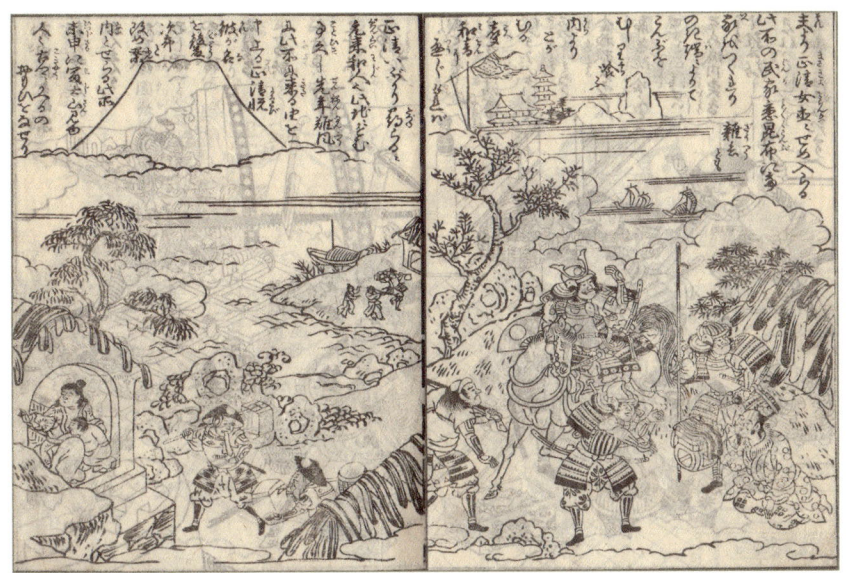

《에혼 무용 다이코기》 | 가토 기요마사가 함경도 서수라에서 바다 멀리 후지 산을 바라보는 모습. 이 전설은 근세 일본인이 유라시아 동해안 일대를 어떻게 파악했는지 보여준다는 점에서 흥미롭다. 그림 왼쪽 아래에서는 서수라의 주민이 지붕 대신에 얹은 다시마를 일본 병사들이 뜯어서 먹다가 혼나는 장면이 그려져 있다. 여진인과 인접한 조선의 동북쪽 끝이 풀이나 나무가 아닌 다시마로 지붕을 얹는 비현실적인 공간으로서 인식됐음을 짐작케 한다.

이었다. 이처럼 이지항은 그때까지 한반도 주민 가운데 아무도 도달한 적 없는 오호츠크 해 연안의 북방 세계의 질서를 우연이라 할지라도 경험한 것이다. 이러한 맥락에서 그의 표류기는 러시아와의 전쟁을 기록한 신유의 《북정록》과 함께 한반도 주민이 유라시아 동북부에서 활동했음을 전하는 소중한 문헌이다.

사할린은 누구의 것인가

유라시아 동해안 북부를 표류한 조선인 이지항이 사할린을 경험했을 가능성이 있지만, 이것은 어디까지나 우연한 사건에 지나지 않았다. 사할린의 지배권을 두고 경합한 주요 세력은 아이누인과 몽골제국·명·청, 러시아인, 그리고 일본인이었다. 오호츠크 해의 남쪽 경계를 이루는 사할린 섬과 홋카이도 일대에 대한 지배권을 처음으로 수립한 것은 아이누인이었다. 원래 일본열도의 혼슈에 거주하던 아이누인은 일본인 세력에 밀려 점차 북으로 향했고, 13세기 중기에는 홋카이도에서 사할린으로 건너간 데 이어 아무르 강 하구까지 진출하여 선주민과 충돌했다. 선주민은 몽골제국에 도움을 요청했고, 몽골군은 타타르해협 건너 사할린을 침공하여 아이누인을 제압했다. 이 결과 아무르 강 하류와 사할린에 몽골제국의 지배권이 확립됐고, 이는 한인의 명나라와 만주인의 청나라로 계승됐다가 19세기 중기에 러시아로 넘어가서 오늘날에 이른다.

이처럼 몽골군이 사할린을 쉽게 제압할 수 있었던 것은 아무르 강 하구와 사할린 사이의 타타르해협이 매우 얕고, 또 겨울에는 얼어붙어서 건너기 쉬웠던 덕분이다. 반대로 말하자면 타타르해협으로 배가 지나가는 것이 매우 위험하다는 뜻이고, 사할린이 섬인지 대륙의 일부인지 혼란을 초래하는 요인이기도 했다. 러시아는 우랄산맥 외에는 외부 세계로 통하는 출구가 없는 '거대한 창고'[32]와 같은 시베리아의 동쪽 출구로서 아무르 강이 기능하기를 기대했다. 그래서 아무르 강을 통해 태평양으로 나아가는 항해에 사할린이 지장을 초래하지 않는지를 확인할 필요가 있었다.

　　　　러시아 세력이 사할린과 쿠릴열도로 남하하기 이전까지 마쓰마에의 일본인은 청어와 연어를 잡기 위해 아이누인을 노예처럼 부리고 있었다. 그러다가 러시아인이 사할린·쿠릴열도에 거주하는 아이누인을 유럽의 물산과 종교로 회유하며 남하한다는 소식을 접한 도쿠가와막부는, 마쓰마에 번에 아이누인 지배를 위임하는 기존의 방식을 폐기하고 오호츠크 해 연안 지역에 탐험대를 파견했다. 이는 아이누인을 일본의 영역에 포함시킴으로써 러시아에 맞서 일본의 이익을 확보하기 위함이었다. 러시아의 남진南進이 일본에 미치는 영향을 논한 일군의 지식인들은, 아이누인이 일본의 속민屬民이기 때문에 아이누인이 사는 사할린도 일본의 지배영역이라고 간주했

《에혼 국성야충의전》 전편 권3 | 물개 사냥하는 아이누인.

다. 그렇기 때문에 사할린이 섬인지 대륙의 일부인지를 파악하는 것은 일본의 북쪽 경계를 확인하고 러시아인의 남진에 대응할 방안을 모색하기 위한 중요한 과제였다.

이리하여 사할린의 지리적 성격을 파악하기 위한 러시아와 일본의 경쟁이 시작됐다. 선수를 친 것은 일본이었다. 막부의 하급 관리였던 마미야 린조^{間宮林藏}가 1808-1809년에 사할린을 거쳐 아무르 강 하류를 탐험한 것이다. 처음에는 사할린만 탐험할 목적이었던 마미야는 현지 사정이 불온하다는 사실을 확인하자, 허가받지 않은 일본인의 해외 도항^{渡航}을 금지한 막부의 금지령을 어기고 타타르 해협 너머 아무르 강 하안으로 건너갔다. 그는 외만주라 불리는 이 지역에서 여전히 청나라 세력이 강하고 러시아의 진출이 미약함을 확인했다. 나가사키의 네덜란드인 거주 지역에 고용돼 있던 독일인 의사 필립 프란츠 폰 지볼트^{Philipp Franz von Siebold}는 마미야의 업적을 기려서 아무르 강 하구와 사할린 섬 사이의 해협을 '마미야해협^{타타르해협}'이라고 이름 붙였다.

한편 아무르 강 하구의 사할린 접경 지역이 바다이며, 태평양으로 항해가 가능하다는 사실을 유럽인에게 널리 알린 것은 1849-1850년에 러시아의 항해사 겐나디 이바노비치 네벨스코이^{Геннадий Иванович Невельской}가 수행한 탐험이었다. 네벨스코이의 업적 덕분에 시베리아는 더 이상 거대한 창고이자 유형지가 아닌, 태평양을 향해 열린 '가능성의 땅'으로서 재평가받았다. 이에 따라 사할린과 마주 보는 연해주 일대의 가치도 높아졌기에, 러시아는 1858년의 아이훈조약과 1860년의 베이징조약을 통해 청나라로부터 연해주를 할양받았다. 그리고 이전에 시베리아가 수행하던 유배지로서의 역할은 사할린이 이어받게 됐다.

1894-1895년의 청일전쟁보다 조금 앞선 시기에 사할린을 조사한 러시아의 소설가

네벨스코이의 탐험을 기념하는 러시아 우표

안톤 체호프Антон Павлович Чехов는 아무르 강 하구에서 사할린을 바라본 느낌을 다음과 같이 적고 있다.

눈앞에는 광활하게 아무르 만이 펼쳐져 있고 그 너머로 거의 안개 띠처럼 보이는 곳이 유배의 섬이다. (중략) 보기에도 이곳이 세상 끝이고 더 이상 멀리로는 항해할 수 없을 듯하다. 마치 오디세우스가 미지의 바다로 나아가며 기이한 존재들을 만나리라고 예감하던 그런 마음이 내 영혼을 사로잡는다.33

오호츠크 해 열국지가 펼쳐지다

이렇게 시베리아를 정복한 러시아는 청·조선에 이어 일본과 조우하며 유라시아 동부의 주요한 플레이어로서 등장했다. 13세기 몽골·고려 연합군의 두 차례 공격 이외에는 별다른 위협을 받아본 적이 없던 일본은, 새로이 유라시아 동쪽에 등장한 러시아에 위기감을 느꼈다. 러시아는 1696년에 캄차카반도에 표착한 오사카 출신의 덴베傳兵衛

〈가라후토 16경〉 | 사할린의 청어 어업 광경. 청어는 일본이 오호츠크 해 연안 일대에서 가장 필요한 자원 가운데 하나였다.

를 러시아에 정착시켜 일본어를 가르치게 하는 등, 이미 17세기 말부터 일본에 접근하고자 준비했다. 일본은 사할린과 쿠릴열도에서 일본어를 말하는 러시아인과 조우하고 충격을 받아 러시아가 왜 일본에 관심을 갖는지 알고자 필사적이었다. 일본의 지식인들은 오호츠크 해 연안의 아이누인과 일본 상인으로부터 러시아에 대한 정보를 수집하는 한편, 나가사키의 네덜란드인을 통해 유럽의 러시아 관련 서적을 입수하여 번역하는 데 몰두했다. 그리하여 1780년대부터 일본에서는 오호츠크 해 연안 지역에 대한 연구서가 다수 작성됐다.

러시아에 대한 이들 연구서의 주장은 우호적인 입장과 경계하는 입장으로 나누어진다. 혼다 도시아키本多利明라는 경세가經世家는 《적이동정赤夷動靜》이라는 저서에서, 러시아가 "이웃 나라를 정복하여 그 영토가 동서로는 경도 180도에 이르고, 남북으로는 북극 끝인 위도 30도에서 60도까지 이르니, 동서로는 이 세계의 절반을 차지하는 큰 나라"[34]라고 하여 그 세력이 강대함을 강조했다. 그리고 러시아가 일본에 접근하는 것은 네덜란드가 일본과 교역하여 부유해진 것을 부러워하여 자신들도 일본과 교역하기 위함일 뿐이라고 우호적으로 해석한다. 따라서 일본도 유럽과의 무역 상대를 네덜란드로 한정하지 말고 러시아와 정식으로 교역하는 한편, 아이누인을 인간적으로 대하고 그들이 거주하는 지역을 적극적으로 개발하자는 공세적 주장을 펼친다.

반대로 러시아의 남진을 안보 위협으로 파악하고 무력충돌에 대비해야 한다는 주장도 제기됐다. 독도 문제를 논할 때 자주 언급되는 《삼국통람도설三國通覽圖說》의 저자 하야시 시헤이林子平가 대

하야시 시헤이의 동상

표적이다. 러시아 위협론을 설파한 그의 대표적인 저술《해국병담海國兵談》의 발문에서는 그가《삼국통람도설》과《해국병담》을 집필한 이유가 다음과 같이 나온다.

내가 일찍이 삼국통람을 저술했다. 이 책에는 일본의 세 인접 국가인 조선·유구·에조(아이누) 지도를 실었다. 그 뜻은 일본의 용감한 무사들이 군대를 이끌고 이들 세 나라로 들어갈 때 이 지도를 암기함으로써 현지에서 전개되는 상황에 대응케 하기 위함이다. 또《해국병담》에서는 이 세 나라 및 청·러시아 등의 여러 외국이 쳐들어올 때 방어하는 방법을 상세하게 논했다.35

하야시는 일본이 해국海國이어서 외국의 군사적 위협에 노출돼 있음에도 막부나 지식인들이 이 위협을 경시하고 있다고 비판한다. 이러한 하야시의 세계관은 중국과 북한의 위협을 내세워 재무장을 추진하는 현 일본 정부의 태도와 상통한다.

하야시는 1787–1791년 사이에 자비自費로《해국병담》을 출간했다가, 근거 없이 사회 불안을 조성한다는 이유로 막부의 처벌을 받았다. 막부는 러시아의 의도를 의심하면서도, 충분한 대응책이 마련되기 전에는 러시아 문제로 인해 일본 국내에 혼란이 초래되는 것을 원하지 않았다. 그러나 위기는 언제나 준비를 마치기 전에 한 발 먼저 다가오는 법. 마침내 1806-1807년에 러시아와 일본은 사할린과 쿠릴열도에서 무력으로 충돌했다. 앞서 마미야 린조가 사할린·연해주를 탐험한 것도 이 무력 충돌에서 안보 위협을 느꼈기 때문이었다. 오호츠크 해에서 열국지가 시작된 것이다.

13장 군담소설,
복수와 충돌을 말하다

복수할 수 없는 울분은 무엇으로 풀랴

임진왜란이 끝난 이듬해인 1599년 4월 17일, 임진왜란 당시 투항 왜군, 즉 항왜를 조직해 크게 활약한 바 있는 김응서가 쓰시마를 공격하자고 건의했다.

대마도의 형세는 군사가 매우 적고 기근(饑饉)이 또한 심하니, 이런 때에 들어가 친다면 조금도 항전할 리가 없으며 다른 섬의 왜병도 필시 구원하러 오지 못할 것이므로 진격하는 것이 어렵지 않을 것입니다. 이러한 의견을 중국 장수에게 통보하여 힘을 합쳐 나아가 무찔러 만 분의 일이나마 설분(雪憤)하소서. -《선조실록》

즉, 조선·명 연합군이 본보기로 쓰시마를 공격하여 그동안의 복수를 하고, 일본이 다시 조선을 침략하지 못하게 하자는 것이었다. 물론 당시 조선은 전쟁의 충격으로 국가 시스템이 붕괴되다시

피 했기에 김응서의 주장이 실현될 가능성은 거의 없었다. 그러나 임진왜란이 발발했을 때 관료들은 도망가기에 바빴고 누구 하나 공세적인 입장을 취한 바 없었는데, "김응서는 흉적이 패하여 달아나는 기회를 틈타 진격하여 조금이나마 울분을 씻으려고 했으니" 가상하다는 사관의 논평이 김응서의 건의문 뒤에 붙어 있다. 말하자면 김응서의 주장은 당시 일본에 대한 조선의 원한을 대변하고 있었다.

임진왜란을 진두지휘한 류성룡 역시 1593년 1월에 조선과 명의 연합군이 평양성을 함락시킨 이래로 일본군은 기세가 꺾였으므로 이때 공세를 취해야 했다고 한탄했다.

진실로 우리나라에 한 명의 장군이 있어서 수만 명의 병사를 이끌고 때를 보아 앞뒤로 길게 늘어져 있던 적군의 가운데를 공격하여 끊는 기이한 계책을, 평양성 전투에서 적군이 패했을 때 실행에 옮겼으면 적의 대군을 쉽게 물리칠 수 있었을 터이고 한양 이남에서 썼더라면 적의 수레 한 대도 돌려보내지 않을 수 있었을 터이다. 이렇게 할 수 있었다면, 적은 놀라고 겁먹어 수십 수백 년 동안 감히 우리를 똑바로 쳐다보지 못했을 것이니 훗날의 걱정거리가 없어졌을 터이다. 당시 우리나라는 매우 쇠약해져 있어서 힘으로 이 전략을 실행하지 못했고, 명나라 장수들도 이 전략을 모르고 적들로 하여금 조용히 오고가게 했고, 적들을 징계하여 두려움을 품게 하지 못했기에 그들은 온갖 것을 요구하게 됐다.
—《징비록》

이처럼 조선에서는 일본을 선제공격하여 복수해야만 일본이 다시 침략하지 않을 것이라는 생각을 공유하고 있었다. 그러나 황폐해진 조선의 상황에서는 임진왜란 중에 빠른 속도로 실력을 기르고 있던 누르하치의 여진 세력에 대응하기도 벅찼다.

한편, 일본에서도 1592년의 임진왜란과 1597년의 정유재란에 이어 제3차전이 일어날지도 모른다는 예상을 하고 있었다. 임진왜란 후에 조선과 도쿠가와 일본의 국교 정상화를 중개하던 쓰시마는 만약 국교가 맺어지지 않으면 일본이 조선을 다시 공격할 가능성이 있다고 협박했다. 이것이 단순히 협박이 아니었음은, 임진왜란 당시 가토 기요마사와 더불어 함경도를 침략한 바 있는 나베시마 나오시게鍋島直茂의 아들 가쓰시게勝茂가 또다시 있을지도 모르는 조선 침략을 위한 준비를 게을리하지 않았다는 일화에서도 추측할 수 있다. 이 일화는 가쓰시게가 창건한 규슈 사가 번에서 널리 읽힌 《하가쿠레葉隱》라는 문헌에 보이는데,37 이를 통해 1598년 이후에도 일본 각지에서 조선을 재침략하자는 이야기가 있었음이 짐작된다. 이러한 상황이 뜻하는 바는, 임진왜란이 1598년에 도요토미 히데요시의 사망으로 급작스럽게 끝나버리다 보니 이 전쟁의 마무리가 지어지지 않았다는 것이다. 그리하여 조선에서는 복수전이, 일본에서는 확실한 승리를 위한 3차전이 이야기된 것이다.

복수에 대한 조선의 열망이 반영된 것이 《임진록》이라는 군담소설이다. 《임진록》은 이본異本이 많은데, 대개 1619년에 조선과 명의 연합군이 누르하치의 후금군과 싸운 사르후 전투에서 처형당한 김응서와 투항한 강홍립을 양대 주인공으로 내세운다. 이 두 사람은 임진왜란에 복수하고자 일본을 공격하여 거의 정복했지만, 강홍립이 배신하는 바람에 김응서는 자결하고 만다. 그 뒤에 사명대사가 일본으로 건너가 온갖 도술로 일본에 복수한다는 전설이 소개되며 일본이 조선에 항복했다는 결말이 지어진다.

조선의 《임진록》에 대응하는 것이 1804년에 일본에서 상연된 가부키 〈덴지쿠 도쿠베 이국 이야기〉다. 이 가부키는 일본과 동남아시아를 오가며 무역하던 덴지쿠 도쿠베가 진주목사 김시민의 아들이라는 설정으로 당시 일본 사회에 충격을 주었다. 실제 김시민은 1592년 11월의 제1차 진주성 전투에서 전사했지만, 이 연극에서는 원한을 갚기 위해 일본에 잠입했다가 목적을 달성하지 못하고 처형당하는 것으로 그려진다. 처형장에서 덴지쿠 도쿠베를 만난 김시민은 덴지쿠 도쿠베가 자신의 아들이라고 밝히고, 이로써 자신의 숙명을 깨달은 덴지쿠 도쿠베는 모국 조선을 위해 일본을 멸망시키고자 인도(당시 일본은 동남아시아를 인도라고 믿었다)에서 배워 온 크리스트교 마법을 부리며 두꺼비를 타고 전쟁을 벌인다.

요컨대 조선도 일본도 임진왜란에 대한 조선의 보복 전쟁이 당연히 일어났어야 한다고 믿었다. 그러나 조선의 사정으로 인해 복수전은 실현되지 않았고, 양국에서는 상상 속에서 제3차 전쟁이 벌어진 것이다.

러시아와 일본이 오호츠크 해에서 충돌하다

이렇듯 근세 일본인은 언젠가 조선이 임진왜란의 복수전을 벌일 것이라고 예측했다. 이는 '당한 만큼 갚는다'라는 행동 원칙을 지닌 무사 계급이 지배한 일본에서는 논리적으로 당연한 결과였다. 조선에서도 복수전을 벌여야 한다는 주장이 있었으나 당시 상황으로 인해 실현되지 않았고, 17세기 중기의 '북벌론'에서 보듯이 조선의 복수 상대는 조선을 굴복시킨 청나라로 바뀌어 있었다. 그러나 조선의 이러한 상황을 알 턱이 없는 일본에서는 조선의 공격을 예상하고 이에 대비하고자 하는 움직임이 간헐적으로 나타났다. 그 가운데 주목할 만한 것이 오호츠크 해 연안을 따라 일본으로 접근하는 러시아 세력과 조선이 연합하여 일본을 협공하려 한다는 주장이었다. 이러한 주장을 담은 일본 문헌이 1808년경에 성립한 군담소설 《북해이담北海異談》이다. 이 소설은 1806~1807년 사이에 러시아군이 사할린과 쿠릴열도의 일본 거점을 기습한 역사적 사건을 배경으로 한다.

  캄차카반도에 유배됐던 동유럽 출신의 모리스 베뇨프스키 Móric Benyovszky는 1771년에 유배지를 탈출해서 귀국하던 중에 일본에 들렀다. 그는 탈출하면서 들른 곳마다 밥 먹듯이 거짓말을 했고, 일본에서도 마찬가지였다. 이후 그는 마다가스카르에서 독립국을 만들려다 살해당했다. 베뇨프스키가 일본에 남긴 거짓말은 러시아가 일본을 점령하려고 쿠릴열도에 요새를 만들고 있다는 것이었다. 이 주장이 일본 국내에 퍼지면서, 과연 러시아에 일본 침략 의도가 있는지를 둘러싸고 혼란이 일어났다.

  18세기 후기에 이르면 일본에서는 대對러시아 전략을 다룬 문건이 왕성하게 집필되는데, 그 선구로서 꼽히는 책이 구도 헤이스케工藤平助의 《아카에조 풍설고赤蝦夷風說考》다. 구도 헤이스케는 러시아가 원하는 것은 오직 일본과의 교역일 뿐, 침략 의도는 없다며 베뇨프스키의 주장을 비판했다. 반면 앞장에서 언급했던 하야시 시헤이는 러시아가 일본을 공격할 것이 명백하다고 주장하며, 러시아와의 전쟁을 위한 전략서인 《해국병담》을 집필했다.

이처럼 일본에 접근하는 러시아의 의도가 파악되지 않던 중, 1792년에 아담 키릴로비치 락스만이 표류민 다이코쿠야 고다유 등을 데리고 홋카이도에 왔다. 이때 러시아는 어디까지나 표류민을 송환시킨다는 인도적인 목적을 내세웠기 때문에, 일본에서도 이들을 우호적으로 접대했다. 그리고 일본은 러시아와 교역을 할 의사가 없으며 앞으로 표류민 송환 등은 일본의 대외 교섭 창구인 규슈의

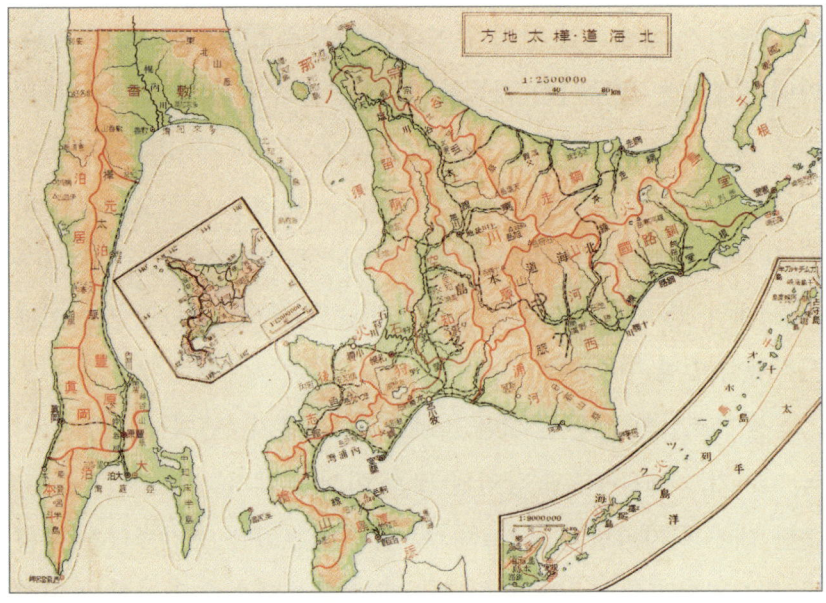

《대일본판지도(大日本板地圖)》 | 근대 일본에서 초등 교육용으로 만든 것으로서 판에서 떼내서 퍼즐처럼 맞추며 지리를 익히는 구조다. 뒷면에는 각 지역의 설명이 적혀 있다. 당시 일본의 영토였던 사할린 남부, 홋카이도, 쿠릴열도가 보인다.

나가사키로 올 것을 요구했다. 사실상 일본이 러시아의 교역 요구를 거절한 것이었으나, 러시아는 나가사키에서 교역하라고 허가한 것으로 받아들였다.

그리하여 일본과의 정식 교역을 꿈꾸며 1804년에 일본에 온 것이 러시아의 니콜라이 페트로비치 레자노프였다. 고다유가 귀국한 이듬해인 1793년에 또다시 일본인 쓰다유津太夫 일행이 알류샨열도에 표착했는데, 레자노프는 이들의 송환을 명분으로 일본에 온 것이었다. 이때 그는 러시아어·일본어·만주어로 작성된 러시아의 국서를 가져왔다. 러시아어·만주어·라틴어로 네르친스크조약문을 작성한 경험이 있는 러시아는, 유라시아 동부 지역에서 중국어가 아닌 만주어가 실질적인 지배 언어라는 인식을 갖고 있었던 것 같다. 이때 일본에는 만주어를 해독할 수 있는 사람이 없었기 때문에, 막부를 대표하는 천재였던 다카하시 가게야스高橋景保가 청나라에서 건너온 《어제 증정 청문감御製增訂淸文鑑》이라는 사전을 독학으로 연구하여 2년 만에 만주어로 적힌 러시아의 국서를 해독해낸다. 오늘날까지 세계의 만주학 연구를 주도하고 있는 일본의 만주 연구는 이때 시작됐다고 할 수 있다.

조선의 일본 공격을 소재로 한 가부키 〈덴지쿠 도쿠베 이국 이야기〉가 1804년에 상연된 것은 이해에 레자노프가 일본을 방문한 데에서 자극받은 것 같다. 이 연극을 보았을 중간계급뿐 아니라, 도쿠가와막부도 이즈음 북방 정세가 심상치 않음을 느끼고 있었다. 막부는 락스만의 방일 이후 홋카이도 이북 지역을 직할 통치로 바꾸고, 곤도 주조近藤重藏 등에게 쿠릴열도 탐사를 명했다.

레자노프의 동상 | 시베리아의 크라스노야르스크에 있다.

한편 러시아에서는 북아메리카의 모피무역을 독점하는 '러시아 미국 회사Russian-American Company'가 1799년에 설립됐는데, 그 설립을 주도한 사람이 레자노프였다. 레자노프는 1804년 9월에 일본 나가사키에 갔다가 통상을 거절당한 뒤, 러시아령 알래스카에 안정적으로 식량을 제공할 거점을 확보하기 위해 캘리포니아의 에스파냐 총독에 접근했다. 이때 그는 에스파냐 총독의 딸인 마리아 콘셉시온 아르구엘로María Concepción Argüello와 약혼함으로써 성공적으로 교섭을 마무리할 수 있었다. 그 후 일단 귀국한 레자노프는 시베리아의 크라스노야르스크에서 급작스럽게 죽었고, 마리아는 레자노프의 죽음을 전해들은 뒤에도 독신으로 살다가 1857년에 생을 마감했다.38 태평양을 사이에 둔 장대한 스케일의 로맨스였다.

조선과 러시아의 일본 협공 계획

이처럼 레자노프는 지구의 북반부 전체를 지배할 기세였던 러시아 제국의 안정을 꾀하기 위해 유럽·아시아·아메리카의 3대륙을 분주히 다녔으나, 그의 일생에서 자신의 뜻대로 되지 않은 것이 일본의 개국開國이었다. 이에 원한을 품은 레자노프는 부하 니콜라이 알렉산드로비치 크보스토프Николай Александрович Хвостов에게 사할린 및 쿠릴열도의 이투루프 섬에 자리한 일본의 군사 거점을 공격하도록 했다. 임진왜란 당시 조선에서 약탈해간 대포도 이 무렵 러시아군에 약탈돼 상트페테르부르크의 박물관에 현존한다고 한다.39 이처럼 당시

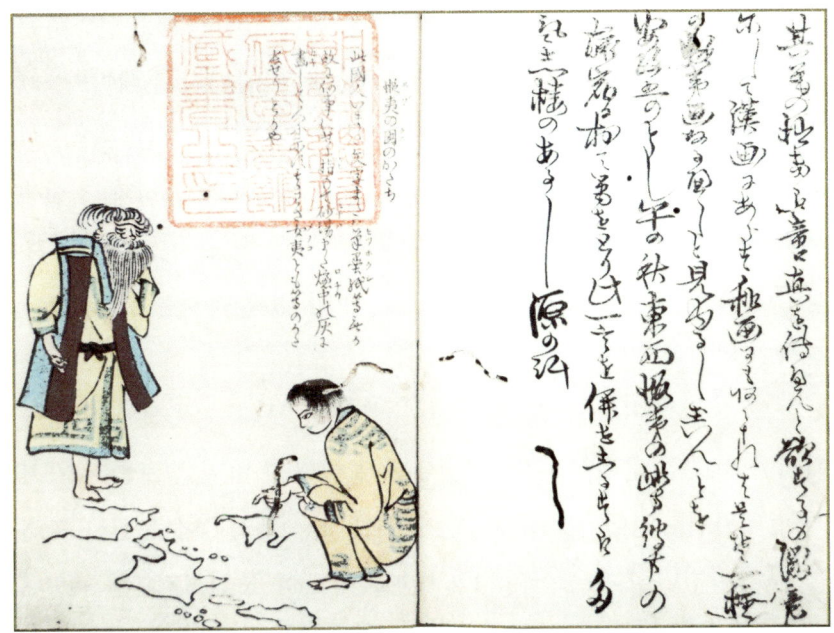

《에조만화(蝦夷漫畵)》 | '홋카이도'라는 이름을 고안해낸 마쓰우라 다케시로(松浦武四郎)의 아이누 풍물지다. 노인의 발 아래에 아오모리 지역이 있고, 소년의 발 아래에 남부 쿠릴열도가 있다. 소년은 사할린을 그리고 있다. 마쓰우라 다케시로는 아이누인에 대한 일본인의 폭압에 항거한 인물로서 존경받고 있다.

양국 간의 충돌은 실제로는 러시아의 일방적인 승리로 끝난 소규모 접전에 불과했으나, 500여 년 만에 외국 군대의 침략을 경험한 일본인은 큰 충격을 받았다. 이에 러시아가 자국과 일본 사이의 완충지대인 아이누인의 땅을 병탄하는 데 그치지 않고 일본 본토를 공격할지도 모른다는 소문이 일본인들 사이에 퍼졌는데, 그 소문 가운데에는 조선이 임진왜란의 복수를 위해 러시아와 손잡고 일본을 서쪽과 동쪽에서 협공할 계획을 세우고 있다는 내용이 있었다.

그러한 소문을 전면적으로 창작 소재로 삼아 1806-1807년에 오호츠크 해에서 러시아 해군과 일본 해군이 전면전을 벌였다는 설정하에 나온 것이 군담소설《북해이담》이다. 하야시 시헤이가《해국병담》에서 러시아와의 전쟁을 위해 제시한 각종 전략을 가상으로 적용했다. 형식으로는 소설이지만 내실은 러시아의 남침과 조선의 복수전을 대비한 시뮬레이션의 성격을 띠고 있다. 필자는 이전에 이 문헌에 대해 상세히 논한 바 있으므로, 관심 있는 독자는 그 글을 참고하기 바란다.[40]

《북해이담》에서는 조선이 일본에 보내는 통신사 일행에 러시아인이 섞여 일본의 정세를 살피려 한다는 비밀 정보를 나가사키의 네덜란드인이 알려주었고, 그 때문에 막부가 조선통신사 파견을 연기시켰다고 주장한다. 1764년에 제11회 통신사가 파견된 뒤 1811년의 마지막 통신사까지 약 50년의 공백이 있었는데, 이를 소설적으로 재해석한 것이다.《북해이담》에 나온 네덜란드의 보고 내용은 다음과 같다.

근년에 러시아인의 세력이 왕성해져서 유럽 각국을 모두 정복했는데, 러시아는 일본에 곡식이 풍부하다는 것을 오래전부터 부러워했습니다. 러시아가 일본과 통신·교역하려는 뜻은 곧 일본을 넘보는 데 있습니다. 조선이 관리를 일본에 보내려는 것은, 사절단 속에 러시아인이 섞여 내조하여 에도까지의 경로 및 요새, 사람들의 성향을 살피려는 것이 아닌가 의심됩니다. 우리들은 예로부터 일본의 은혜를 입은 바가 큽니다. 은혜를 입은 나라에 대하여 신의를 잃는 것을 두려워하여 러시아를 꺼리지 않고 아뢰는 바입니다. -《북해이담》권6

이 보고를 받은 막부는, 러시아가 일본과 교역을 개시하면 일본과 유럽 간의 무역을 독점하는 네덜란드가 손해를 입을 것이기 때문에 이처럼 러시아와 일본 사이를 이간질한 것이라 추측한다. 동시에 조선의 의도를 미심쩍어하며 통신사 일행이 쓰시마까지만 오도록 조선에 요청한다.

　　한편, 네덜란드의 첩고가 도착할 무렵 조선에서도 막부에 다음과 같은 연락을 보냈다. "러시아가 꼬드긴 일이 있었지만 그 제안을 쉽게 받아들이지 않고 비밀히 대청大淸에 보고한 바, '일본과의 신의를 깨면 안 된다. 러시아와 원수 지면 대청이 후방에서 지원해주겠다'라는 명령이 내려왔다"는 것이다. 그러면서 조선은 통신사를 반드시 막부가 있는 에도까지 보내겠다며 강경한 자세를 취한다. 《북해이담》의 저자는 조선이 임진왜란 때와는 달리 현재는 무예를 연마하고 있어서 더 이상 일본을 두려워하지 않는다며 경계심을 보인다. 그리고 러시아와 조선이 일본을 협공할 경우를 상정하여 일본의 대응을 모색한다.

도요토미 히데요시 공이 그 나라를 쳤을 때 그 나라의 지리와 인구도 모두 파악했다. 조선의 병사는 30만을 넘지 않을 것이다. 그 가운데 자국을 지킬 부대로 적어도 절반은 남길 것이니, 일본을 공격할 부대는 15만을 넘지 않을 것이다. (중략) 규슈에 17-18만 명의 병사가 있으니, 이로써 조선군 20만 명에 맞서면 무엇이 두렵겠는가. 장군의 현명함과 어리석음, 병사들의 용감함과 두려워함이 있을 뿐이다. 또한, 일찍이 유약한 조선국이었으니 최근에 무예를 닦았다고 해도 그 수준은 뻔하다. ─《북해이담》 권10

임진왜란 당시의 상황을 고려하면 조선이 가동할 수 있는 병력 수는 15만 정도이며, 또 조선은 원래 무력에 약한 나라이기 때문에 일본이 문제없이 막을 수 있으리라고 예측하는 것이다. 조선에 대한 우월감에 가득 찬 발언이지만, 조선이 언제든지 일본을 침공할 수 있다는 임진왜란 이후의 공포가 이런 식으로 발현된 것이기도 하다.

그리하여 《북해이담》에서는 조선과 러시아의 협공을 예상한 전략이 세워진 뒤, 러시아 해군과 일본 북부 여러 번藩의 연합 해군이 오호츠크 해에서 전면전을 펼쳤다고 서술한다. 100년 뒤의 러일전쟁을 예비하는 듯한 이 가상 해전에서 일본이 승리한 뒤, 저자는 만약 러시아가 일본 본토를 공격하면 일단 해안에서 퇴각하여 러시아군을 내륙으로 끌어들여 격멸하자고 주장한다(권20). 임진왜란 초기에 조선이 보여준 전략을 떠오르게 하는 이 주장은, 어쩌면 바다 건너 오는 외부 세력에 대한 전근대 유라시아 동부 지역의 국가들의 공통적인 공포에서 기인하는지도 모르겠다. 러시아·영국·프랑스·미국 등 서구 세력의 접근은 이러한 공포가 현실화된 것이었다.

북방영토반환기원비 | 아담 키릴로비치 락스만이 다이코쿠야 고다유를 데리고 온 네무로의 동북단에 자리한 망향의 곶 공원(望郷の岬公園)에 설치됐다. 바다 저편으로 남부 쿠릴열도의 하보마이군도가 보인다. 한국의 망향의 동산과 유사한 성격을 띤 이곳에는 제2차 세계대전의 패전으로 인해 남부 쿠릴열도에서 추방된 일본인과 우익 단체가 기념물을 다수 설치했다. 아이누인의 땅이었던 사할린·홋카이도·쿠릴열도의 지배권을 두고 러시아와 일본이 벌인 200여 년간의 저강도 분쟁의 최종 국면을 상징하는 풍경이다. 일본 정부가 하보마이의 영유권을 주장하고 있어서 러시아는 일본인이 이 지역을 방문하는 것을 허용하지 않고 있다. 예외로 남부 쿠릴열도에 거주하던 일본인의 후손이 명절 때 성묘를 위해 이들 지역을 방문하는 것은 허가하고 있다.

14장 　통신사,
　　　　동상이몽의 조일외교

통신사가 일본으로 간 까닭은

앞서 소개한 《북해이담》은 19세기 초 일본에서 유행한 군담소설 중 하나로, 여기서 주목할 만한 장면이 있다. 바로 조선이 파견하는 통신사 속에 러시아 스파이가 섞여 있을지도 모른다고 우려하는 대목이다. 러시아와 조선이 일본을 협공할지도 모른다는 공포를 내비친 것이다. 1902년에 연해주를 탐험한 러시아인 블라디미르 클라브디예비치 아르세니예프가 나나이인 연해주 원주민 사냥꾼 데르수 우잘라를 처음 만났을 때 '한국인이냐 중국인이냐'고 물었다는 이야기처럼, 극동 시베리아의 선주민 계열 러시아인을 한국인 사이에 섞어두면 일본인이 구분을 못할 수도 있다. 하지만 19세기 초까지 일본인이 오호츠크 해 연해에서 만난 러시아인은 전형적인 유럽인 혈통이었기 때문에, 《북해이담》의 설정은 역시 쉽게 납득이 가지 않는다.
　　　　19세기 들어 일본에서는 내셔널리즘이 고조되는 한편으로, 여러 나라의 외국인을 구분하지 않고 통틀어서 적개심을 드러냈다.

하야시 시헤이가 《해국병담》에서 청나라와 러시아가 연합해서 일본을 공격하려 한다고 주장한 것처럼, 아마도 외국인이라면 조선이든 청나라든 러시아든 모두 일본을 노리고 연합한다는 생각을 했기 때문에 이런 설정이 나왔을 것이다.

　　소설 속 장면이지만, 19세기 초의 일본 일각에 조선 통신사 일행을 정치·군사적 목적을 띤 스파이로 보려는 경향이 있었음은 확실하다. 현대 한국에서는 통신사가 근세 한일 양국 간의 문화 사절로서 활동한 사실을 부각시키려는 경향이 있다. 그러나 애초에 조선이 통신사를 파견한 것은 정치적이고 군사적인 목적이 컸다. 임진왜란 때 일본으로 끌려간 조선인을 되돌려오는 것이 그 일차적인 목적이었다. 또한, 임진왜란으로 발생한 힘의 공백 상태를 이용하여 누르하치가 급속히 여진인 세력을 통합하던 만주 지역의 상황을 감안해야 했다. 조선은 남북에서 동시에 전쟁을 치르지 않도록 일본을 달래면서 군사적 움직임을 감시하고자 했다. 일본도 조선과의 국교를 정상화할 필요를 느끼고 있었다. 도요토미 히데요시 세력을 꺾고 일본의 주인이 된 도쿠가와 이에야스가, 새롭게 수립한 정권을 외국에 인정받아 정치적 안정을 꾀하고자 한 것이다.

　　한편 쓰시마 섬을 지배하던 소宗 가문으로서는, 조선과 일본 양국 간의 교역에 섬 주민의 생존이 걸렸다는 현실적인 과제를 해결하기 위해 어떤 일이 있어도 양국의 국교를 정상화해야 했다. 조선에서는 임진왜란 당시 일본에 투항해서 활동하다가 다시 조선에 귀순한 손문욱, 그리고 임진왜란 당시부터 조선·명·일본 간의 협상을 맡고 있던 사명당 유정 등이 물밑 교섭에 나섰다. 특히 손문욱은 자신의 결백을 주장하고 공훈을 세우기 위해 조일 양국의 국교 재개에 필사적이었던 것 같다.[41] 당시 조선 조정과 도쿠가와막부는 상대편이 먼저 국교 재개를 요청해야 한다는 기싸움을 벌였다. 이 난제를 해결하기 위해 소 가문은 양국의 국서를 위조하는 무리수를 두었고, 이 국서 위조 사건이 훗날 소 가문의 존망을 위협하는 일대 사태로 발전하기도 했다. 이처럼 조선과 일본의 국교를 정상화하고자 한 쓰시마 섬의 협상가로서의 수완과 절박함에 힘입어, 조선과 일본은 17–19세기에 정치적·군사적 안정을 유지했다.

조선에서는 소 가문이 국서를 위조했다고 짐작하면서도 일본과의 안정적인 관계 유지가 북방 정책의 성공을 보장한다는 안보상의 이유를 중시하여 1607년에 정식으로 사절단을 파견했다. 조선의 통신사가 도쿠가와막부의 소재지인 에도까지 들어오기 때문에 일본 사절단도 한양까지 가야 한다는 일본의 요구가 있었으나, 조선 전기에 한양을 드나들던 일본 상인과 승려 들이 임진왜란 당시 길 안내를 했다는 전례가 있어서 조선 조정은 이를 거부했다. 그 대신 쓰시마 사람을 위무한다는 뜻에서 부산 지역에 왜관을 설치해주고 여기까지만 오게 했다. 이를 두고 근세 일본의 많은 사람들은, 조선인이 에도까지 오고 일본인은 한양까지 가지 않으므로 일본이 조선보다 우위에 있다고 주장했다. 그리고 왜관을 중세 동남아시아 각지에 만들어졌던 일본인 마을과 같은 일종의 해외 식민지로 간주했다.

이러한 엇갈리는 시각은 통신사에 대해서도 똑같이 확인된다. 조선은 일본의 간청에 따라 국교를 정상화했으므로 시혜를 베푼 것이며, 국교 정상화의 결과로 파견하는 통신사는 임진왜란의 포

용두산 신사 유구 | 왜관의 존재를 전하는 흔치 않은 유물로서 부산의 40계단 문화관에 전시돼 있다.

로를 데리고 오는 김에 일본의 국정도 엿보아 후환을 대비하는 역할을 한다고 하여 조선이 우위에 서 있는 것으로 판단했다. 근세 일본의 해석은 정반대다. 일본 사회에서 '역사'로 간주된 '진구코고의 삼한정벌' 전설에 따라, 한반도에 있던 국가는 대대로 일본의 번국으로서 조공을 바쳐왔으나 고려시대가 되면 그 횟수가 뜸해졌고, 일본이 전국시대의 혼란기에 접어들자 완전히 끊기고 말았다고 주장했다. 따라서 이에 분노한 도요토미 히데요시가 임진왜란을 일으킨 결과 조선의 조공사 파견이 재개된 것이 통신사라고 간주했다. 일본에서 그 극단적인 사례로 드는 것이, 도쿠가와막부의 초대 쇼군 도쿠가와 이에야스의 무덤이 있는 닛코에 조선종 등의 물품을 기증한 1643년의 제5회 통신사 일행이다. 일본의 끈질긴 요구로 이루어진 닛코 방문과 물품 기증이, 일본 국내의 정치적 맥락에서는 조선의 복속을 상징하는 행위로서 받아들여진 것이다.

당시 일본은 오늘날 일부 한국 사람이 주장하는 것처럼 '한류 스타'로서 통신사를 맞이한 것이 아니라, 자국의 정치적 맥락에 유리하게 해석했다. 그 맥락이란 곧 서쪽의 조선, 남쪽의 유구오키나와,

닛코의 조선종과 삼구족(三具足) | 1643년에 파견된 제5회 통신사가 닛코 도쇼구에 기증한 조선종과 삼구족. 삼구족이란 묘지 앞에 두는 향로·촛대·화병 삼종 세트를 가리킨다.

북쪽의 아이누, 그리고 바다 건너 네덜란드가 일본에 복속됐다는 일본판 중화의식이다. 유구 왕국의 사신과 나가사키의 네덜란드동인도회사VOC 상관장, 그리고 조선의 통신사가 에도에 오는 것은, 일본이 중국과는 또 다른 세계의 중심이라는 일본의 세계관을 증명하는 것으로서 받아들여졌다. 그야말로 동상이몽의 통신사였다.

선교사 대 조공사

한편 통신사 일행은 일본의 정세를 파악하여 일본의 침략을 사전에 막아야 한다는 애초의 파견 목적에 충실했다.《북해이담》의 저자가 우려하던 스파이로서의 행동이다. 류성룡은《징비록》첫머리에서, 신숙주가 "일본과 화의를 잃지 말라"는 유언을 남겼음에도 일본의 동향을 탐색하는 것을 게을리했기 때문에 임진왜란이 발생했다고 판단했다. 통신사 측의 정보 수집 노력을 보여주는 사례 가운데 하나가《일본지세변日本地勢辨》과《격조선론擊朝鮮論》이라는 일본 문헌의 조선 유입이다.

임진왜란 당시 명나라군과 일본군이 충돌한 1593년 1월 벽제관 전투를 군사학적으로 검토한 이들 문헌은 고사이 시게스케香西成質라는 후쿠오카 번의 병학자가 집필했다. 고사이의 스승인 가이바라 에키켄貝原益軒은 류성룡《징비록》의 일본판을 1695년에 교토에서 출판하면서 도요토미 히데요시를 침략자라고 비난하는 내용의 서문을 붙인 바 있고, 조선의 초등 입문서인《유합類合》이 지닌 교육적 가치

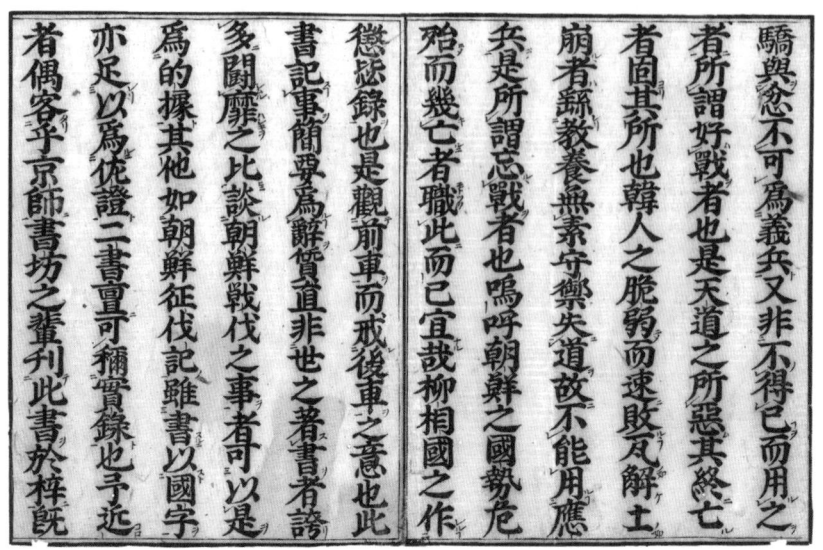

《조선징비록》(1695)에 수록된 가이바라 에키켄의 서문 | 에키켄은 도요토미 히데요시의 침략 전쟁을 비판하는 동시에, 전쟁 대비를 게을리한 조선에도 전쟁이 일어난 책임이 있다고 서술한다. 그리고 류성룡의 《징비록》은 임진왜란을 다루는 문헌들 가운데 가장 신뢰할 만한 '실록'이라고 평한다.

를 높이 평가해 《조선국 정본 천자유합朝鮮國正本千字類合》이라는 책을 출판하기도 하는 등 조선에 우호적인 인사였다. 아마도 에키켄이, 제자가 쓴 초고 상태의 원고를 조선에서 온 통신사에게 전달한 것 같다. 이후 조선에서는 이익의 《성호사설》, 한치윤의 《해동역사》 등에 이 문헌이 수록돼 일본의 군사 정보를 조선의 지식계급이 공유할 수 있게 됐다.[42] 이처럼 통신사는 일본의 동정을 파악하고 정보를 입수하고자 하는 목적을 잊지 않았다.

　　　비록 통신사와 관련된 사항은 아니지만 일본에서도 조선의 정보를 입수하기 위해 스파이 행동을 전개했다. 본초학本草學에 관

《조선인 내조기》 | 통신사를 일본에 대한 조공사로 간주하고 있음이 문헌의 제목에서 두드러진다. 왼쪽의 청도(清道)기는 통신사 행렬에 앞장세우던 것이다. 근세 일본의 우파 인사는 이 깃발을 일본에 대한 조선의 고압적인 태도를 상징하는 것이라며 불쾌해했다.

심을 갖고 있던 제8대 쇼군 도쿠가와 요시무네는 조선의 《동의보감》을 읽고 감탄하여 조선의 약재를 입수하고자 했으며, 특히 인삼을 국산화하는 데 열심이었다. 그리하여 한반도의 동식물 표본을 확보하라는 명령을 쓰시마에 내린다. 쓰시마는 왜관에 파견된 관리를 통해 조선인을 매수, 한반도 구석구석의 동식물 표본을 입수하고 이를 도록으로 제작했다. 1718년에서 1751년까지 30여 년간 이어진 일본의 이러한 작업은, 같은 시기 유럽이 세계 각지의 동식물지를 제작하던 것과 어깨를 나란히 한다.[43]

이처럼 조선과 일본 양측은 자국 이익을 최대한 추구하기 위해 국가 간 관계를 지속했으며, 오늘날 양국 시민사회 일각에서 상상하는 것처럼 선의에 넘치는 우호적인 관계가 지속된 것만은 아니었다. 말하자면 안정된 관계이되 평화로운 관계는 아니었다. 그러나 세계의 다른 지역에서 거의 하루도 빠짐없이 전쟁이 발생하던 17–19세기에 유라시아 동부에서 몇백 년 동안 안정적인 상태가 지속된 것은, 조선·청·일본 등 중앙집권적인 세 국가가 상호 존중하에 안정을 유지하고자 노력한 결과였다. 조선의 통신사 파견은 이러한 안정에 이바지한 중요한 축 가운데 하나로서 높이 평가받을 만하다.

이처럼 통신사 파견의 목적은 정치적·외교적인 것이었지만, 당시 일본 사회는 드물게 오는 외국의 상층 계급 지식인에게 바라는 바가 컸다. 통신사가 올 때마다 조선의 제반 사항은 물론 중국과의 관계 등의 질문을 쏟아붓고 통신사 일행의 글씨와 그림을 청했다. 18세기가 되면 임진왜란 후 100여 년이 지나 양국 간의 정치적 긴장이 완화되기도 했기에, 통신사의 구성은 정치적 인물에서 조선을 대표하는 지식인으로 점차 바뀌었다. 이들은 왜구·히데요시 등으로 상징되는 야만적인 일본이 조선·청과의 교류를 통해 문명화됐다고 기뻐하는 한편으로, 당시 일본에 주자학뿐 아니라 양명학·고학古學 등 주자의 가르침에 배치되는 학문이 공존하고, 나가사키를 통해 유럽의 지식까지 들어와 있음을 우려했다. 그리하여 통신사 일행은 주자학의 가르침을 일본에 전파하는 일종의 선교사로서 스스로를 자리매김했다. 같은 시기 일본에서는 조선의 통신사를 일종의 조공사로 간주하는 경향이 우세했으니, 18세기 들어 통신사에 대한 견해는 '선교사 대 조공사'로 극단적인 동상이몽의 양상을 띤 셈이다.

통신사는 앞서 소개한 에키켄, 그리고 임진왜란 당시 포로였던 강항과의 교류를 통해 주자학자가 된 후지와라 세이카藤原惺窩, 그의 제자 하야시 라잔林羅山 일파 등과 주로 교류했다. 이들 일본의 주자학자는 적어도 표면적으로는 조선에 대한 우호적인 입장을 견지했다. 반면 근세 일본의 모든 지식인이 조선에 우호적인 것은 아니었다.

아라이 하쿠세키新井白石라는 하급 무사 집안 출신의 주자학

히로시마 현 후쿠야마의 암자 대조루(對潮樓) | 1711년 제8회 통신사로 에도로 향하던 중에 이곳에 들른 통신사 이방언이 '일본에서 제일가는 경승(日東第一形勝)'이라는 글을 써 주었다. 통신사를 매개로 한 양국의 교류에는 이처럼 우호적인 장면도 결코 적지 않았다.

자는 자신의 학문적 능력만으로 일본 정치의 최상위에 올라간 입지전적 사례의 주인공인데, 이 사람은 막부가 조선의 통신사를 후하게 접대하는 것을 반대했다. 통신사 접대에 따른 재정 낭비가 심하다는 것과, 도요토미 히데요시 집안을 멸망시켜 '준' 도쿠가와막부에는 조선의 복수를 대신 해준 은혜가 있는데 조선이 이를 모른 척하니 '배은망덕'하다는 등의 주장을 전개했다. 게다가 일본에 잠입한 이탈리아인 선교사 조반니 바티스타 시도티 Giovanni Battista Sidotti를 심문한 경험 등을 통해 중국 중심의 세계관에서 벗어나 있던 그는, 통신사와 만난 자리에서 세계 지리에 대한 질문을 던지면서 조선의 주자학·중국 중심적 세계관을 비판하기도 했다.

오사카의 대상인들이 세운 학교인 회덕당懷德堂의 제4대 교장이었던 나카이 지쿠잔中井竹山이라는 학자는 《초모위언草茅危言》이라는 책에서, 조선은 원래 진구코고 이래 일본의 속국이었지만 현재는 도쿠가와 이에야스 덕분에 대등한 우호국이 됐다고 논하고, 아무리 형세가 바뀌었다고는 해도 원래 속국이었던 나라의 사신을 너무 후하게 접대하는 것은 도리에 맞지 않다며 막부를 비판했다.

아메노모리 호슈라는 국제인

앞의 주장은 통신사가 주자학을 일본에 전해주었다는 사실에 집착하는 조선시대와 오늘날 한국인에게는 당혹스럽게 느껴질 것이다. 근세 일본의 학자들이 이러한 주장을 펼친 배경에는, 나가사키를 통해 청나라 상인이 중국 서적을 대량으로 가져오고 있던 데다 중국 이외의 지식도 알려졌다는 근세 일본의 지적 상황이 존재한다. 주자의 학설을 요령 있게 정리한 퇴계 이황은 존중하지만, 주자학은 조선 고유의 것이 아니며 조선을 통해서만 배울 수 있는 것도 아니라는 것이다. 또한 주자라는 프리즘을 거치지 않고 직접 고대 중국어를 공부해서 사서오경을 연구하고자 하는 고학이라는 학문적 움직임이 18세기에 왕성해지면서, 주자학에 집착하는 조선의 풍토가 이들에게는 고루하게 느껴졌다.

비슷한 시기의 조선에서는 외국 문물에 관심을 갖는 지식인 집단이 등장하면서 청나라와 일본에서 배울 것이 있다는 발상이 생겨난다. 특히 1764년의 제11회 통신사 파견 때에는 일본의 주자학자 이외에 고학을 공부하는 승려, 기무라 겐카도木村蒹葭堂라는 상인 출신 학자 집단 등과도 접촉하면서, 소수의 지배계급 이외에도 다양한 계급 출신이 서로 어울려 세계의 정보를 공유하는 일본 사회의 모습에 충격을 받는다.[44] 이 시기의 문화적 교류가 200여 년간의 통신사 파견 가운데 가장 눈부셔서, 어떤 학자는 이 시기에 유라시아 동부에 중세 유럽과 같은 일종의 학술적 연합체가 성립됐다고 판단하기도 한다.[45] 다만 이때 이미 일본에서는 주자학자와 고학자가 서로 교류도 하지 않을 정도로 대립했고, 조선에 우월감을 지닌 일부 인사는 통신사와의 교류를 피하는 일도 있었다.

이처럼 200년 동안 조선과 일본은 통신사라는 제도를 통해 정치적으로 안정을 취하고 군사적으로 서로를 정탐했으며, 학술적으로 점차 접근했다. 일본이 한반도를 식민지화한 역사를 극복하고자, 17-19세기의 통신사를 '선린 우호'의 상징으로 이상화하는 경향이 20세기 후반부터 양국에서 현저해졌다. 그러나 조선과 일본 양측을 정말로 심층까지 이해하고 자국의 이익을 관철하려 노력하면서도 상대국의 입장을 파악하여 배려하고자 진정한 선린 우호를 실천한 사람은, 17-18세기의 전환기에 쓰시마의 외교관으로 활동한 아메노모리 호슈雨森芳洲가 아닐까 생각한다.

호슈는 부산 왜관에서 한국어를 배우고 나가사키에서 청나라 상인들에게 중국어를 배워, 통신사들이 "그대는 여러 나라의 말을 다 잘하는데 그중 특히 일본어를 잘한다"[46]고 농담했을 정도로 외국어에 능통했다. 이러한 외국어 능력을 통해 그는 조선·청·일본 각각의 입장을 모두 이해했으며, 우호적인 자세로 협상에 임하여 일본과 쓰시마의 이익을 무리 없이 추구했다. 그 결과 그는 조선과 일본의 매파로부터 모두 비난받고 역사에서 묻혔다. 필자는 〈한 경계인의 고독과 중얼거림〉이라는 호슈의 수필을 번역하면서 만약 호슈 정도의 사람이 주장하는 것까지도 납득하지 못한다면 한국은 일본을 결코 이해할 수 없을 것이라고 생각한 바 있다. 호슈에 비견할 만한 조선의 인물은 아마도 《해동제국기》라는 위대한 외교문헌을 편찬한 조선시대 전기의 신숙주 정도일 것이다. 이 두 사람 모두 양국인의 기억에서 묻혔다. 그만큼 한국과 일본 사이의 간극은 넓고 깊다.

시가 현의 아메노모리 호슈 서원

15장 가톨릭의 충격, 옛 세계가 멸망하고 '신질서'가 수립되다

성리학과 가톨릭이라는 두 가지 선택지

16세기에 100년간 이어진 전국시대가 끝나고 안정이 찾아오기까지, 일본에서는 수많은 사람들의 피가 흘렀다. 국제전쟁이었던 임진왜란(1592–1598), 일본이 둘로 갈라져 싸운 세키가하라 전투(1600), 도요토미 히데요시 가문이 최종적으로 멸망한 오사카 전투(1614–1615), 그리고 16세기에 유라시아 동해안에 소개된 '가톨릭 크리스트교'이라는 새로운 가르침을 따르는 '불온분자'들과 일본 지배층 간의 최후의 결전인 시마바라 봉기(1638) 등을 거치며 도쿠가와막부는 최종적으로 일본에 '신질서'를 만들어냈다.

    중세에서 근세로 넘어가는 시기에 일본인의 앞에는 두 가지 선택지가 있었다. 하나는 원나라 승려들과 조선인 포로들이 소개한 성리학이었고, 또 하나는 유럽 선교사들이 소개한 가톨릭이었다. 당시 일본에는 각종 불교 종파가 어지러이 경쟁하고 있었으며, 그들은 마치 교황령을 다스린 중세 이탈리아의 교황과 같이 자신들의 종교 자치령을 구축하여 속세의 유력 장군들과 경쟁하고 있었다. 물론 유학 역시 오래전부터 있었으나, 고대 중국의 훈고학적 흐름을 이은 당시의 유학은 전국시대의 혼란을 끝내고 새로운 안정을 만들고자 하는 일본인에게 영감을 주지 못했다.

그러던 중에 선종의 승려 일부가 중국 송나라 때 탄생한 유학의 새로운 일파인 성리학을 접하고 정신적 방랑을 하고 있었다. 그들 중 한 사람이 후지와라 세이카藤原惺窩라는 승려였다. 쇼쿠지 절相國寺에서 성리학을 접한 그는, 이 새로운 지식을 본토에서 배우기 위해 명나라로 건너가려 했다. 그러나 배가 난파하는 바람에 되돌아와 실의에 빠져 있던 차에, 임진왜란 당시 전라도 영광에서 포로로 끌려와 일본에 머물던 성리학자 강항을 만나게 된다. 세이카로서는 하늘이 강항을 보낸 것이라 느꼈을 터다.

세이카와 비슷한 사례로, 임진왜란 때 가토 기요마사 군에 소속돼 조선에 건너왔다가 조선군에 투항한 사야가沙也可 김충선金忠善을 들 수 있다. 그는 전쟁이 끝난 뒤에 집필한 〈모하당술회〉라는 한국어 가사歌辭에서, "중화의 좋은 문물을 한번 보는 것이 소원이었는데" 전쟁이라는 형태를 통해서긴 하지만 조선에 건너왔음을 기뻐했

《모하당실기》 | 사야가 김충선의 문집으로 한국어 가사가 수록돼 있다. 중화 문명을 사모하여 투항했다고 술회한다.

다. 이 가사의 어디까지가 투항 이전의 본심이고 어디부터가 투항 이후에 조선 사회에 적응코자 하는 마음에서 비롯된 것인지는 알 수 없다. 그러나 성리학이라는 새로운 '앎'이 전국시대의 혼란에서 탈출하고 싶었던 일본인에게 어필했음은 여러 문헌에서 확인된다.

비록 성리학은 아니지만, 새로운 지식을 배우고자 하는 열정에서 그 지식의 본고장으로 가고자 목숨을 건 사람은 조선에도 있었다. 한양대학교의 정민 교수는 한시漢詩를 제대로 배우기 위해 한시의 본고장 중국으로 건너가려다 죽은 송희갑을 소개한 바 있다. 스승인 권필이 송희갑에게 이렇게 말했다 한다.

사람이 천하를 널리 보지 못하면, 시가 또한 국한되는 바가 된다. (중략) 압록강 북쪽은 관문의 방비가 매우 엄하니, 반드시 모름지기 어두운 길에 숨어 엎드려 있다가 물 있는 곳을 만나거든 수영을 하여 몰래 건넌 뒤에라야 도달할 수가 있을 것이다. 너는 모름지기 중국말을 배우고 또 수영을 익히도록 해라.47

이 가르침을 진지하게 받아들인 송희갑은 강화도 앞바다에서 수영 연습을 하다가 짠물 기운에 몸을 상하여 요절했다고 한다. 새로운 '앎'을 위해서는 목숨도 바칠 수 있다는 각오였을 터다.

한편 이 시기에 유라시아 동부에는 가톨릭이라는 또 하나의 새로운 '앎'이 소개되고 있었다. 앞서 언급한 바와 같이, 명나라와 청나라의 교체기에 명나라의 부흥을 꾀하던 남명 정권의 일부가 가톨릭교도였고, 타이완으로 후퇴하여 명나라 부흥 전쟁을 벌인 정성공의 아버지 정지룡 역시 가톨릭교도였다. 일본에서는 가톨릭 예수회 창설자 중 하나인 프란시스코 자비에르Francisco Xavier가 1549년에 규슈에 상륙하면서 가톨릭이라는 새로운 종교가 일본인 사이에 빠른 속도로 퍼져갔다. 그 후 100년간의 탄압 끝에 일본에서 가톨릭의 흔적은 거의 지워지다시피 했지만, 현재 이름이 전하는 순교자 수만도 3,792명에 이를 정도로 한때 그 세력은 무시할 수 없는 수준에 이르렀다.[48]

이처럼 당시 일본에서는 기존의 불교, 특히 선종과 새로운 앎의 형태인 성리학·가톨릭이 새로운 시대를 열기 위해 경쟁하고 있었다. 비록 이후의 혹심한 탄압으로 인해 그 흔적이 지워지기는 했지만, 가톨릭이라는 존재는 전국시대의 옛 질서가 에도시대라는 신질서 체제로 이행하는 과정을 이해하기 위해 결코 무시할 수 없다. 조선시대 후기의 한자 문헌에는 가톨릭의 존재가 잘 드러나지 않지만, 조선에서도 실제로는 문명의 충돌이라 할 만한 격심한 갈등 속에 수많은 가톨릭교도가 순교함으로써 새로운 질서가 도래한 것과 마찬가지였다. 임진왜란 때에도 도요토미 히데요시가 1592년에 선봉장으로 내세운 고니시 유키나가와 가토 기요마사가 각각 가톨릭교도와 불교도였으며, 각 종교를 믿는 장군을 이들 두 사람에게 종교별로 지휘하도록 했다.

새로운 시대와 새로운 앎의 관계는 17세기 전기의 가톨릭 탄압 이후에 일본에서 집필된 문헌을 통해서는 알기 어렵다. 당시 저자들이 국가가 금하는 종교를 언급하는 위험을 감수하려 하지 않았기 때문이다. 따라서 일본열도에서 가톨릭이라는 앎의 형태가 망

자비에르 기념교회 | 일본에 도착한 최초의 예수회 선교사 프란시스코 자비에르를 기념하여 규슈 히라도에 세워진 교회. 전통 가옥과 서양 교회 건물의 조화는 일본에서 흔히 볼 수 없는 이국적 풍경이다.

각돼가는 과정은 예수회의 기록을 통해 확인할 수 있다.

포도주와 카스텔라, 유럽의 위험한 유혹

중세적 질서의 막내인 도요토미 히데요시와 신질서의 장자인 도쿠가와 이에야스에게 공통점이 있다면 바로 가톨릭교도에 대한 반감이었다. 이는 서양 문명을 등에 업고 16세기 중기 이후로 괄목할 만한 성장을 보이던 가톨릭 세력을 견제하고, 특히 단단한 결속력을 보이는 가톨릭교도 장군들을 정권에 대한 위협으로 간주해야 한다는 데에서 두 사람의 견해가 일치했기 때문이다. 이런 견해는 일견 가혹해 보이지만, 이들의 공포에는 그 나름의 근거가 있었다.

임진왜란 후 일본에서는 최초로 임진왜란 7년 통사를 담은 《다이코기太閤記》라는 책을 펴냈다. 서문에서 저자 오제 호안小瀬甫庵은 서양 세력이 가톨릭을 앞세워 필리핀 루손, 에스파냐, 멕시코, 인도 고아, 포르투갈 등을 식민지로 만들었다고 주장한다. 그리고 선교사들은 일본에서 술 좋아하는 사람들에게는 포도주, 술 못 마시는 사람들에게는 카스텔라, 캐러멜, 별사탕 등을 주며 이들을 가톨릭교도로 만든다며 비난한다. 그러므로 가톨릭을 금지한 도쿠가와 이에야스의 명령은 국가를 위한 결단이었다는 것이다.

정권에 아부하는 것이 당시 직업이 없던 오제 호안의 의도였기는 하지만, 그가 거론한 사례는 실제로 세계 각지에서 일어나고 있는 일이었다. 특히 에스파냐의 식민지였던 남아메리카에서는 유

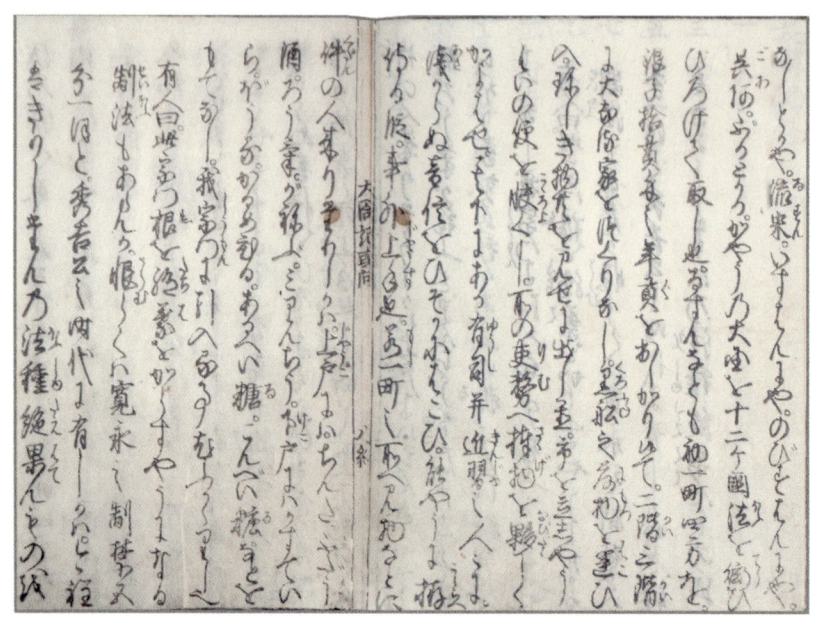

《다이코기》 | 임진왜란 후 일본에서 최초로 임진왜란 7년 통사를 담은 책이다.

럽인의 착취와 이들이 가져온 질병으로 인해 원주민 사회가 절멸될 위기에 처하기까지 했다. 당시 일본에서도 일본 최초의 가톨릭 영주였던 오무라 스미타다가 나가사키를 교회에 바치고, 또 다른 가톨릭 영주 아리마 하루노부有馬晴信 등과 함께 자기 영지의 절을 파괴하는 등 상황이 심상치 않게 돌아가고 있었다. 세계 각지가 유럽 세력의 식민지가 돼가는 사실을 알고 있던 도요토미 히데요시나 도쿠가와 이에야스 등은, 서부 일본에서 극성을 부리는 가톨릭 세력을 방치했다가는 일본 역시 유럽의 식민지가 될 수 있다고 우려한 것이다.

이미 1587년에 가톨릭 포교 금지령을 내린 히데요시를 경악케 한 사건이 임진왜란이 한창이던 1596년에 일어났다. 에스파냐

일본26성인 순교지 | 1597년에 나가사키에서 순교한 26위의 성인을 기리는 기념물이다.

의 식민지였던 필리핀 마닐라를 출발해서 멕시코로 향하던 산펠리페San Felipe호가 일본 근해에서 침몰했다. 그런데 그 배에 실려 있던 하물을 지역을 관할하던 장군이 압수하자 선원들이 "에스파냐가 일본을 식민지로 만들어버릴 것이다"라며 협박한 것이다. 이 사건의 정확한 상황은 알기 어려우나, 가톨릭 포교를 금지한 지 10년이 지난 시점에 산펠리페호 안에 가톨릭 수도회 신부 여럿이 타고 있던 점 등도 히데요시의 심기를 건드린 듯하다. 그리하여 히데요시는 일본 국내에서 가톨릭교도 체포령을 내렸고, 그 가운데 26명을 1597년 2월에 나가사키에서 처형했다. 일본 최고 지도자의 명령에 의한 첫 가톨릭 순교였다.

당시 일본에는 일본군이 조선에서 납치해온 포로가 다수

거주하고 있었으며, 이들 가운데 적지 않은 수가 가톨릭교도가 돼 있었다. 가톨릭 장군이었던 고니시 유키나가가 한반도로 데려온 종군신부 그레고리오 데 세스페데스는 경상남도 진해의 웅천왜성에 머물며 조선인 포로를 개종시킨 것 같다. 또한 세스페데스는 고니시의 사위가 지배하던 쓰시마에 잡혀 와 있던 조선인 소년 포로들을 해방시켰다.⁴⁹ 그가 쓰시마에서 풀어준 소년 중 하나는 훗날 빈센트 권Vincent Kaun이라 불렸으며, 조선에 가톨릭을 포교하기 위해 명나라 북경에 파견됐다가 실패하고 일본으로 되돌아와 1626년에 순교했다.⁵⁰ 당시 일본인의 존경을 받은 줄리아 오타ジュリアおたあ와 같은 여성도 이러한 방식으로 포로 신분에서 벗어날 수 있었다.

이처럼 선교사들은 당시 전 세계적 규모로 전개되던 노예무역의 희생양이 될 뻔한 조선인을 다수 구출했으며, 조선인 포로의 종교적 열성을 높이 평가했다. 이 때문인지 일본에 머물던 조선인 포로 가운데에는 훗날 순교자가 되는 열성적인 신자가 많았다. 당시 5만 명의 주민 중 거의 대부분이 가톨릭교도였던 '작은 로마' 나가사키에는 13개의 교회가 있었는데, 그 가운데에는 조선인 포로들이 세운 '성 로렌조Lorenzo 성당'도 있었다.⁵¹

인간으로서의 존엄을 지키기 위해

일본어와 한국어로 두 나라에서 설교한 조선인 소년 포로 가이오Caius라는 사람을 주목해보자. 그는 신념을 공유함으로써 개인과 개인이 국가와 정치를 초월하여 하나가 될 수 있는 가능성을 보여주었다. 당시 일본에서 가장 저명한 가톨릭 영주는 다카야마 우콘이었는데, 신앙을 위해 권력과 재산을 포기하고 추방된 그를 헌신적으로 돌본 것이 조선인 포로 출신의 가이오였다. 1614년에 도쿠가와 이에야스가 내린 고위급 가톨릭교도의 해외 추방령에 따라 다카야마가 필리핀으로 가게 됐을 때, 그와 종교적 우정을 맺었던 가이오는 그를 따라 함께 필리핀 마닐라로 갔다. 그리고 다카야마가 마닐라에서 죽자 다시 일본으로 잠입하여 포교하다가 1624년에 순교했다. 이때 가난한 일본인 야고보가 가이오와 함께 순교했는데, 이 광경을 본 지람R. Giram 신부는 "하느님의 종, 한 사람은 이교도들로부터 매우 경멸돼온 조선인이고, 또 한 사람은 사회에서 전혀 인정해주지 않는 가난한 백성이다. 이러한 두 사람에 의해 그리스도의 신앙이 얼마나 큰 영광을 주시는가를 보고 기쁨을 억누를 길 없었다"[52]라고 감탄했다.

이처럼 16-17세기의 전환기에 일본에서는 가난하고 약한 개인들이 연대하여 거대한 국가 권력에 맞서는 드라마가 곳곳에서 펼쳐지고 있었다. 청각 장애인 조선인 포로였던 순교자 마누엘Manuel, 한때 로마에 무역사절단을 파견하기도 했던 센다이 영주 다테 마사무네伊達正宗의 변심에 따라 함께 순교한 일본인 무사와 농민 등등, 당시 가톨릭은 마치 불교가 천년 전에 유라시아 동부에서 그러했듯이 사회적으로 인정받지 못한 자들의 탈출구였고, 이 지역 주민들에게 계급 질서를 뛰어넘어 모든 인간이 평등하다는 새로운 깨달음을 가져다주었다. 인간으로서 존엄할 수 있다면 죽음은 하찮은

니시 겐카 추모 십자가 | 가스파르 니시 겐카(Gaspar 西玄可) 가족은 박해를 피해 동중국해의 이키쓰키시마 섬으로 숨었다가 발각돼 1609년에 순교했다.

것일 수 있다는, 언제부턴가 이 지역에서 잊히던 정신을 이들은 보여주었다. 이러한 광경은 18-19세기 조선에서 다시 확인된다. 그리고 19세기 조선에서와 마찬가지로, 17세기 일본의 권력자들도 이러한 가톨릭교도의 모습에 공포와 혐오감을 동시에 느꼈다.

앞서 임진왜란의 여파로 동남아시아 각지에서 일본인과 함께 활동한 조선인에 대해 언급한 바 있다. 다카야마 우콘과 함께 마닐라로 추방된 가이오 외에도, 포로로 끌려간 일본에서 얻은 가톨릭 신앙을 지키고자 또다시 이국으로 떠나가는 것을 마다하지 않은 조선인이 적지 않다. 다카야마와 마찬가지로 마닐라에서 사망한 마리나 박 수녀, 역시 일본에서 추방돼 캄보디아에 머물다가 예수회 수도사를 따라 다시 일본에 잠입하여 순교한 토마스, 노예가 돼 마카오에 끌려갔다가 일본에서 순교한 가스파르 바스 등. 임진왜란이라는 국가적 비극으로 인해 파란만장한 삶을 살아야 했던 조선인 포로 가운데 일부는 종교를 통해 일본인과 화해하고, 존엄한 개인으로서 역사에 이름을 남겼다.

시마바라 봉기와 네덜란드의 대두

이처럼 국가의 권위에 정면으로 도전하는 가톨릭교도에 대해 새로운 일본의 지배자가 된 도쿠가와막부는 온갖 종류의 고문으로 대응했다. 처형한 가톨릭교도의 시체를 바닷속에 넣어버려 성물聖物로서 신앙의 대상이 되는 것을 저지하기도 했다. 이는 미국 특수부대가

2012년에 알카에다의 수장 오사마 빈 라덴을 살해한 뒤 비밀리에 먼 바다에서 수장시킴으로써 반미反美 저항의 상징이 되는 것을 방지한 사실을 떠올리게 한다.

가톨릭교도에 대한 탄압에는 '신교', 즉 프로테스탄트 국가인 네덜란드도 한몫 거들었다. 에스파냐·포르투갈 같은 가톨릭 국가와 유라시아 동해안의 무역 이권을 두고 경쟁하던 네덜란드로서는, 유럽에서 종교전쟁의 적대자들이었던 '구교' 신자를 보호할 어떠한 이유도 발견하지 못했을 터다. 이러한 네덜란드의 입장은 일본 규슈의 가톨릭교도들이 일으킨 최대 규모이자 최후의 저항이었던 1637-1638년의 시마바라의 봉기에서 극명하게 드러났다.

가톨릭 포교 초기의 열성적인 신자였던 영주 아리마 하루노부有馬晴信가 다스리던 시마바라 지역에는 가톨릭교도가 많이 살고 있었다. 1616년에 새로이 이 지역의 지배자가 된 마쓰쿠라松倉 일족은 이들을 극심하게 착취하고 종교를 탄압했다. 학정虐政을 견디다 못한 이 지역의 가톨릭교도들은 고니시 유키나가의 부하 마스다 요시쓰구益田好次의 아들인 아마쿠사 시로天草四郎라는 소년을 앞세워 성모 마리아 깃발을 들고 반란을 일으켰다. 참고로, 고니시 유키나가는 1600년의 세키가하라 전투에서 패한 뒤 가톨릭교도로서 할복이라는 자살의 형태를 취할 수 없다고 하여 이를 거부하고, 일본의 무사로서는 치욕적인 형태인 참수형에 처해졌다. 그의 죽음을 들은 예수회 총장은 일본 포교에 기여한 그를 위해 모든 관구에서 미사를 올리게 했다고 한다.[53]

막부군은 가톨릭 반란군이 농성한 하라조 성을 포위했으

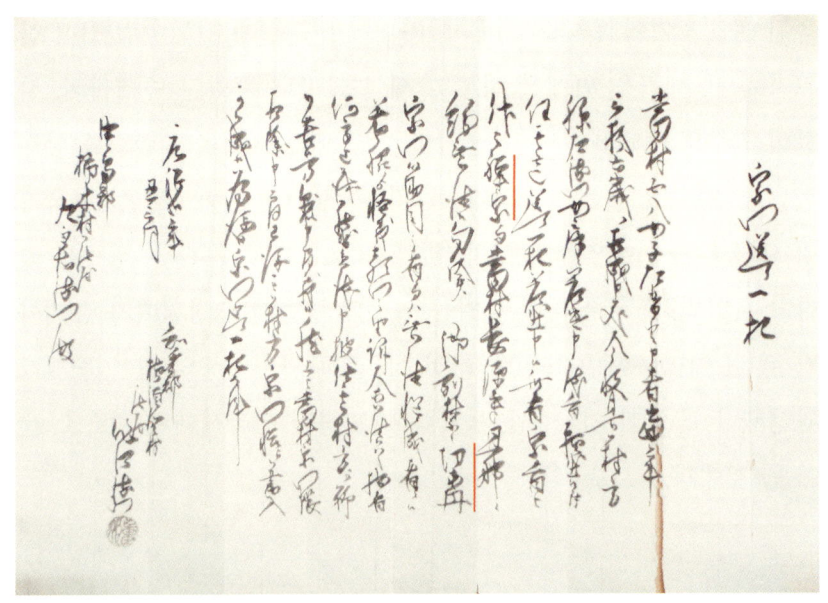

슈몬 아라타메 | 옆 마을로 시집가는 다케(たけ)라는 여성이 대대로 자기 절에 속한 신도이며 가톨릭교도가 아님을 선종 사찰 조겐지 절(長源寺)이 증명하는 문서로서, 사진 윗부분에 "선종", 아랫부분에 "가톨릭(기리시탄, 切支丹)"이라는 단어가 보인다.

나 성은 좀처럼 함락되지 않았다. 이에 막부는 VOC에 지원을 요청했고, 네덜란드 측은 대포를 막부군에 제공하고 자신들의 전함에서 성으로 대포를 쏘는 식으로 막부의 요청에 호응했다. 실제로는 네덜란드의 함포 공격이 큰 효과를 거둔 것 같지는 않고, 일본인 간의 전쟁에 외국인을 끌어들이는 것은 적절치 못하다는 비판을 받아 네덜란드의 개입은 이내 중지됐다. 그러나 이때 네덜란드가 보여준 행동은 막부의 신뢰를 얻어, 유럽 세력 가운데 네덜란드만이 일본과 정식 무역 관계를 맺게 됐다.

시마바라 봉기 이후, 막부는 모든 국민이 반드시 사찰에 소

속된 불교도여야 한다는 슈몬 아라타메宗門改め 제도를 수립했다. 불교가 속세 세력을 위협할 정도의 세력을 지니고 있던 중세에서, 사찰이 막부의 주민센터와 같은 역할을 맡게 된 근세로의 변화를 상징하는 광경이다. 조선의 승려가 성리학을 정신적 기반으로 삼은 국가의 요구로 각종 노역에 종사하거나 서적을 인쇄하는 등의 임무를 졌다고 한다면, 근세 일본의 승려는 일종의 주민센터 직원이자 장례사가 됐다. 이리하여 1638년을 기점으로 도쿠가와막부의 일본 통제가 완성됐다. 혼란과 가능성을 동시에 내포하던 전국시대가 비로소 끝이 난 것이다.

16장 종교와 국가, 탄압 속에서 꽃핀 기적

한반도에 구현된 새로운 정신세계

16세기에 유라시아 동부에 도달한 가톨릭은, 한편으로는 유럽 열강이 이 지역을 침략하기 위한 선봉대로 간주되고 또 한편으로는 이 지역의 종교적 균형과 계급질서를 위협하는 외래 사상으로서 탄압받았다. 임진왜란 때 일본으로 끌려간 조선인 포로 가이오가 일본의 저명한 가톨릭 영주인 다카야마 우콘과 진정한 우정을 나누고, 빈궁했던 일본인 가톨릭교도 야고보와 함께 순교한 것은, 유라시아 동부의 주민이 가톨릭에서 국가와 계급을 초월하는 평등사상을 발견했음을 보여준다. 이처럼 가톨릭이 단순한 신앙이 아니라 유라시아 동부의 기존 질서를 흔들 수 있는 민감한 정치적·군사적 위협임을 간파한 각국의 지배계급은 철저하게 가톨릭교도를 탄압했다.

그 결과 한때 금방이라도 가톨릭 국가가 될 것처럼 보였던 일본에서는 가톨릭교도가 표면상 완전히 사라졌고, 조선 역시 일본과 긴밀하게 연락을 취하며 가톨릭이 처음부터 뿌리내리지 못하게 하는 정책을 펼쳤다. 그러나 18세기 말이 되자 이러한 철통 방어에 균열이 생기기 시작했다. 중국어로 집필된 크리스트교 서적들이 청나라에서 흘러들어오자 이승훈(세례명 베드로) 등 남인南人 계열의 학자들이 이들 책을 통해 크리스트교를 학문으로서 연구하기 시작했고, 마침내 크리스트교도가 자생적으로 발생했다. 전 세계 역사에서 선교사가 파견되지 않고 자발적으로 크리스트교가 탄생한 곳은 한반도가 유일하다.

흔히 한민족을 '책의 민족', '기록의 민족'이라고 하지만, 한국보다 옛 문헌을 더 많이, 더 소중히 보존해온 지역은 전 세계에 결코 적지 않다. 당장 현대 한국의 역사와 문화를 연구하려 해도 한국에 보존된 자료가 너무 적기 때문에 미국·일본·러시아 등 주변 국가에 보존된 문헌을 중요하게 참고해야 하는 것이 현실이다. 그럼에도 한민족이 책의 민족이라고 불릴 자격이 있다면 그것은 책에만 의지해서 새로운 세계관을 받아들이는, 세계 역사상 초유의 사건을 벌인 한민족의 책에 대한 절대적인 신뢰로 인해서일 것이다. 이러한 특성을 조선의 가톨릭교도도 잘 인식하고 있었다. 로마의 교황에게 선교사 파견을 요청하고자 보낸 편지에서는 그러한 자부심이 느껴진다.

성교(聖敎)는 온 세계에 설교됐사오며, 오직 저희 동방 나라에만 선교사에 의하지 않고 다만 책으로 전하여졌나이다. 그러하온데도 선교사가 오기 전후에 여러 백 명의 순교자가 천주를 위하여 목숨을 바쳤사오며, 지금 있는 신입 교우의 수효도 1만 명이 넘나이다.[54]

1790년대가 되자 조선의 가톨릭교도에게 최초의 시련이 찾아왔다. 조상의 위패를 만들고 제사를 지내는 유교적 전통이 가톨릭의 종교관과 어긋난다는 명령이 북경의 가톨릭교구에서 전해진 것이다. 이로 인해 가톨릭교도 다수가 새로운 신앙에 회의를 느끼고 배교하던 중, 전라도 진산의 윤지충(세례명 바오로), 권상연(세례명 야고보) 등이 어머니의 신주를 불태우고 가톨릭식으로 제사를 올리는 사건이 발생했다. 그리하여 1791년에 이 두 사람은 현재의 전주 전동 성당 자리에서 처형됐다. 이를 신해박해 또는 진산사건이라 부른다. 이 사건에 대해 한국 학계 일각에서는 신주에 영혼이 깃들어 있다고 믿는 유교와 십자가를 숭앙하는 크리스트교 간의 신앙상의 충돌이라는 해석이 제기됐다. 그러나 18세기 말 조선의 크리스트교는 단순히 유교를 대체하는 신앙으로서가 아닌, 조선이라는 국가의 기존 질서를 전복시키는 혁명 사상으로서 기능했다. 이를 가장 잘 보여주는 것이 황일광의 사례다.

1801년에 순교했고 2014년 8월 16일에 프란치스코 교황에 의해 시복된 황일광에 대해 《한국천주교회사》(1874)를 집필한 클로드 샤를 달레Claude Charles Dallet는 다음과 같이 적었다.

내포 지방의 홍주에서 난 황일광 알렉시스는 백정의 집안에서 태어났는데, 이 계급이 조선에서는 어떻게나 멸시를 당하는지, 거기 속하는 사람들은 종들보다도 더 낮게 다뤄지는 지경이다. 그들은 인류 밖에 있는 품위를 잃은 존재로 다뤄진다. (중략) 교우들은 그의 신분을 잘 알고 있었다. 그러나 그것 때문에 그를 나무라기는 고사하고 애덕(愛德)으로 형제 대우를 하기를 게을리하지 않았다. 어디를 가나 양반 집에서까지도 그는 다른 교우들과 똑같이 집안에 받아들여졌는데, 그로 말미암아 그는 농담조로 자기에게는 자기 신분으로 보아, 사람들이 그를 너무나 점잖게 대해주기 때문에, 이 세상에 하나 또 후세에 하나, 이렇게 천당 두 개가 있다고 말했다.[55]

한반도 역사상 지배 계급과 백정이 신분을 뛰어넘는 진정한 인간관계를 형성한 것은, 아마도 삼국시대에 불교가 전해진 이후 이때가 처음이 아닐까? 그리하여 달레는 다음과 같이 평했다.

그 비천한 출생과 그렇게도 감격적인 대조를 이루던 황일광 알렉시스의 희한한 덕행은 교우들 중에 그의 이름을 유명하게 했고, 교우들은 지금까지도 그를 가장 훌륭한 증거자들 중의 하나로 경의와 감탄을 가지고 입에 올린다. 그러나 이 나라의 외교인(外敎人)들, 특히 양반들은 이러한 신분의 사람이 천주교의 영광이라는 말을 듣고는 경멸하는 태도로 웃는다.[56]

황일광보다 2년 앞서 1799년에 순교한 박취득(세례명 라우렌시오)은 또 어떤가. 박취득은 문초 받던 중 "사또께서 오늘 당장 저를 죽이려고 하고, 또 우리 교를 헛된 미신으로 몰으시니, 저는 잠자코 있을 수가 없습니다. 이것을 잘 알아주십시오. 세상이 마칠 때 모든 나라가 없어진 다음에는 양반과 서민, 임금과 백성의 구별이 없이

새벽 빛을 여는 사람들 | 2014년 8월 16일 광화문에서 프란치스코 교황에 의한 순교자 124위의 시복식이 열렸다. 이날 대한민국역사박물관 전면에는 이들을 기념하는 그림이 걸렸다. 태극기 왼쪽에 그려진 사람은 최초로 한반도에 온 신부 주문모다.

모든 연령층의 모든 사람이 구름을 타고 하늘에서 내려오신 천주 성자 앞에 모일 것"[57]이라고 말했다. 또 1839년에 전주에서 순교한 신태보(세례명 베드로)는 "너는 양반이냐"라고 묻는 심문관의 질문에 "한번 여기(크리스트교) 들어오면 양반과 상민의 차이란 아무 소용이 없게 되는 것입니다"라고 답했다.[58]

　　이러한 평등정신은 피지배층만의 것이 아니었다. 양반계급에 속한 이경언(세례명 바오로)은 "너는 양반집 자식이니 저 무식한 백성하고는 다르지 않느냐. 거기다가 너같이 잘생긴 사람이 어찌 그 고약한 교를 믿겠다고 고집을 부릴 수가 있단 말이냐"라며 회유하는 심문자의 말에 "의리에 있어서는 상하의 구별도, 반상班常, 양반과 상민도, 잘나고 못난 얼굴의 구별도 없고 다만 영혼만이 구별될 수 있"다고 답했다.[59] 이처럼 18-19세기 조선의 가톨릭교도들은 지금도 '양반', '명문가'를 늘 입에 올리는 현대 한국의 시민보다도 인간의 평등함을 믿은 사람들이었다. 그리고 그 평등주의가 조선의 지배계급에는 체제를 근본적으로 위협하는 정치적 사태로 받아들여진 것이다.

　　가톨릭 성지로 잘 알려진 해미읍성 바깥에서 선 채로 파묻혀 죽은 사람들의 유골이 다수 발견된 바 있다. 심문관은 양반계급이 아닌 이들의 이름을 기록하지 않고 가혹한 고문을 가했다. 이름이 알려진 양반계급 출신 가톨릭교도 이외에 이름이 알려지지 않은 채 죽은 중하층 출신의 순교자들이 훨씬 더 많았다.

오래전부터 내려오는 대갓집 양반이나 고관들의 자손이나 혹은 현재 관직에 있는 분들 중에도 천주교에 대하여 호감을 가진 사람을 얼마간 만날 수 있나이다. 그러나 이들은 이 세상에서 성공하고 승진하고자 하는 욕심이나, 남의 조소거리가 되지 않을까 하는 두려움 때문에 선뜻 발을 내딛지 못하나이다. 부자들은 황금에 대한 목마름으로 양심의 소리가 눌리어 버리나이다. 천주교 쪽으로 돌아서서 정의를 찾는 사람들은 가난과 곤궁에 찍어 눌리고, 아무 재원이 없는 사람들 중에 있나이다.60

이들이 단순히 제사에 대한 인식 차이로 죽었으리라 간주하는 것은 순진한 발상이다.

한국 사회 일각에서 18-19세기 조선의 크리스트교 탄압을 '신주 대 십자가'로 상징되는 문명 간 충돌로 해석하는 견해는 일견 타당해 보이기도 한다. 당시 크리스트교는 서구 국가들의 제국주의 첨병과 다름없었고, 17세기 일본의 산펠리페 사건이나 1801년의 황사영 백서 사건과 같은 징후가 유라시아 동부에도 있었기에 양국 정부는 이들을 정치범으로 다루었다. 그러나 제1차 세계대전 후 제시된 민족자결주의가 패전국만을 대상으로 하는 정치적 계산의 결과로 나온 편파적인 사상이었음에도 조선 사람들은 이 사상의 보편성을 믿고 봉기했다. 마찬가지로 서구 국가들의 현실과는 무관하게 18-19세기의 전환기에 크리스트교는 조선에서 계급 타파와 개인의 발견이라는 새로운 사상으로서 기능했다.

한반도 주민은 크리스트교라는 신앙체계를 자신들의 맥락에서 소화하여 기존 질서를 부정하고 유토피아를 구현하고자 했다. 그들이 꿈꾼 이상세계에서는 양반과 상놈이 평등하고, 국가나 집안의 일원으로서가 아니라 개개인이 자신의 신념을 자유롭게 따를 수 있었다. 그들이 목숨을 걸고 보여준 것은 봉건제도에 대한 부정이었다. 이런 맥락에서 18-19세기 한반도의 가톨릭 탄압을 '신주 대 십자가'라는 식의 문명 충돌로 단순화할 수는 없다. 이러한 이해는 어떤 부족의 식인 습관이나 여성에 대한 명예살인도 문화 다양성이므로 침해하면 안 된다는 식의 극단적인 문화상대주의일 뿐이다.

동시에 17-19세기 유라시아 동해안의 가톨릭 순교자들이 보여준 정신세계는 이른바 '동양'에 대한 '서양'의 우위를 보여주는 증거가 아닐뿐더러 가톨릭만의 전유물은 더더욱 아니다. 극단적으로 말하자면, 17-19세기 유라시아 동해안의 가톨릭교도는, 서구 국가의 가톨릭교도가 자행한 마녀사냥이나 비서구권 지역 주민에 대한 학살과는 무관하게, 새로운 세계를 유라시아 동해안 일대에 구현하기 위해 크리스트교라는 외래 신앙을 이용한 것이다. 현세에서는 물론 내세의 구원에서도 버림받은 사람들을 위해 세상 속으로 뛰어든 원효대사가 상징하듯이, 고대에 유라시아 동부 일대에서 불교라는 평등주의적 종교가 수행한 역할과 비교할 수 있다. 18-19세기의 전환기에 크리스트교는 한반도 주민들에게 기존 체제를 뛰어넘을 수 있는 새로운 인간형[61]을 제시해주었다.

국가보다 종교, 황사영 백서

이처럼 지배 체제에 노골적으로 저항하는 크리스트교를 조선 조정이 가만히 둘 리 없었다. 현 체제를 유지하려는 정부는 당연히 혹심한 탄압을 가했다. 그런 탄압에 정당성을 부여한 것이, 1801년에 황사영(세례명 알렉시오)이 중국 천주교회에 보내려다 압수된 편지였다. 〈황사영 백서帛書〉라 불리는 이 편지에서 황사영은 조선 천주교가톨릭의 초기 역사를 상세히 서술한 다음에, 청나라 황제가 선교사와 함께 군대를 조선에 파견하여 조선의 가톨릭교도를 구해달라고 요청한다.

전선 수백 척과 정병 5, 6만을 얻어 대포 등 날카로운 무기를 많이 싣고 겸하여 글 잘하고 사리에 밝은 중국 선비 서너 명을 데리고 바로 이 나라 해변에 이르러 국왕에게 글을 보내어 말하기를 '우리는 서양의 전교하는 배요, 자녀나 재물 때문에 온 것이 아니라 교황의 명령을 받아 이 지역의 생령을 구원하려는 것입니다. 귀국에서 한 사람의 선교사를 용납하여 기꺼이 받아들인다면 우리는 그 이상 더 많은 것을 요구하지 않을 것이며 한 방의 탄환이나 한 대의 화살도 쏘지 않고, 티끌 하나 풀 한 포기도 건드리지 않을 것이며 영원한 우호조약만 맺고는 북 치고 춤추며 돌아갈 것이오. 그러나 만약 천주님의 사자를 받아들이지 않는다면, 마땅히 주님이 주시는 벌을 받들어 행하고 죽어도 발길을 돌리지 않을 것입니다.'62

황사영은 어디까지나 조선 조정의 가톨릭 탄압을 막기 위해 청나라 군대를 보낸 것처럼 하라고 제언한다. 그러나 청나라 황제가 순수하게 가톨릭 보호를 위해서 움직이지 않을지도 모른다고 걱정했는지 위험한 제안도 덧붙였다.

황사영 백서 | 문자 그대로 '깨알'같이 적힌 글자를 보면서, 박해를 피해 굴에 숨어 전 세계의 가톨릭교도들에게 구원을 요청하려 한 황사영의 절박함을 느낄 수 있다. 교황청에 보관된 원본이 2014년 서울역사박물관에서 공개됐다.

근년에 중국은 서쪽 지방에 도둑이 자꾸 일어나 걷잡을 수 없는 지경으로 관군이 여러 번 패하고 국토가 날로 줄어든다고 하니 중국 황제는 틀림없이 근심하고 고민하는 마음이 있을 것입니다. (중략) 조선은 영고탑에서 다만 강물 하나를 격해 있을 뿐으로 인가가 서로 바라보이고 부르면 서로 들리는데 그 땅이 사방 3천여 리입니다. 동남쪽 지방은 땅이 기름지고 서북쪽은 군사와 말이 매우 굳세고 힘이 있으며, 산이 천리나 이어져 있어 목재는 다 쓸 수가 없을 정도로 많습니다. 삼면을 바다가 둘러싸고 고기와 소금이 없어지지 아니합니다. 경상도에는 인삼이 지천으로 많이 나고 탐라도에는 좋은 말이 매우 많습니다. 이 또한 모든 생산물이 풍부한 나라이지만 이씨 왕조가 미약하여 겨우 실오라기같이 끊어지지 않을 뿐입니다. 대왕대비가 섭정을 하여 세력 있는 신하가 권력을 마음대로 하므로 정사가 뒤틀리고 혼란하여 백성들은 탄식하고 원망합니다. 진실로 이러한 때에 속국이 될 것을 명하여 그 옷을 같이 입게 하고 왕래를 터놓아 조선을 영고탑에 소속시켜 황조의 근본이 되는 땅을 넓히십시오.[63]

진해 웅천왜성 정상 | "이곳은 우리나라 최초로 미사가 집전된 성지입니다"라는 팻말이 서 있다.

즉, 최근 청나라 내에서 난리가 많이 일어나고 있어 원래의 발상지인 만주로 돌아올 수도 있는데, 만주 땅이 좁을 터이니 조선을 병합해서 배후를 확보하라는 것이다. 이런 내용의 편지를 조선의 가톨릭교도가 청나라에 보내려 했으니, 이를 방치하는 것은 조선 조정으로서는 있을 수 없는 일이었다. 이런 미묘한 맥락에 놓여 있기에 2014년에 있던 124위 순교자 시복에서도 황사영은 제외됐을 것이다.

가톨릭교도를 보호하기 위해 외국 군대를 끌어오고자 한 황사영, 한반도를 일본의 식민지로 만드는 원흉이라고 판단해 이토 히로부미伊藤博文를 살해한 안중근(세례명 토마스), 임진왜란 당시 가톨릭 장군 고니시 유키나가를 따라 한반도에 온 예수회 신부 세스페데스가 한반도 역사상 최초로 미사를 집전한 진해의 웅천왜성을 둘러싸고 갈등하는 종교계와 지역사회, 종교적 신념상 살생을 금해야 하지만 국가를 구하기 위해 일본 병사를 살해한 임진왜란 당시의 승병. 오늘날 국가의 경제 발전과 안보를 위해 밀양과 강정에서 행정을 집행하는 공무원과, 그 과정에서 밀려나는 사람과 함께하고자 하는 종교인. 국가와 민족을 위해 목숨을 바치는 사람들이 있고, 국가와 민족을 초월하는 것을 위해 목숨을 바치는 사람들이 있다. 필자는 특정 종교의 신자가 아니지만, 이 세상에는 세속의 세계관과 영원의 세계관이 동시에 존재할 수 있는 법이고 각자는 믿는 바에 따라 각자의 길을 갈 뿐이라고 생각한다.

유라시아 동해안의 기적

그런데 황사영 백서에 흥미로운 구절이 보인다. "섬나라 오랑캐가 잔인하고 혹독하여 스스로 천주님과의 관계를 끊어버렸는데, 우리나라 조정에서는 그것을 논하기를 도리어 잘한 일이라고 하여 장차 본받으려고 하니 어찌 한심한 일이 아니겠습니까."[64] 황사영은 일본이 천주와의 관계를 끊어버렸다고 적고 있어서, 16-17세기에 일본을 휩쓴 가톨릭 세력이 절멸했다고 인식했음을 알 수 있다. 이는 유럽에서도 마찬가지였다. 16세기 말에 15만 명에 이르던 일본의 가톨릭 교도가 도요토미 히데요시와 도쿠가와 이에야스 양대 정권하에서 철저히 탄압받고 일본으로 잠입한 가톨릭 신부가 모두 처형되거나 배교했기 때문에, 이런 혹심한 상황에서 가톨릭교도가 남아 있을 리가 없다고 믿었다.

하지만 일본의 가톨릭교도는 잔존하고 있었다. 그들은 규슈 서해안에 흩뿌려진 작고 척박한 섬에 숨어, 200여 년에 걸쳐 여러 차례의 탄압을 견뎠다. 이들을 '잠복 가톨릭교도'라고 한다. 그들은 당연히 공개적으로 신앙 활동을 하지 못했기에, 그 옛날 선교사들이 가르쳐준 성가聖歌를 뜻도 모른 채 주문처럼 읊고, 불상佛像에 아기 예수나 십자가를 그려 마리아 상으로 간주하여 기도했다. 그들은 앞으로 7대가 지나고 나면 가톨릭 신부가 검은 배黑船를 타고 일본에 올 것이며, 그때가 되면 공개적으로 기독교를 믿을 수 있게 되리라는 '바스챤의 예언'을 의지 삼아 처절하게 신앙을 이어나갔다.[65]

그리고 정말로 기적이 일어났다. 19세기 중기에 바다 건너 200여 년 만에 다시 선교사가 일본으로 와서 나가사키에 성당을 세운 것이다. 1865년 3월 17일 오후, 일본 거류 프랑스인을 위한 성당인 오우라 천주당을 지키던 베르나르타데 프티장Bernard-Thadée Petitjean 신부에게 한 명의 여성이 다가와 이렇게 속삭였다. "우리들의 마음은 당신과 같은 마음"이라고.[66] 그녀의 이름은 이자벨리나 스기모토 유리イザベリナ杉本百合였다. 이렇게 해서 일본에 가톨릭교도가 남은 것이 확인되자 서구 세계는 흥분에 휩싸였고 일본 정부는 혼란에 빠졌다. 아직 가톨릭 금지령이 엄존하던 상황이었기에, 이때 정체가 드러난 가톨릭교도 3,394명이 유배되고 662명이 순교했다. 2015년은 200여 년 만에 일본에서 가톨릭교도가 재발견된 지 150년 되는 해다.

나가노 현의 다이호지(大寶寺) **절에 안치된 마리아 지장보살**(マリヤ地藏) | 아이를 많이 낳게 해준다는 설이 전해지는 이 지장보살은 실제로는 마리아와 아기 예수의 형상으로, 예수는 십자가와 비슷한 것을 들고 있다. 가톨릭교도의 신앙 대상임을 확인한 사람들이 지장보살의 목을 잘라버렸다.

이렇게 한반도에서도 일본열도에서도 가톨릭교도는 바다 건너 신부가 올 것을 갈망했다. 일본에서는 250년간의 고립과 탄압 끝에 실제로 신부가 바다 건너 오는 기적이 일어났다. 세계에서 유일하게 선교사 없이 가톨릭교도가 탄생한 기적의 땅 한반도에서는 구원자가 바다 건너 오지는 않았지만, 오늘날 한국은 세계 유수의 크리스트교 국가가 됐다. 유라시아 동해안의 두 나라에서 크리스트교는 기적을 일으킨 종교였다. 그 기적은 크리스트교가 낮은 곳에 임했기에 일어날 수 있었다.

나가사키 오우라 천주당 | 250년 만에 일본의 가톨릭교도가 확인된 곳이다.

3부

제국주의 세계와 동아시아 충돌, 격동의 현대를 열다

19-20세기 중반

17장   서구와의 충돌,
중국과 일본의 아이러니

청나라의 아이러니

1860년 10월, 프랑스·영국 연합군이 청나라의 황실 정원인 베이징의 원명원圓明園을 약탈했다. 원명원에는 청나라 황실이 예수회 수도사들에게 건설하게 한 서구식 정원이 있었는데, 유럽 군인의 파괴 행위는 이 서양루西洋樓에까지 미쳤다. 서구 문명에 대한 청나라의 존중을 보여주는 서구식 정원을 서구인이 파괴한 것은, 근대화 과정에서 청나라가 처한 아이러니를 상징적으로 보여준다.

      이 원명원 파괴 사건의 배경에는 제2차 아편전쟁, 일명 애로호Arrow號 전쟁이 있다. 영국은 청나라에서 차를 수입하면서 발생하는 무역적자를 메우기 위해 인도산 아편을 청나라에 판매하려 했다. 오늘날 한국에서도 담배 가격 인상안을 두고 국민 건강을 위해 대폭 올려야 한다는 주장과 담배 판매가 줄어들면 세수 확보에 어려움을 겪을 것이라는 주장이 충돌하고 있지만, 정상적인 국가라면 자국민의 건강을 해치는 약물이 국내에서 자유로이 유통되는 것을 용

원명원 서양루 | 1860년에 프랑스·영국 연합군이 파괴한 그대로 남아 있다.

납하고 그로부터 국가가 이익을 얻으려 하지 않을 것이다. 당시 청나라에서는 애국자이자 선정善政을 펼치고자 노력하는 정치인이었던 임칙서林則徐가 아편 문제 해결을 위해 나섰다. 그는 1839년에 영국 상인에게서 사들인 아편을 바다에 버렸고, 영국은 이를 핑계 삼아 제1차 아편전쟁을 일으켰다. 북아메리카의 영국 식민지 주민이 버린 차가 미국의 독립을 이끌었다면, 청나라 사람들이 버린 아편은 중국의 반半식민지화를 이끈 셈이다.

제1차 아편전쟁에서 승리한 유럽 국가들은 난징조약으로 홍콩을 할양받고 개항장을 확대했다. 그러나 유럽 국가들은 청나라에서 얻는 이득이 자신들의 기대에 미치지 못하자 난징조약의 개정을 청나라에 요구했다. 청나라가 이를 거부하자, 1856년에 청나라 관리들이 해적선 애로호에 게양돼 있던 영국 깃발을 버린 사건을 핑계 삼아 영국과 프랑스가 제2차 아편전쟁을 일으켰다. 양국군은 청나라 정부를 압박하기 위해 베이징 입구의 톈진을 공격했고, 이에 청나라는 이들 국가와 톈진조약을 맺어 추가적인 개방을 약속했다.

그러나 청나라가 전열을 재정비하고 조약의 실행을 거부하는 바람에 영국군과 프랑스군은 베이징에 입성하여 원명원 등을 파괴하는 등 청나라 정부를 압박했다. 서양루는 이때 파괴됐다. 결국 청나라는 1860년에 10월에 이들 국가와 추가 개방을 약속하는 베이징조약을 맺었다. 이때 러시아는 양측 간의 협상을 도와주었다는 명분을 내세워, 1858년의 아이훈조약으로 아무르 강 이북 지역을 할양받은 데 이어 연해주 일대를 할양받아 조선과 국경이 맞닿았다. 17세기 중기의 나선정벌 이후 거의 2세기 만에 조선과 러시아가 다시 만나게 된 것이다. 다만 나선정벌 때에는 시베리아와 북아메리카의 동물 모피를 획득하는 것이 주목적이었던 반면, 이때는 명확하게 영토적 야심을 가지고 유라시아 동해안을 남진하고 있었다는 차이가 있다.

이 시기부터 러시아는 자신의 영역 및 영역 주변에 자리한 만주·연해주·한반도의 역사와 문화를 중국이나 일본과는 구별되는 독자적인 시각으로 파악하려 했다. 오늘날 이들 지역에 대한 한국인의 관점은, 기본적으로 이 시기에 러시아인 신부 비추린과 같은 학자들이 이루어낸 성과에 힘입고 있다.[1] 러시아가 유라시아 동해안에 등장한 17세기 중기를 경계로 유라시아 동부의 국제관계가 근본적으로 달라졌음을 이해하고 '한중일 삼국지'적인 세계관을 폐기하는 것이, 20세기 후기에 한국인이 이루어낸 성과를 21세기에 지속할 수 있는 길이다.

태평천국이라는 터닝 포인트

서구 국가들의 군사적 도발에 청나라가 제대로 대처하지 못했다는 사실은 청나라 국내는 물론 조선과 일본에도 충격을 주었다.

청나라 안에서는 1850년부터 1864년까지 15년에 걸쳐 태평천국이라는 종교 국가가 나타났다. 18세기 후기부터 청나라 각지에서 정치경제적 혼란으로 인해 백련교도, 묘인苗人, 천리교도, 무슬림 등 종교·민족 집단이 잇따라 반란을 일으키고 있었다. 여기에 제1차 아편전쟁 이후 서구 세력이 경제적 침탈을 강화하면서, 개항장이 자리

베이징 톈안먼광장의 인민영웅기념비 | 태평천국의 난을 비롯한 8대 '혁명 투쟁'을 기념하는 부조가 새겨져 있다.

한 남부 지역은 더더욱 어려움을 겪었다. 특히 중국 북부에서 뒤늦게 남부로 이주한 객가客家인들은 소수 이주민이라는 이유로 노골적 차별을 받아 더욱더 곤궁할 수밖에 없었다.

'태평천국의 난'을 일으킨 홍수전洪秀全도 객가라는 이유로 과거시험에서 여러 차례 낙방하면서 정신적 착란에 빠졌다. 그는 혼수상태에서 신이한 인물을 만나 세상을 정화하라는 사명을 받고, 오장육부를 교체 받아 새로운 인간이 되는 꿈을 꾸었다. 현대 한국의 신흥종교에서 자주 보이는, 온몸의 피가 빠져나가고 새로운 피를 받는 신이체험을 한다는 '피가름' 교리의 원형을 보는 듯한 이 꿈을 홍수전이 꾼 것은 1837년의 일이었다. 그 후 그는 크리스트교 선교사들이 중국어로 지은 포교서를 읽고 자신이 꿈속에서 만난 존재들이 바로 최고신 야훼와 예수라고 믿었다. 처음에는 종교적 사명감에서 비롯된 그의 온건한 포교 활동은, 비참함을 더해가는 청나라의 현실 앞에서 점점 급진적이 돼갔다.[2]

이윽고 아버지 야훼와 '큰형님' 예수를 믿고 홍수전을 예수의 동생으로 믿는 배상제교拜上帝教 세력은 1850년에 중국을 크리스트교 국가로 만들기 위해 봉기했다. 이를 금전기의金田起義라고 해서, 오늘날 중국 정부는 근현대 중국의 8대 혁명 투쟁 가운데 하나로 간주

242

하고 톈안먼광장의 '인민영웅기념비'에 부조를 새겨두었다. 확실히 반란 초기의 태평천국군은 크리스트교적 금욕주의에 입각한 엄격한 윤리관과 군율로 청나라 국민의 지지를 얻었다. 그러나 1853년에 난징을 점령하여 수도로 삼은 이후에는 이러한 '신선함'이 급속히 무너지기 시작했다. 홍수전을 비롯한 수뇌부에 혁명 이후의 청사진이 없었다는 것이 근본적인 원인일 것이다. 1854년에는 배상제교를 개창하던 초기부터 배척해온 공자·맹자 등 중국의 전통적인 권위를 다시 끌어들이고, 크리스트교 성경의 출판을 금지하는 등, 새로운 세계에 대한 비전의 부재는 전통적 세계관의 회귀로 이어졌다.

서구 국가들은 처음에 이들에게 약간의 기대를 품기도 했으나, 아무런 가능성을 찾지 못하자 청나라를 지지하기로 결정했다. 제2차 아편전쟁 끝에 베이징조약이 맺어질 즈음부터는 서양인으로 이루어진 군대가 조직돼 태평천국군의 진압에 동참했다. 같은 '아버지 야훼'를 믿는다는 이유에서 동질감을 느끼고 있던 서양인들이 자신들을 공격하는 모습을 본 태평천국 측의 충격은, 1637년에 규슈 시마바라에서 봉기한 자신들을 프로테스탄트 국가인 네덜란드의 군함이 포격했을 때 가톨릭교도 반란군이 느꼈을 감정과 같은 것이었을지도 모르겠다.

이후 태평천국은 청·서양 연합군의 공격과 내분으로 1864년에 몰락하지만 15년에 걸친 태평천국의 반란이 유라시아 동부의 정세에 미친 영향은 컸다. 우선 청나라는 반란군을 진압하는 과정에서 서구 세력의 도움을 얻기 위해 적지 않은 이권을 양보해야 했다. 또한 만주·몽골 지배층의 무능이 드러나면서, 증국번·이홍장·좌종당 등 한인 관료들이 대거 약진하여 향후 정국을 주도하게 됐다.
한편 조선 조정은 서양의 크리스트교 국가들이 '종주국' 청나라를 군사적으로 위협하고 크리스트교 반란 세력이 등장했다는 소식에 긴장했다. 원명원이 파괴된 몇 달 뒤인 1860년 12월 10일, 이 소식을 들은 조선 국왕 철종은 청나라의 정세를 파악하고자 사신을 파견한 뒤 신하들에게 질문했다.

연경(베이징)은 우리나라에는 순치(순망치한)의 관계로 비유할 수 있으니, 만약 연경이 위험하다면 우리나라가 어찌 안연하겠는가. 또한 듣건대 저들(서양)이 강화라고 하는 것은 단지 교역을 도모하는 것뿐만이 아니고 윤상(倫常)을 망치는 술(크리스트교)을 온 세계에 전염시키려 한다지 않는가. 그런즉 우리나라도 그 해를 면하기 어렵겠다. 하물며 선박의 날카로움은 일순에 천리를 간다지 않는가. 진실로 그렇다면 장차 어찌해야 할 것인가.[3]

청나라 군선軍船을 조선에 보내서 정부를 협박하여 가톨릭 교도를 보호해달라는 내용을 담은 서한을 황사영이 청나라의 가톨릭 북경 교구에 보내려다 적발된 것이 1801년이었다. 이 '황사영 백서' 사건 이후 조선 조정은 가톨릭교도를 반역자로 간주해서 혹심하게 탄압했다. 그로부터 반세기가 지나 크리스트교 국가들의 군함이 베이징북경을 공격했으니, 조선 조정으로서는 우려하던 사태가 실제로 일어난 것으로 판단할 만한 긴박한 상황이었다.
그러나 세도정치하에서 무사안일주의로 흐르던 조선의 지배층은 서구 세력의 접근이라는 위협을 애써 외면했다. 1860년 12월에 청나라에 갔다가 돌아온 사신은 다음과 같이 보고한다.

양이(洋夷)가 이미 황성에 가득 차서 혹시 그 기세를 몰아 동범(東犯)할까 하는 두려움입니다. 신은 꼭 그렇지는 않다고 말하겠습니다. 그들은 교역으로써 본무(本務)를 삼는데, 우리나라는 교역할 만한 재보가 없으니 무슨 까닭으로 가볍게 남의 나라에 침입하겠습니까. 다만 사교(邪敎)를 익힌 양약을 먹는 무리가 있어 몰래 서로 창도(倡導)한다면 역시 오지 않는다고 보장하기 어려울 뿐입니다.[4]

조선이 가난해서 서양이 조선을 탐낼 리가 없으니 조선 국내의 크리스트교도만 탄압하면 된다는 것이다. 확실히 서구 열강은 조선에 비해 일본을 더욱 탐냈고 일본에 비해 청나라를 더욱 탐냈으니 이 사신의 분석이 틀린 것은 아니다. 하지만 실권자들의 분위기가 이러한 탓에 훗날 조선의 개국을 주장하는 박규수와 같은 사람은 청나라에서 위기의 실상을 보고도 귀국해서는 형식적인 보고만 하기도 했다.[5] 외교를 청나라에 맡겨온 조선은 외부의 급변 상황에 대처할 능력을 상실했고, 박규수는 일종의 무력감을 느꼈던 것 같다.

일본의 아이러니

1860년 청나라에 다녀온 조선 사신은 서구 세력은 교역을 원할 뿐이지 영토적 욕심은 없다고 보고했다. 서구 세력의 접근에 대한 이러한 낙관적 견해는 18세기 후기에 캄차카반도를 거쳐 쿠릴열도를 남하하는 러시아 세력에 대해 일본 지식인 일부가 보인 견해와도 일치한다. 조선과 근세 일본의 차이는, 일본에는 서구 세력의 접근을 정치적·군사적 관점에서 파악하고 대비하고자 한 세력이 무시할 수 없는 정도로 존재했다는 것이다. 18세기 후기에 하야시 시헤이는 러시아의 해상 접근을 막기 위한 군사적 논의를 담은 《해국병담》을 출판해줄 출판인을 찾지 못하자 직접 목판을 제작해서 출판했다. 조선 이상으로 지방 분권적 경향이 강한 근세 일본이었지만, 러시아라는 서구 세력의 접근은 '자기 주군', '자기 번'을 뛰어넘어 '일본'이라는 국가 차원에서 장래를 고민하는 사람들을 등장시켰다.

하야시 시헤이가 《해국병담》 첫머리에 적은 구절은 유라시아 대륙의 변화가 시작하는 지점이 몽골제국으로 상징되는 대륙에서 해양으로 바뀌었음을 상징적으로 보여주는 듯하다.

가만히 생각하니 오늘날 나가사키를 대포로 엄중하게 방비하면서, 오히려 아와·사가미의 항구에 그러한 방비가 없다. 이는 참으로 이해되지 않는다. 찬찬히 생각하면 에도의 니혼바시에서 청나라·네덜란드까지 경계 없는 수로(水路)다. 그런데도 이들 지역을 방비하지 않고 나가사키에만 방비가 돼 있다는 것이 말이 되는가?6

실제로 1806-1807년에 쿠릴열도에서 러시아와 무력 충돌이 발생하자, 대외적 위기감을 느낀 일본 지배층은 각종 대비책을 추진했다. 조선이 프랑스·미국과 군사적으로 충돌한 것이 1866년과

《외방 태평기》 | 태평천국의 난을 소재로 한 19세기 중기 일본의 군담소설이다. 이 시기에는 청나라의 긴박한 정세를 전하는 문헌이 다수 일본에 유입되었으며, 이들 문헌은 유입 즉시 일본 국내에서 빠르게 확산되며 위기감을 고조시켰다. 청조 함풍제의 부인과 청조의 간신이 음모를 꾸미는 듯한 모습이 그려져 있다.

1871년이니, 일본은 조선보다 길게 보면 100년, 짧게 보면 60년 이상 먼저 서구의 침략에 대비하기 시작한 셈이다. 이것이 근대 이후 양국의 운명을 가른 첫 번째 요인이다.

가톨릭 세력의 반란과 러시아와의 무력 충돌을 경험한 도쿠가와막부는 서구 연합군이 청나라를 공격하고 태평천국군이 중국 남부 지역을 점령하자 비상한 관심을 보였다. 1862년에 막부는 청나라의 정세를 살필 목적으로 51명의 파견단을 태운 지토세마루千歳丸를 상하이에 보낸다. 쇄국 이래 막부가 최초로 직접 해외에 사람을 파견한 것이다. 훗날 메이지유신에서 중심인물로 활동하는 다카스기 신사쿠高杉晋作도 이때의 견문이 계기가 돼 혁명을 지향하게 된다.

지토세마루 파견단 이전의 일본인은 태평천국의 난을 만주인에 반대하는 한인의 봉기라고 이해하고 있었다. 1832년에 아메리카에 표류했다가 구조돼 당시 상하이에서 무역업에 종사하던 닛폰 오토키치にっぽん音吉라는 사람이 다른 표류민을 일본에 귀국시키면서 그렇게 전했기 때문이었다.7 그러나 지토세마루 파견단은 태평천국의 난이 반청흥한反淸興漢이라는 민족주의적 동기가 아니라, 변발하지 않은 장발적長髪賊이 일으킨 사교邪敎 집단의 반란이라고 결론 내렸다. 또한 서구 세력의 압도적인 무력에 청나라가 서서히 무너져가는 모습을 본 이들은, 서구 세력의 제1목표가 청나라인 덕분에 일본이 피해를 덜 입고 있다는 결론도 내렸다.

구사카 겐즈이久坂玄瑞라는 사람은 다카스기 신사쿠에게 이러한 이야기를 전해 듣고, 1862년에 다음과 같이 상부에 보고했다.

영국·프랑스가 멋대로 황국(皇國)을 침략하지 않는 것은 지나(支那)에서 장발적의 위세가 매우 강하기 때문입니다. 만약 장발적이 영국·프랑스에 굴복한다면 영국·프랑스가 우리나라를 침략할 것은 명약관화합니다. 미국이 이전부터 교묘한 말로 우리나라의 개항을 설득하는 것도, 점차 아시아 주(州)에서 세력을 떨치기 위한 기반을 만들려는 속셈일 터입니다. 러시아는 남쪽을 노리고, 영국·프랑스는 자신들의 인도·지나 영지에 피해가 있을 것을 우려하여 러시아를 억제하려 합니다. 그래서 우리나라의 쓰시마에서 오랑캐들이 싸우는 것입니다.8

이처럼 서구 세력의 관심이 청나라에 쏠려 있고 일본은 증기선을 운행하기 위한 나무와 물의 공급처로서만 인식되다 보니, 일본은 자기 주도하에 변화할 시간을 벌 수 있었다. 이것은 태평천국의 난이 일본에 가져다준 행운이었다. 그러나 이 행운은 조선에도 마찬가지로 주어졌다.

일본은 러시아와의 충돌 경험도 있으면서 네덜란드라는 유럽의 우호 세력을 통해 세계의 동향을 파악하고 있었다. 유럽 각국의 정보는 네덜란드어로 집필된 서적을 통해 일본 지배층에 비교적 잘 알려져 있었다. 1853년에 미국이 파견한 페리 제독과 미일화친조약을 맺을 때의 교섭 언어는 네덜란드어였으며, 조약문도 영어·일본어·네덜란드어·중국어로 작성됐다. 심지어 막부는 네덜란드가 제공한 정보를 통해 페리 제독이 일본의 개국을 요구하기 위해 온다는 것까지도 알고 있는 상태였다.

이처럼 국제 정세를 정기적으로 알려주는 유럽 국가가 있었고, 일본인 스스로도 급변하는 유라시아 동해안의 정세를 파악하기 위해 파견단을 청나라에 보낼 정도로 적극적으로 변화에 대응했다. 사람이든 집단이든 타산지석으로 교훈을 얻는 경우는 거의 없으며, 대부분은 스스로 고통을 겪고 나서야 배우는 법이다. 그러나 지토세마루 파견단은 청나라가 내란과 외국의 침략으로 몰락해가는 모습을 보았으며, 19세기 중기의 일본은 청나라의 경험을 타산지석으로 삼는 데 성공했다. 당시 일본도 프랑스의 지원을 받는 막부와 영국의 지원을 받는 신정부군으로 갈려서 내란 일촉즉발의 위기를 맞이하고 있었다.

가쓰 가이슈와 사이고 다카모리의 회담지 기념비 | 막부의 가쓰 가이슈와 신정부군의 사이고 다카모리가 단독 회담하는 장면. 이 회담의 결과 신정부군이 에도성에 무혈입성하여, 일본은 전국적 규모의 내란으로 치닫지 않게 됐다.

1868년 3월 13일, 막부군의 고관 가쓰 가이슈勝海舟는 오늘날 도쿄 시바의 게이오대학 근처에서 신정부군의 핵심인 사이고 다카모리西鄉隆盛와 단독 회담을 가졌다. 도쿠가와 쇼군 가문이 무조건 항복을 할 테니 쇼군 가문을 존속시켜주고, 막부의 거점인 에도성을 무력으로 공격하지 말고 무혈입성하라는 것이었다. 메이지유신은 흔히 말하는 것처럼 평화롭게 진행된 것이 결코 아니며, 쇼군 가문에 충성심이 강한 도호쿠 지역에서는 적지 않은 피해가 있었다. 그러나 신정부군의 에도성 무혈입성에서 보듯이 일본은 중요한 국면에서 현명한 선택을 할 수 있었다.

　　그렇다면 일본이 그러한 선택을 할 수 있었던 요인은 무엇일까. 그 요인 가운데 하나가 이른바 웅번雄藩들과 서구 세력 간의 무력 충돌에서 패한 것이었다. 1863년에는 영국과 사쓰마 번이 충돌했고사쓰에이 전쟁, 1863-1864년에는 서구 4개국 연합군과 조슈 번이 충돌했다시모노세키 전쟁. 이러한 충돌을 통해 서구 세력의 압도적인 힘을 실감한 웅번들은 영국을 비롯한 서구 세력에 급속히 접근했다. 이들 전쟁으로부터 3년 뒤인 1866년에 프랑스의 침략을 물리친 조선이 쇄국정책을 강화한 결과 국제 정세 변화에 더욱 둔감해진 것을 생각하면, '잘 진 것은 잘못 이긴 것보다 낫다'는 격언을 떠올리게 한다. 그리고 웅번 세력은 기존에 온건한 개국을 주장하던 막부에 불만을 품고 연합하게 된다. 개국을 주장하던 도쿠가와막부 측이 수구 세력으로 간주돼 타도 대상이 된 것이다. 이것이 일본의 아이러니다.

18장 홋카이도·오키나와·타이완, 멸망한 소국들

그들만의 나라, '에조공화국'

서구 열강들이 중국 쪽에 관심을 기울이느라 일본열도에 전력을 투입할 여유가 없는 틈을 타서, 근세 일본의 여러 세력은 수백 년 동안 유럽과 접촉하며 얻은 경험을 바탕으로 주체적 정치 혁명을 이루어 냈다. 확실히 그 과정은 일본인이 주체적으로 추진한 것이었다. 그러나 일부 연구자가 주장하는 것처럼 무혈혁명無血革命은 아니었다. 유신 이전의 몇 년 동안 도쿠가와막부의 정치 수도인 에도와 덴노天皇의 거주지인 교토를 중심으로 신센구미新選組, 무사 조직가 요인을 암살하고 조슈 번 무사들이 교토를 방화하는 등 테러 행위가 빈발했다.

사이고 다카모리와 가쓰 가이슈의 협상으로 1868년 4월 11일에 신정부군이 에도성에 무혈입성한 이후에는, 도쿠가와막부에 충성을 바치고자 하는 무사들이 에도성 안팎에서 저항을 시작했다. 뒤이어 도호쿠 지역의 여러 번이 연합군을 결성하면서 도호쿠 각지에서 치열한 전투가 일어났다. 이들은 자신들의 힘만으로는 저항이

어렵다고 판단하여, 홋카이도의 땅을 넘겨주는 대신 군사적 원조를 해달라고 비스마르크의 프로이센에 요청하기도 했다.[9] 하지만 프로이센이 제안을 거절하여 끝내 외부의 도움을 얻지 못했다. 게다가 이 저항 전쟁이 무엇을 지향하는지 합의하지 못했기에 도호쿠 지역의 저항은 채 1년도 지나지 않아 소멸됐다.

도호쿠 지역의 저항 전쟁이 실패로 돌아가자, 에노모토 다케아키榎本武揚 등의 구 막부 해군은 바다 건너 홋카이도 남쪽 끝을 점령하여 저항의 거점으로 삼았다. 홋카이도는 사할린 섬, 쿠릴열도 등과 함께 대대로 아이누인 등 선주민의 거주지였다. 오호츠크 해를 둘러싼 이들 지역을 일본인들은 아이누, 즉 에조蝦夷의 땅이라는 의미에서 에조치蝦夷地라 불렀다. 오호츠크 해 남쪽의 일본과 서쪽의 중국 명·청조, 북쪽의 러시아는 중세 이래로 이들 지역을 직간접적으로 지배하려 했다. 그 가운데 일본 세력의 거점은 홋카이도 남쪽 끝의 마쓰마에·하코다테 등이었다.

일본인은 마쓰마에를 중심으로 이주하여 살면서 아이누인을 노예처럼 착취했다. 아이누인은 여러 차례에 걸쳐 대규모 저항 전쟁을 벌였지만, 그때마다 무참히 진압됐다. 1868년 당시 이 지역을 지배하던 마쓰마에 번은 애초에 도쿠가와막부에 충성을 바쳤지만, 구 막부 해군이 바다를 건너오기 직전에 신정부에 동조하는 세력이 쿠데타를 일으켰다. 그래서 구 막부 세력이 마쓰마에에 진입하자, 쿠데타 핵심세력은 마쓰마에 시내를 방화하여 혼란을 일으키고 그 틈에 성을 빠져나가 혼슈로 탈출, 신정부군과 접촉했다.

마쓰마에 번의 거점을 점령한 구 막부 세력은 고위급 간부

하코다테의 고료카쿠 성 항공사진(1976) | 에조공화국의 최후 거점으로서 대포를 이용한 최신 전략에 맞추어 설계됐다.

를 대상으로 투표를 실시하여 에노모토 다케아키를 총재總裁로 선출했으니, 이 정권을 속칭 '에조공화국'이라고 한다. 일부 서양 세력은 이를 '사실상의 국가'로 인정하려는 움직임을 보이기도 했다. 그러나 이 정권이 다스리는 범위는 홋카이도 내의 구 일본인 거주지에 해당했으며 에조, 즉 아이누인은 제외됐다. 투표라는 민주적 절차도 상층부에서만 이루어진 불완전한 것이었다. 그렇기에 이 정권은 에조공화국이라 불리되 그 실체는 '에조'도 아니었고 '공화국'도 아니었다. 실제로 이 정권은 일본에서 완전히 독립할 생각은 없었던 듯하다. 구 막부의 무사들은 신정부에 자신들이 이주할 땅을 개척할 수 있도록 허가해달라고 요구하기도 했으나 거절당했다.[10]

그리고 1869년 3월, 신정부군은 에조공화국에 총공세를 펼쳤다. 이 전투에서 막부의 암살단이었던 신센구미의 미남 부장副將 히지카타 도시조土方歲三가 전사하며 옛 시대의 종말을 고했다. 한편, 신

히지카타 도시조의 동상과 무덤 | 신센구미의 거점이었던 도쿄 히노 지역에 있다. 1869년 3월, 신센구미의 부장이었던 그는 에조공화국의 최후 거점인 고료카쿠 성에서 전사했다.

정부군에 항복한 에노모토 다케아키는 네덜란드 유학 당시 입수했던 오르톨랑Joseph Louis Elzéar Ortolan의 국제법 서적《만국해율전서萬國海律全書》를 신정부군 측의 구로다 기요타카黑田淸隆에게 건네면서, 자신이 죽어도 이 책을 연구해서 새로운 일본을 건설할 것을 부탁했다. 이에 감동받은 구로다는 신정부에 에노모토의 죄를 용서해줄 것을 요청했고, 신정부는 그를 홋카이도 '개척' 담당으로 임명했다.[11]

이처럼 에조공화국의 핵심 세력은 대부분 신정부에 합류했지만 그들의 지휘를 받던 많은 무사는 신정부군을 피해 홋카이도 곳곳에 숨어 살아야 했다. 이후 마쓰마에 번을 버리고 도망쳤다가 신정부군과 함께 돌아온 옛 지배층은, 그들에게 버림받아 어쩔 수 없이 에조공화국의 지배를 받아야 했던 사람들을 본보기로 숙청했다.[12] 한국전쟁 당시 서울에 남아서 어쩔 수 없이 북한군의 지배를 받아야 했고, 그것이 돌아온 남한 정부하에서는 죄가 돼 '부역자'라는 이름으로 숙청당한 서울 시민을 떠올리게 하는 대목이다.

유구 왕국, 두 번의 멸망

메이지 신정부는 '기존의 분권적인 번 체제를 폐지하고 이를 현縣으로 바꾸어廢藩置縣, 폐번치현' 중앙집권적 정치 구조를 만들고자 했다. 이 과정에서 문제가 된 것이 오늘날의 오키나와 현에 존재했던 유구 왕국이었다. 유구 왕국은 한반도와 마찬가지로 하늘에서 내려온 신이 나라를 만들었다는 건국신화를 가지고 있었으며, 한반도의 삼국시대와 비슷하게 남산·중산·북산의 삼산시대三山時代를 거쳐 상씨尙氏 성을 가진 통일 왕조가 수립됐다. 제1차 상씨 왕조라 불리는 이 시기의 유구 왕국은 동중국해와 남중국해를 잇는 무역국가로서 번성했다. 이를 상징하는 것이 '만국진량萬國津梁의 종'이다. 이 종에는 "유구는 남해의 승지에 자리하고 있으니, 삼한의 빼어남을 모으고 대명국·일본과 친밀한 관계를 맺는다"라는 명문이 새겨 있어서, 유구 왕국이 이른바 동아시아 삼국의 중심이라는 자부심을 느끼게 한다. 고려시대의 삼별초나 조선시대의 홍길동 세력이 오키나와로 들어가서 왕국을 건설했다는 식의 제국주의적 주장은 학문적으로 입증하기 어렵다. 그러나 이 종의 명문을 보면 한반도와 오키나와가 긴밀한

만국진량의 종 | 유구 왕국의 도성이었던 나하 슈리성에 복원돼 걸려 있다. 실물은 오키나와 현립박물관에서 소장 중이다.

관계였음이 명백하다.

참고로, 근세 일본의 군담소설 《진서 유구기鎭西琉球記》에는 "유구는 원래 조선의 속국이었기 때문에 대송大宋의 연호를 써왔는데, 최근에는 자립하여 스스로 연호를 세우고 송나라의 제도를 많이 배웠다"(권4)라는 대목이 보인다. 이것은 '울릉도는 신라 땅이다'라는 주장이 전승되는 과정에서 발생한 오류이며 역사적으로는 진실하지 않다. 그러나 근세 일본인들이 조선과 유구의 관계를 어떻게 생각했는지 보여주는 흥미로운 자료임에는 틀림없다.

이처럼 번성하던 유구 왕국은 북쪽으로 영토를 확장하는 과정에서 규슈 서남쪽의 사쓰마 세력과 충돌했다. 임진왜란이 끝난

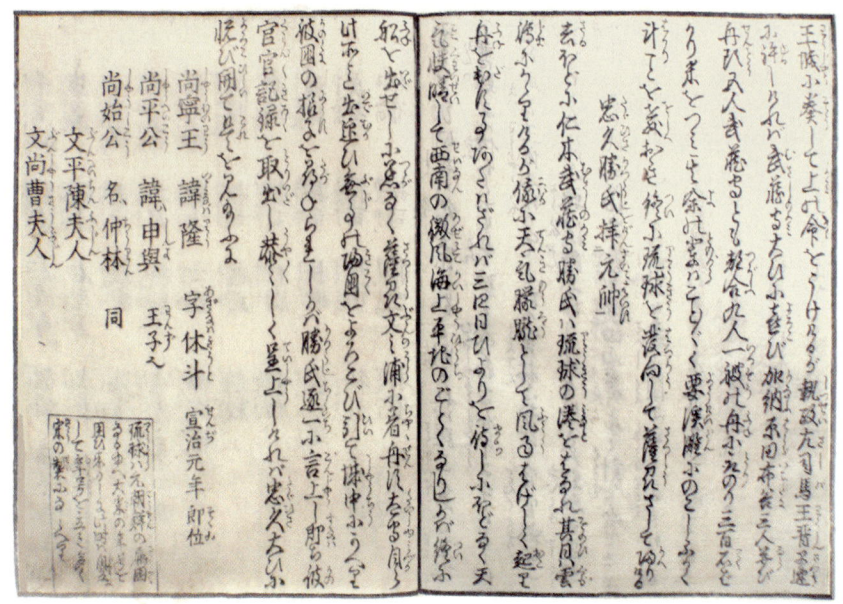

《진서 유구기》 권4 | 유구가 조선의 속국이었다는 주장이 적혀 있다. 이 주장은 '울릉도는 신라 땅이다'라는 주장이 전승되는 과정에서 발생한 오류이지만, 근세 일본인이 조선과 유구의 관계를 어떻게 생각했는지를 보여주는 흥미로운 자료임에는 틀림없다.

뒤 10여 년이 지난 1609년에 사쓰마 번은 군대를 보내 한 달 만에 유구 왕국의 수도 나하를 함락하고 국왕 등을 에도로 연행했다. 당시 제2차 상씨 왕조가 지배하고 있던 유구 왕국은 사실상 이때에 멸망하고 사쓰마의 속국이 됐다. 그러나 중국 명·청의 책봉을 받는 유구 왕국이 조공 관계를 통해 얻는 무역 이익을 노린 사쓰마 번은, 유구 왕국을 형식적으로 독립국으로 놓아두면서 뒤에서 조종하는 시스템을 구축했다. 이와 같은 '양속兩屬' 체제는 메이지유신 직후에도 지속됐다.

그러나 신정부가 폐번치현 방침을 오키나와에서도 강행하

려 하자 유구 왕국의 지식인층은 저항했다. 비록 형식적이기는 하지만 독립국이었던 유구 왕국이 이제 정말 일본국의 일개 지방으로 전락할 위기에 처하자 위기감을 느낀 것이다. 유구 왕국 내에 남아 있던 관료들은 업무를 거부하는 전략을 취했고, 일본과 중국 본토에 체류하던 관료들은 청나라 정부에 중국과 '책봉관계'인 유구 왕국의 독립을 지켜줄 것을 간청했다. 이처럼 1870년대 초에 시작된 유구 독립운동은 청나라와 메이지 일본의 대립 속에 해결의 기미가 보이지 않았다. 한때 일본은 오키나와를 분할하여 서쪽 일부 지역에 유구 왕국을 잔존시키자는 제안을 하는 등, 유구 왕국은 분단 위기에 처하기도 했다.

그러던 중 조선의 지배권을 둘러싸고 1894년에 청일전쟁이 일어나면서, 유구 독립운동 세력은 드디어 청나라가 자국의 책봉국인 조선과 유구의 독립을 위해 무력을 동원했다며 이 전쟁의 귀추에 주목했다. 청일전쟁은 단순히 한반도만의 문제가 아니라, 전통적으로 중국의 책봉체제에 놓여 있던 조선·유구·베트남·버마 등 중국 주변 지역 전체의 사활이 걸린 문제이기도 했다.

청일전쟁 중에는 청나라의 남양함대가 오키나와로 진격하여 유구 왕국의 독립을 되찾아줄 것이라는 소문이 돌기도 했다. 베트남과 조선에 대한 지배권을 유지하기 위해 청불전쟁(1884-1885)과 청일전쟁(1894-1895)을 일으킨 청나라가, 비록 형식적인 독립국이긴 해도 중요한 조공국이었던 유구를 자기 세력하에 남겨두기 위해 군대를 동원할 가능성을 상정하는 것이 망상만은 아니었을 터다.[13] 그러나 청일전쟁에서 청나라가 패함으로써 유구 왕국이 독립국으로서 생존할 가능성은 사라졌다. 청나라에서 독립운동을 하던 모장정毛長精·모봉래毛鳳來·향덕굉向德宏 등의 유구 관리는 타국에서 불귀不歸의 객이 됐다. 이로써 유구 왕국은 두 번째로 멸망했다.

아시아 최초의 공화국, 타이완민주국

메이지 신정부가 유구 왕국을 류큐 번琉球藩으로 격하시키고 일본의 일개 지방으로 편입시킨 해는 1872년이었다. 그보다 1년 전, 유구 왕국의 한 지방이었던 미야코지마 섬의 주민이 타이완 동남부에 표류한 일이 있었다. 이들 가운데 54명은 선주민 부족인 모란사牡丹社에 살해됐고, 12명은 청나라를 통해 귀국할 수 있었다. 그전에도 비슷한 사건이 종종 있었으나, 일본 정부는 이 기회에 오키나와에 대한 일본의 영유권을 확보할 심산으로 '일본인'이 피해를 입었다며 청나라에 배상을 요구했다. 이에 대해 청나라는 타이완의 주민 가운데 강남 지역에서 이주한 한인과 한인화한 선주민平埔族, 평포족은 자국이 책임지지만, 모란사와 같이 한인화를 거부하는 선주민은 자국의 관할권 밖에 놓여 있다는 명분으로 배상을 거부했다. 그러자 일본 정부는 청나라가 타이완에 대한 영유권을 주장하지 않았다며 오키나와와 더불어 타이완까지 장악하려는 계획을 세운다.

여기에 르 장드르C. W. Le Gendre라는 미국인이 등장한다. 아모이샤먼 주재 영사였던 르 장드르는 일찍이 표류민 문제로 타이완의 선주민과 조약을 맺은 경험이 있어서, 일본 정부는 그를 외무성

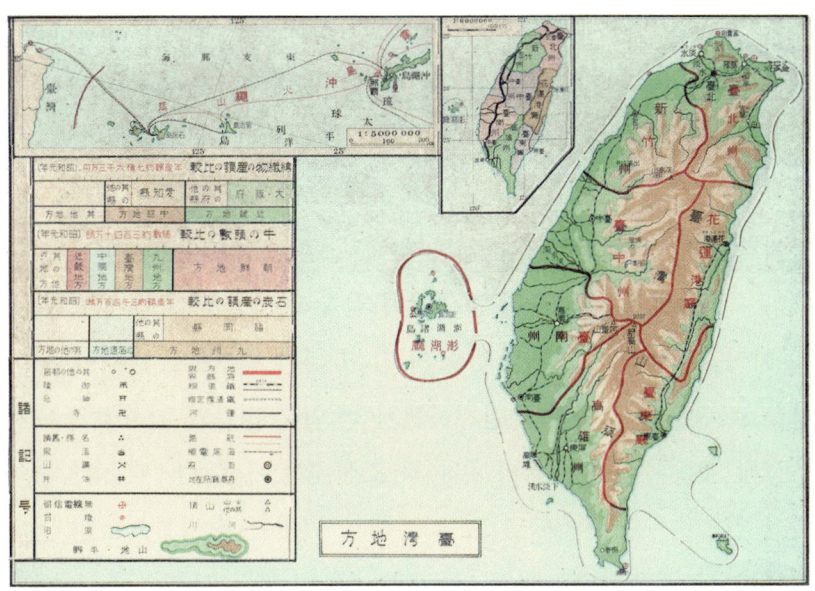

〈대일본판지도〉 | 오른쪽에는 타이완 섬과 평후제도의 상세도, 왼쪽 위에는 타이완과 오키나와의 위치가 표시되어 있다.

고문으로 초빙하여 타이완 문제에 대해 조언을 듣고자 했다. 르 장드르는 타이완이 '무주지無主地'이므로 일본이 차지해도 국제법상 문제가 없다고 한 뒤, 장차 일본이 다음과 같은 전략을 펼쳐야 한다고 주장했다.

일본 본토와 조선, 유구, 타이완 등 여러 섬을 둥글게 이음으로써 동방 문명의 전진부대 삼아 중국 제국을 보하이만부터 타이완해협까지 포위한다면, 훗날 중국 인민들이 일본으로 건너올 때마다 새롭고 기이한 사상을 배워 돌아가 옛 땅을 개화시킬 터입니다. 그리하여 왕래가 끊이지 않게 된다면 마침내 전토가 문명의 영역이 될 것입니다. 여러 나라가 한 나라를 개국시킬 때에는 때

로 무력을 빌리지 않을 수 없습니다.14

　　　말은 온화하지만, 요컨대 일본이 조선·유구·타이완을 병합하고 어떤 수를 쓰든 개국시킴으로써 아시아의 맹주가 되라는 제안이다. 제국주의 일본의 근대는 대체로 르 장드르의 건의대로 실현됐다.15 이처럼 일본으로서는 은인이라 할 르 장드르였지만, 일본 정부에서는 활동할 여지를 찾지 못하고, 그 대신 조선으로 건너왔다. 아마도 르 장드르의 제안을 실천하고자 한 일본 정부가 밑작업을 위해 조선에 그를 추천했을 터다. 일본과 조선에서 이선득李仙得, 혹은 李善得이라 불린 그는, 조선에서도 그 나름대로 역할을 수행함으로써 청나라·일본·조선을 모두 아우르는 '제너럴리스트'로서 명성을 날리고자 했던 듯하지만, 자신의 바람과는 달리 큰 업적을 이루지 못하고 조선에서 죽음을 맞이했다. 서울 양화진외국인선교사묘원에 있는 르 장드르의 무덤은 '아시아 전문가 백인'으로서 저명한 존재가 되길 바랐으나 좌절한 그의 생애를 상징해주고 있다.

　　　일본 정부는 르 장드르의 제언에 따라 타이완을 병합하고자 1874년 5월에 군대를 파병했다. 그 과정에서 서구 열강의 압박으로 중앙 정부에서 침략을 중지시키려고 했으나, 선봉장 사이고 쓰구미치西鄕從道가 독단적으로 출발해버리자 사후 추인할 수밖에 없었다. 군대가 독단적으로 강경책을 취하면 정부가 끌려다니며 뒤처리를 하는 근대 일본 국가 시스템의 맹점은 이때부터 이미 문제를 일으키고 있었다.

　　　일본군은 선주민의 게릴라 전략과 풍토병에 시달리면서도

목표로 삼던 지역을 점령하는 데 성공했고, 청나라는 일본군의 행동을 '의거義擧'라고 인정하고 배상금을 지원함으로써 서둘러 일본군을 철병시켰다. 청나라 정부에서는 17세기에 정씨 왕조를 멸망시키고 타이완을 병합할 당시부터 타이완 섬이 척박하고 다스리기 어렵다는 이유로 병합에 반대하는 주장이 적지 않았다. 병합한 뒤에도 타이완의 지배에 열의를 보이지 않았으나, 이처럼 일본의 야심이 드러나자 서둘러 타이완 지배 체제를 정비하기 시작했다. 그러나 이미 때는 늦었다.

1894년에 조선의 영유권을 둘러싸고 청일전쟁이 발발하자, 1895년 3월에 일본군은 타이완 섬 서쪽의 펑후제도를 점령했다. 그 후 4월에 시모노세키조약이 체결돼 타이완 섬과 펑후제도를 일본에 할양하기로 결정했으나, 청나라 조정은 이 사실을 끝까지 타이완 주민들에게 감추었다. 주민들은 프랑스에 군사 원조를 요청했는데, 청나라가 일본에 랴오둥반도를 넘겨주기로 했던 것을 러시아·프랑스·독일이 저지한 '삼국간섭' 이후, 서구 열강은 타이완의 운명에 관심을 끊었다. 구 막부 세력도 타이완 주민도 간절히 서구 세력의 도움을 기대했으나, 멸망 직전의 조선에서 그러했듯이 서구 세력이 군사 원조를 하는 일은 없었다.

청나라가 타이완을 포기한 뒤, 타이완에 주재하던 청나라 관료를 중심으로 독립국을 수립하고자 하는 움직임이 일어났다. 당경송唐景崧을 총재로 삼아 1895년 5월 23일에 '타이완민주국' 독립 선언이 이루어졌다. 명분은 독립국이되, 실제로는 청나라에 버림받았으면서도 청나라에 대한 충성을 공개적으로 선언한 국가였기에, 지배층의 국가 수호 의지는 전무했다. 청나라도 타이완에 있던 관료들에게 귀국할 것을 명하고 있었다. 당시 타이완 제일의 부호였던 임유원林維源은 국회의장에 취임해달라는 요청을 거부하고 100만 냥을 기부한 다음 날에 아모이로 탈출했다. 억지로 총재에 취임했던 당경송도, 1895년 5월 29일에 일본군이 상륙한 뒤 국가의 공금을 횡령하여 아모이로 탈출했다. 광둥성에서 건너온 용병은 일본군과 싸우는 대신 타이완 주민을 약탈했고, 고현영辜顯榮과 같은 사람은 타이베이 성문을 열고 일본군을 맞이하기도 했다. 초대 타이완 총독 가바야마 스케노리樺山資紀가 6월 17일에 시정식始政式을 거행하면서 독립 100여 일 만에 타이완민주국은 멸망했다.[16]

    그러나 역사는 참으로 기이한 것이다. 청나라 관료들이 타이완을 버리고 일본군이 타이베이를 점령한 후부터, 타이완 주민의 본격적인 저항 전쟁이 시작됐다. 일본군이 타이완 전역을 점령하기까지는 4개월이 더 걸렸고, 타이베이와 타이난을 제외한 모든 지역에서 일본군은 치열한 전투를 치러야 했다. 타이완 사람이라는 정체성이 탄생하는 순간이었다. 그리고 '타이완 사람'으로서의 정체성은 국민당의 타이완 점령과 2·28 사건을 거치며 더욱더 확고해졌다.

19장 임오군란과 갑신정변, 일본이 이용한 조선 대전쟁

임오군란

고바야시 기요치카 小林淸親라는 화가가 1882년에 그린 〈조선 대전쟁 그림 朝鮮大戰爭之圖〉이라는 우키요에 浮世繪, 근세에서 근대에 걸쳐 널리 제작된 풍속화가 있다(266쪽 그림 참고). 그림 오른쪽에는 하나부사 요시모토 花房義質 공사를 비롯한 일본 외교관의 모습이 보인다. 그림 왼쪽에는 '조선 왕성', '인천부', '제물포' 등의 지명이 보이고, 그 아래에는 갓을 쓴 조선 병사들과 흰 옷을 입은 일본 병사들이 백병전을 벌인다. 그림 왼쪽에는 여기 그려진 사건을 설명하는 글이 있다.

1882년 7월 23일, 조선 경성의 우리 일본 공사관에 폭도 수백 명이 불시에 쳐들어왔다. 하나부사 공사 등은 분연히 방어하여 겨우 20여 명으로 한국인 대부대를 무찔러 일본의 무위(武威)를 떨치며 한국군을 부수고 무사히 돌아왔다. 악전고투의 모습을 그림으로 나타내서 이들의 훈공(勳功)을 세상에 알린다.

〈조선 대전쟁 그림〉

　　이를 통해 이 우키요에가 1882년 7월 19일에 조선 병사들이 급료에 불만을 품고 조선의 탐관오리와 일본 공사관을 습격한 임오군란王午軍亂을 그린 것임을 알 수 있다. 조선 조정이 신식 군대인 별기군을 우대하고 옛 군인을 차별한 데에서 비롯된 이 반란 사건은, 이들이 일본 공사관을 공격하면서 국제적인 사건으로 비화했다. 조선에 경제적·군사적으로 간섭할 명분을 찾던 일본은 조선 병사의 일본 공사관 습격을 대대적으로 선전하며 전쟁 분위기를 고취했다.

　　청일전쟁이 발발한 1894년에 간행된 《일청조선 전쟁기日淸朝鮮戰爭記》는 임오군란에 대한 일본 국내의 시각을 보여주는 프로파간다다(268쪽 그림 참고). 상단 왼쪽에는 임오군란과 청일전쟁에 관련

된 지도와, 조선 왕성을 배경으로 한 명의 노인이 보인다. 이 노인은 전근대 일본이 정치적·군사적으로 한반도보다 우위에 서게 됐다고 주장하는 사건인 진구코고의 삼한정벌 전설에 등장하는 다케우치노 스쿠네武內宿禰라는 신하다. 여기서 놓칠 수 없는 것은 다케우치노 스쿠네의 모습이 임진왜란의 장본인인 도요토미 히데요시와 비슷하게 그려졌다는 사실이다. 삼한정벌 전설과 임진왜란, 그리고 '조선 대전쟁'을 중첩시키며 한반도에 대한 일본의 지배가 면면히 이어져왔다고 간주하는 19세기 말 일본의 분위기를 확인할 수 있다.

한편, 상단 오른쪽에는 조선군에 혈혈단신으로 맞서는 일본인이, 중단 왼쪽에는 난을 피해 인천으로 피난한 일본 공사관 일행이 배를 타고 탈출하는 모습이 그려져 있다. 조선 병사를 '폭도'로 묘사하고 일본인이 이들 때문에 피해를 입었음을 강조한 것이다. 중단 오른쪽에는 조선의 '개화당'과 '완고당' 인사의 명단이 실려 있다.《일청조선 전쟁기》와 같이 유치한 형식의 그림책을 읽는 서민도 김옥균·김홍집·박영효 등 조선 정국의 주요 인물을 알아야 한다는 것이니, 이른바 '조선 문제'가 당시 일본인에게 얼마나 시급하고도 긴요한 과제로서 다가왔는지를 보여준다.

하단 왼쪽에는 임오군란을 틈타 대원군이 궁궐에 들어가 명성황후 민씨를 압박했다는 내용이 그려져 있다. 훗날 조선 왕성을 습격하여 명성황후를 죽인 뒤에도 일본은 어디까지나 대원군이 이 사건의 주모자이고 일본 낭인浪人에게는 책임이 없다는 식의 주장을 펼쳤다. 이 그림에서도 대원군과 명성황후 간의 대립 구도를 강조함으로써, 조선에 대한 일본의 간섭을 정당화려는 의도를 엿볼 수 있

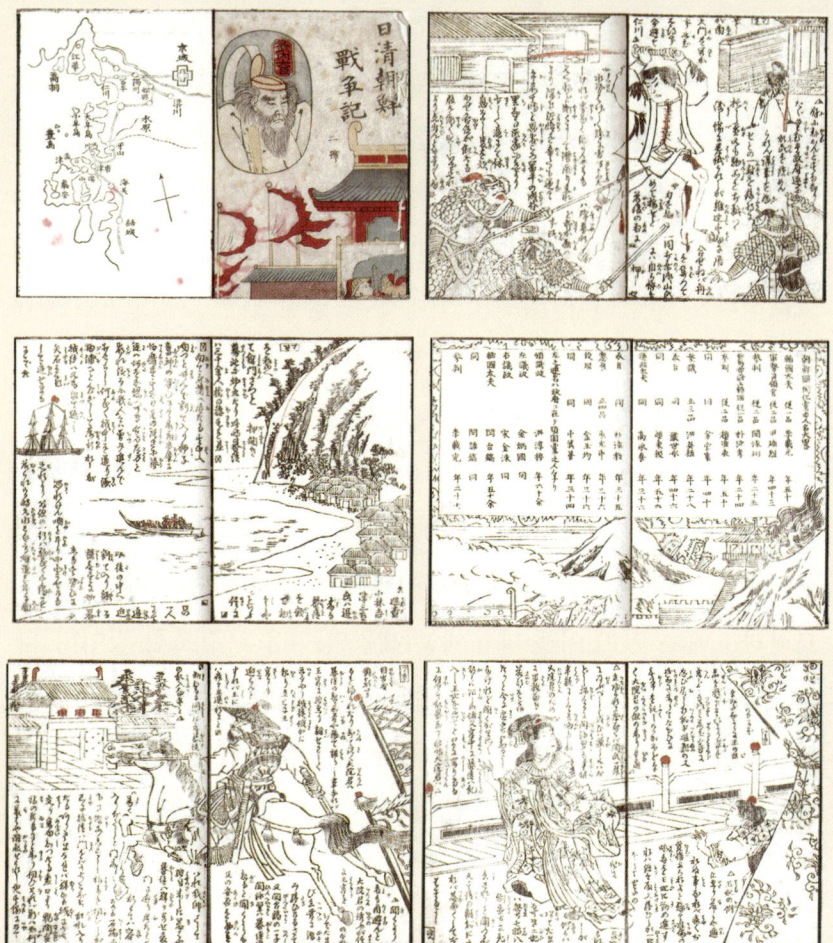

《일청조선 전쟁기》 2편

다. 물론 대원군과 명성황후가 대립하고 있다는 인식은 김윤식 등 당시 조선의 고위 관료들도 공유하고 있는 바였다.[17] 일본은 조선의 이러한 인식을 자국에 유리하게 확대 해석했다. 이처럼 〈조선 대전쟁 그림〉과 《일청조선 전쟁기》는 임오군란에서 청일·러일전쟁에 이르는 시기의 한반도를 전쟁 상태로 간주하고, 이 혼란을 틈타 한반도에서 이권을 추구하고자 한 19세기 말 일본 사회의 분위기를 생생하게 보여준다.

　　　　임오군란 당시 조선 병사들이 원래의 목표가 아닌 일본 외교관들을 공격한 것은 단순히 일본에 대한 역사적인 반감 때문이 아니었다. 1853년에 미국의 페리 제독이 군함을 이끌고 일본을 협박하여 이듬해 불평등조약인 미일화친조약을 맺은 경험을 토대로, 일본은 1875년에 운요호雲揚號를 강화도로 보냈고, 이듬해 1876년에는 불평등조약인 강화도조약을 맺었다. 이로부터 일본 경제와 현격한 격차를 보인 조선 경제는 급속히 피폐해졌다. 이러한 배경이 있었기에 이들 반란군은 애초의 목표가 아니었던 일본 공사관을 습격한 것이다.

　　　　병사들이 반란 초기에 흥선대원군을 찾아가 중재를 요청한 것처럼, 국왕 고종 역시 아버지인 흥선대원군에게 사태 수습을 요청했다. 그러나 조선에 들어온 청나라의 군대가 대원군을 자국으로 납치하면서, 조선을 둘러싸고 일본과 청나라 사이에 충돌이 발생했다.

　　　　청나라는 이제까지 자국 주변의 '불확실한 공간'에는 느슨한 간접 지배를 원칙으로 해왔다. 그러나 1860년대부터 1877년까지 오늘날의 동투르키스탄, 즉 신장웨이우얼 지역에서 야쿱 벡Yakub Beg

Kök Bayraq | 동투르키스탄 독립운동 세력이 내세우는 국기로서 제1차 동투르키스탄 공화국(1933-1934)에서 제정한 것이다. 참고로 제2차 동투르키스탄 공화국은 1944-1949년 동안 존속하다가 중화인민공화국의 공격으로 멸망했다.

등이 이끄는 이슬람 세력이 독립전쟁을 벌이고, 이를 틈탄 러시아가 일리Ili, 伊犁 지역을 무력 점거하는 사건이 발생했다. 동투르키스탄은 최후의 유목 제국이었던 몽골인의 준가르 칸국이 자리했던 지역으로, 청나라는 모든 몽골인을 지배하에 두기 위해 준가르 세력을 추격했다. 끝까지 저항하는 몽골인이 청나라 군대에 의해 대량 학살된 뒤 이 지역에 새로이 들어온 사람들이 오늘날 이 지역에 거주하는 이슬람교도였다. 1860-1870년대에 독립국가를 세운 경험이 현재도 이들에게 정치적 영감을 주고 있다.[18]

동시에 이 시기에는 앞에서 살펴본 바와 같이 유구 왕국의 주민이 타이완의 선주민에게 학살된 사건을 명분 삼아 일본군이 타이완을 침공했다(1874년 5월). 청나라 조정에서는 일본에 대항하여 해군을 증강하자는 '해방론海防論'의 이홍장과 야쿱 벡의 봉기를 진압하고 러시아에 맞서자는 '색방론塞防論'의 좌종당이 충돌했다. 이들은 모두 태평천국의 난을 진압한 증국번의 제자였다. 당초 태평천국의 난을 진압할 임무를 맡은 이는 유능한 몽골인 장군 셍게 린첸Sengge Rinchen이었다. 그러나 그가 1865년에 전사함에 따라, 증국번이 한인에게 중화를 지키자고 호소하여 의병을 조직했다.

만주인과 몽골인의 연합정권 성격을 띤 청나라에서는 한

인이 정부 요직에 오르는 사례가 거의 없었다. 성게 린첸이 전사한 공백을 틈타 증국번·이홍장·좌종당 등이 반란 진압에 훈공을 세우면서, 한인이 정부 고위직에 오르는 길이 열렸다. 1870년대가 되면 해방론과 색방론의 대립에서 보듯이 한인은 국가의 나아갈 바를 정하기에 이르렀다. 병자호란을 거치면서 청나라에 복속한 조선에는 원칙적으로 한인 관료가 파견되는 일이 없었다. 한인이 간여할 문제가 아니라는 것이었다. 그러나 임오군란 이후 위안스카이袁世凱가 조선에 파견돼 권력을 휘두른 데에서 알 수 있듯이, 조선에 대한 지배에서도 한인은 다시 모습을 드러내기에 이르렀다.[19]

야쿱 벡의 봉기를 진압하는 과정에서 청나라 조정은 서구 열강의 국제법에 따라 기존의 외교 정책을 변경했으며, 그 첫 적용 사례가 임오군란이었다.[20] 조선을 국제법적 차원의 속국으로 만들기 위해 《조선책략朝鮮策略》을 조선 조정에 전달하여 외교 정책을 조선에 제안하는 한편, 청나라 군대를 조선에 보내 국왕의 아버지를 자국으로 납치하는 강경책을 실행에 옮긴 것이다. 조선 조정 역시 청나라와 조선을 떼어내어 독립국으로 대우하면서, 독점적으로 조선을 침략하려는 일본의 전략에 맞서기 위해 청나라의 입장에 기본적으로 동의했다. 일본에 파견됐던 어윤중이 조선이 독립국이라고 말하는 일본인들에게 "자주는 할 수 있지만 독립은 아니다"라고 말했다는 사실이 이를 보여준다.[21]

《조선책략》을 저술하여 김홍집에게 전달한 황준헌黃遵憲은 초대 청나라 주일공사인 하여장何如璋의 수행원이었다. 마찬가지로 하여장을 수행한 양수경楊守敬은 일본에 있는 중국의 귀중한 문헌을 다수 수집한 것으로 유명한데, 그가 수집한 문헌 가운데에는 1695년에 교토에서 간행된 일본판《징비록》도 있었다. 일본판《징비록》은 류성룡의《징비록》본문에 일본식 훈점訓点을 붙이고 조선 지도 등을 첨부한 것이다. 이 책을 읽은 양수경은, 국왕 선조가 음락淫樂했고 류성룡·이덕형 등의 간신이 설쳤으며 조선인이 전쟁을 잊고 있었기 때문에 임진왜란 초기에 조선이 일본의 공격에 무력했다는 명나라《양조평양록兩朝平攘錄》등의 내용은 오류라고 비판한 바 있다.

일본의 침략에 사전 대응하지 못했음을 반성하여 미래를 대비하자는 내용을 담은《징비록》을《조선책략》의 저자인 황준헌은 과연 읽었을까. 만약 읽었다면, 류성룡의 자아비판에도 불구하고 300년 만에 또다시 일본의 침략을 받은 조선을, 그는 어떻게 생각했을까.

갑신정변

청나라는 서구 열강의 침략에 맞서 외교·군사 정책을 근본적으로 변경하고 이를 조선과의 관계에 적용하고자 했다. 임진왜란 당시 한반도를 명나라에 합병하자는 안이 명나라 정부에서 논의된 것과 마찬가지로, 이번에도 한반도를 청나라에 병합하자는 논의가 청나라 정부에서 이루어졌다.[22] 이홍장은 조선의 주권을 부정하는 이러한 방침을 택하지 않았지만, 청나라 군대를 조선에 주둔시키고 대원군을 납치하는 등 강경책을 구사하는 데에는 주저함이 없었다.

수·당이 고구려 및 신라와 충돌했던 경험을 통해, 중원 세력은 한반도를 완전히 병합한다는 야망을 포기하고, 한반도 세력은 중원의 국가를 상국上國으로서 존중한다는 암묵적 합의를 도출하여 이를 천 년 이상 유지해왔다. 중원 지역을 지배하는 것이 당·명과 같은 한인이든, 몽골인·만주인과 같은 비한인이든 이러한 묵계를 19세기 중기까지 지켰다. 그러나 임오군란을 계기로 중원 세력이 이 합의를 일방적으로 파기하자, 한반도 세력은 이에 반발하여 일본 세력을 끌어들임으로써 중원 세력을 축출하고자 했다. 이것이 1884년 12월 4일에 김옥균 등이 쿠데타를 일으켜 3일간 정권을 차지한 갑신정변이다.

이들은 베트남의 지배권을 두고 프랑스와 청나라가 충돌하면서 1884-1885년 청불전쟁 청나라가 조선에서 군대를 일부 빼간 틈을 타서, 일본 세력을 끌어들여 청나라를 축출하고 대원군을 귀국시키는 등 조선의 자주권을 확보하려 했다. 그러나 고종이 미국의 선의善意를 믿은 것과 마찬가지로 이들이 일본의 선의를 믿은 것은 정치적 패착이었다. 애초에 이들을 도와주기로 했던 다케조에 신이치로竹添進一郎 일본 공사가 갑자기 방침을 변경하여 일본군을 철수시키고, 위안스카이가 이끄는 청나라 군대가 창덕궁에 진입하면서 쿠데타는 실패했다. 쿠데타 세력이 도피하는 가운데, 홍영식은 "한 사람은 남아서 개화 세력이 천명한 기본원칙에 부끄러움이 없었음을 세계에 알"리고자 그대로 남아 살해됐다.[23]

이처럼 갑신정변 세력은 통설과 달리 단순히 '친일파'로 치부할 수 없다. 최근 한국 학계는 이러한 관점에서 갑신정변 연구를 심화하는데, 재평가가 이뤄지기 전의 분위기도 한번 눈여겨볼 만하다. 김용구 교수는 다음과 같은 일화를 소개하고 있다.

1967년이라고 기억된다. 필자는《갑신일록》의 판본과 갑신정변에 관한 의견을 듣기 위해 국사편찬위원회를 찾은 적이 있다. 당시 이 위원회는 정부 청사 (현재 국립박물관) 4층(?) 한구석에 자리 잡고 있었다. 두 분의 연구원이 필자를 만나자 친일파의 문제를 왜 연구하느냐고 반문했다.24

이 일화에서 두 가지 점을 짚고 넘어가야 한다. 하나는 "갑신정변 세력은 친일파인가" 하는 것이고, 또 하나는 "친일파라면 연구할 필요가 없는가" 하는 것이다. 한국 학계가 친일파 문제를 냉철한 학문적 관점에 입각하여 정면에서 다루지 않은 결과, 한쪽에서는 아무에게나 친일파라는 낙인을 찍어대는 이들이, 또 한쪽에서는 "식민지 시기의 조선인들은 살아남기 위해 모두 친일했다"는 주장을 펼치는 이들이 탄생했다.

갑신정변 세력을 배신한 일본은 임오군란 때와 마찬가지로 이번에도 일본인이 무고하게 조선·청나라 사람들에게 피해를 입었다는 프로파간다를 퍼뜨렸다. 갑신정변의 일본 측 배후인 이노우에 가쿠고로井上角五郎가 저술한《한성지잔몽漢城之殘夢》에 삽화를 붙여 청일전쟁 중인 1895년 1월에 간행한《정청도회征淸圖繪》를 보자. 도피 중에도 여성에 대한 예의를 지키는 일본 신사와, 피난하는 일본인에게 만행을 저지르는 조선·청나라 사람의 모습이 대비돼 그려져 있다. '문명' 일본과 '야만' 조선·청나라를 강조함으로써 이들 지역에

《정청도회 제5편 한성지잔몽》(왼쪽)
《풍속화보》 84호(오른쪽)

대한 침략을 정당화하고자 하는 의도가 드러난다.

이처럼 일본은 갑신정변에서 자국민이 피해를 입었다고 선전하는 한편으로, 이번 정변을 온건하게 해결하고자 청나라에는 유화적 태도를 취했다. 사건 처리를 위해 중국 텐진에서 회담을 가진 이홍장과 이토 히로부미는 두 나라 가운데 어느 한 나라가 조선을 병합한다면 전쟁이 일어날 것이라는 사실을 잘 알고 있었다. 그 결과 1885년 4월 18일에 맺어진 텐진조약에는 "장래 만일 조선국이 변란이나 중대 사건이 있어서 중일 양국 혹은 일국이 파병을 요要할 때에는 먼저 문서로 알려야 하며 그 사건이 진정된 이후에는 곧 철회하여 다시 머물러 주둔하지 않는다"[25]라는 조항이 들어갔다. 그리고 이 조항은 10년 뒤 청일전쟁을 일으키는 단초가 된다.

갑신정변과 무관함을 주장하는 일본 정부는 일본으로 망명한 김옥균을 냉대했고, 심지어는 북태평양의 사이판 근처에 자리한 오가사와라 제도 및 홋카이도로 유배 보내기까지 했다. 4년간의 유배를 마친 김옥균은 이홍장과 직접 담판하기 위해 중국 상하이로 건너갔다가 조선 최초의 프랑스 유학생 홍종우에게 암살됐다. 김옥균의 일본인 후원자들이 도쿄의 아오야마레이엔 靑山靈園에 세운 김옥균 추모비에는 "비상한 재주를 갖고, 비상한 시대를 만나, 비상한 공도 세우지 못하고, 비상하게 죽어간, 하늘나라의 김옥균 공이여"라는 유길준의 글이 새겨져 있다.[26]

김옥균 추모비 | 일본 도쿄의 아오야마레이엔에 세워졌다.

김옥균은 일본의 게이오대학에서 유학했고, 이 대학의 설립자인 후쿠자와 유키치는 갑신정변의 배후로 지목되기도 한다. 이노우에 가쿠고로는 "김옥균·박영효 등 일파의 거사는 당초부터 선생이 관여하고 듣고 계신 바이다"[27]라고 적는다. 후쿠자와 유키치는 이 기회에 메이지덴노 明治天皇가 직접 일본군을 지휘하여 청나라와 결전을 벌여야 한다고 주장하기도 했다. 그리고 1885년 1월에는 임오군란과 갑신정변에 이어 "세 번째의 조선사변이 있을 것임을 오늘 예상한다"며, 청일전쟁과 러일전쟁을 예언하는 듯한 사설을 적었다.[28] 19세기 말의 유라시아 동해안은 '조선 대전쟁'의 혼란에 휘말렸으며, 그 끝에 조선의 멸망이 있었다.

20장 청일전쟁, 일본의 우위가 성립되다

청일전쟁, 또는 동아 삼국 전쟁

청일전쟁 당시 일본의 외무장관이었던 무쓰 무네미쓰^{陸奥宗光}는 회고록 《건건록^{蹇蹇錄}》의 첫머리에서, 중국이 패권을 유지해온 유라시아 동해안의 정치적 구도를 일변한 청일전쟁의 근본에는 동학^{東學}이 있다고 서술했다.

일청 양국이 해전과 육전을 치르게 되는 것도, 우리 군이 연전연승한 후 (중략) 시모노세키조약을 체결케 돼 종래 일청 양국의 외교관계를 일변하여, 세계에서 일본을 동양의 우등국으로 인식하기에 이르도록 한 것도, 그 근본 원인은 청한(淸韓) 양국 정부가 이 동학당의 난에 대한 내치(內治)와 외교적 루트를 잘못 찾은 데 있었다. 앞으로도 일청 양국 사이에 있어서 당시의 외교 역사를 쓰게 된다면, 먼저 동학당의 난을 제1장에 놓지 않으면 안 될 것이다.[29]

여기에서 동학의 교리와 역사를 소개할 필요는 없을 것이

《일청한 전쟁기》(1894.8) | 청과 일본이 서로 선전포고한 뒤 간행됐다. 갑오농민전쟁을 촉발시킨 동학 세력의 수장 전봉준이 영웅호걸의 이미지로 그려져 있다.

나, 제노네 볼피첼리Zenone Volpicelli라는 외교관이 청일전쟁에 대해 저술하며 동학에 대해 흥미로운 논평을 남긴 것이 눈에 띈다. 그는 "경주에서 로마 가톨릭교에 큰 감명을 받은 최제우라는 인물이 몸져누웠다가 같은 상황에 처한 다른 광신자들과 마찬가지로 자신의 병을 고칠 치료법을 알려주는 환영과 함께 민중의 복지를 이루기 위한 새로운 교리를 열었다"[30]고 주장한다. 비슷한 시기에 환각 속에서 야훼와 예수를 만났다고 주장하는 홍수전이 태평천국의 난을 일으킨 것과 유사하게 동학농민운동을 이해하는 경향이 서구 사회의 일각에 있었던 것 같다. 볼피첼리의 관점과 마찬가지로 조선 조정도 동학을 가톨릭의 일파로 파악하여 1864년에 최제우를 처형시켰다. 그

후로 동학교도들은 교조 최제우의 억울함을 풀어달라는 운동을 전개했으나 정부는 오히려 이를 탄압했다. 여기에 고부 군수 조병갑으로 대표되는 관료의 학정에 대한 반발이 결합하면서 1894년 1월에 동학농민전쟁이 시작된다.

동학군이 빠른 속도로 세를 확장하자 자국군만으로는 이들을 진압할 수 없다고 판단한 조선 조정은 청나라에 원군의 파병을 요청했다. 일본 대리공사 스기무라 후카시杉村濬는 5월 말, 조선이 중국에서 군대를 빌리려는 움직임이 있다고 외무성에 통보했다. 실제로 그 후 위안스카이에게서 조선 조정이 청의 원병을 청했다는 통지가 조선의 일본 공사관에 전해졌다. 조선의 유사시에 어느 한 나라가 조선에 출병하면 다른 나라에 통고하기로 한 텐진조약에 따른 것이었다. 청은 어디까지나 속국을 지킨다는 종주국의 의무에 따라 파병하는 것이기 때문에 일본이 올 필요는 없다고 주장했다. 이 시기 이토 히로부미 내각은 의회와 갈등이 있어 운영이 곤란한 상태였다. 이 난국을 타개하기 위해 중의원을 해산하고 일본군을 조선에 출병한다는 결정을 내렸다.

5월 31일에 전주를 점령한 동학군은 외국군이 조선에 주둔하면 국가의 안녕이 위협받을 것을 우려하여 정부군과 '전주화약'을 맺고 해산했다. 그러자 청은 청일 양국 군대의 출병 원인이 소멸됐으므로 양국군을 모두 철수시키자고 일본에 제안했다. 그러나 이미 칼을 뽑은 일본은 이번 기회에 청과 한판 붙어 조선을 청에서 떼어내고, 일본의 우위를 확고히 하려고 새로운 출병 이유를 찾았다. 무쓰 무네미쓰는 솔직하게 적는다.

당장에 급박한 일이 있는 것도 아니었고, 표면상 마땅한 구실도 없어서 교전할 이유도 없었으므로, 이러한 답보적인 국면을 타개하기 위해서는 무엇인가 일종의 외교적인 정략을 통해 이런 정국을 일신하지 않으면 안 됐던 상황이었다.31

일본의 정략은 정부와 민간 양측에서 이루어졌다. 우선 민간에서는 이른바 '낭인'이 천우협天佑俠이라는 단체를 결성해서 동학군과 접촉, 전봉준과 회견하며 군사 원조를 제안했다. 이들은 동학군을 '조선 유일의 혁명세력'이라고 판단하여, 이들이 민씨 정권을 무너뜨리고 새로운 정부를 세우면 참가하려 했다고 한다.32 그러나 반反정부적 성격을 띤 이들 천우협 세력의 조선 내정 개입 시도는 성공하지 못했다.

어떻게든 청과 충돌할 계기를 만들어야 했던 일본은 조선 공사 오토리 게이스케大鳥圭介에 전권을 위임하여 명분을 만들도록 했다. 이에 따라 오토리는 7월 20일에 조선 조정에 청과의 복속 관계를 해소하고 정치를 개혁할 것을 요구했고, 이에 대한 조선의 대응을 문제 삼아 사흘 뒤인 23일 새벽에 경복궁을 침략했다. 당시 일본 조야에서는 이를 '전쟁'으로 칭했고, 일본의 선전포고문 초안에는 조선을 '적국'으로 칭하는 대목도 있었으나, 조선을 청에서 독립케 한다는 명분을 내세우기 위해 적국 운운 대목은 삭제됐다.33 그리하여 훗날 이 전쟁은 청과 일본이 한반도를 무대로 충돌한 '청일전쟁'이라는 이름으로 기억되지만, 전쟁 당시 일본에서는 1894년 8월에 간행된 《일청한 전쟁기日淸韓戰爭記》와 같이 이 전쟁을 조선·청·일본의 삼

《일청전투화보》(1894.10) | 7월 23일 새벽에 일본군이 경복궁을 습격하는 장면.

국이 충돌한 것으로 파악하는 경향도 적지 않았다.

이리하여 전쟁을 일으킬 새로운 명분을 만들어낸 일본은 명성황후 민씨와의 정치 투쟁에서 밀려났던 대원군을 입궐시킴으로써, 조선의 정치를 개혁한다는 명분을 더욱 그럴듯하게 만들려 했다. 그리고 일본은 아산에 주둔하던 청국 군대를 소탕해줄 것을 대원군이 일본에 요청한다는 형식을 취하여 개전開戰을 성립시켰다.

문명 대 야만의 전쟁

이리하여 전쟁을 위한 명분을 만들어낸 일본군은 7월 25일에 아산 옆 풍도 앞바다에서, 그리고 29일에 아산·성환에서 청군과 충돌하여 모두 승리했다. 8월 1일에 청일 양국의 선전포고에 이어 9월 15일에 평양전투에서도 일본군이 승리를 거머쥐었다. 1593년 2월의 평양전투에서 조선·명 연합군에 패한 일본군이 근 300년 만에 복수한

《일청전투화보》
(1894.10) |
경복궁을 장악한 일본이
대원군을 입궐시키는
장면.

셈이었다. 이 전투에서는 하라다 주키치原田重吉라는 병사가 청나라 군대가 견고히 지키는 현무문玄武門을 돌파하여 단신 돌격한 일이 유명하다. 그는 청일전쟁의 상징적인 존재로 일본 전국에서 숭앙받았으나, 전후에는 한때의 영광을 잊지 못하여 꿈속에 살다가 비참하게 삶을 마쳤다고 한다. 청일전쟁을 주제로 한 연극에 직접 출연하여, 자신이 실제로 한 행동보다 과장된 활약상을 연기했다는 이야기도 전한다.[34]

《미야코신문都新聞》이라는 일간지는 청일전쟁 초기에 군부의 검열 때문에 전황을 제대로 전달하지 못하자, 무라이 겐사이村井弦齋라는 작가에게 임진왜란을 소재로 한 《조선정벌朝鮮征伐》이라는 소설을 연재하게 했다.[35] 소설의 전개를 통해 청일전쟁의 전황을 은유적으로 전달하려는 목적과 함께, 17–19세기 일본에서 임진왜란을 다루면 상업적 이익이 보장됐다는 사정도 개입한 것으로 보인다.

9월 17일에는 서해에서 청일 양국 수군의 대규모 전투가 있었다. 황해 해전, 또는 압록강 해전이라 불리는 이 전투에서 승리함으로써 일본은 서해의 제해권을 장악한다. 황해 해전에서는 일본이 보유한 영국·프랑스의 군함과 청이 보유한 영국·독일의 군함이 정면충돌했으므로 서구의 군수업체들은 전투의 귀추를 주목했고, 이 전투에서 일본이 압승한 덕분에 제조사인 암스트롱사는 막대한 광고효과를 얻었다.[36] 또한 이 전투에서 일본 해군이 구사한 전술은 그 후 세계 해군에 큰 영향을 미쳤다. 이처럼 청일전쟁은 새로운 무기, 새로운 전략이 실전에서 위력을 발휘한 전쟁이기도 했다. 서양에서 개발된 불랑기포와 조총이라는 새로운 화약무기를 지닌 명과 일본이 정면충돌한 임진왜란 때와 마찬가지로, 한반도는 이번에도 신무기의 시험장이나 다름없었다.

청일전쟁 당시 일본은 서구 국가들과 맺은 불평등조약을 개정해야 비로소 열강의 위치에 오를 수 있다는 절박한 처지에 놓여 있었다. 이를 위해서는 유럽 문명의 결정체인 국제법, 현대적 군대, 입헌정체가 크리스트교 백인 이외에는 실현할 수 없다는 당시 유럽인의 편견을 깰 필요가 있었다. 무쓰 무네미쓰는 황해 해전의 "결과는 비로소 그들로 하여금 처음으로 크리스트교 국가 이외의 국가에서는 유럽식 문명이 생식될 수 없다는 비몽사몽에서 깨어나게 하는 계기를 만들어주었으며, 나아가 우리 군대의 혁혁한 무공을 표명함과 동시에, 우리 국민 모두가 유럽 문명을 채용했고 이것을 활성화시킬 수 있는 능력이 있음을 세상에 알"[37]렸다고 주장한다. 19세기 일본인들에게 '서구화'는 그만큼 절실한 과제였다.

청일전쟁에서 일본의 승리는 서양 문명과 동양 문명의 충돌에서 서양이 승리한 것으로 간주됐다. 이제 일본은 전통 시대 문명의 근원이었던 중국을 야만이라 부르고, 서구 문명을 성공적으로 받아들인 일본은 문명화됐다고 자처했다. 청일 양국이 선전포고하기 직전에 일본의 한 신문은 〈청일전쟁은 문명과 야만의 전쟁이다〉라는 사설을 게재하여, 이 전쟁에서 무고한 인민이 죽는 것은 불쌍하지만 청과 같이 부패한 국가에서 태어난 것은 그들의 불운이므로 어쩔 수 없는 일이라는 주장을 펼치기도 한다.[38] 미국 유학 후 상하이의 미션 스쿨에서 강의하던 윤치호 역시 일본과 청을 문명과 야만으로 간주하여, 청일전쟁이 발발하자 "전 동양을 위해 일본이 승리

《일청전투화보》 | 7월 25일의 풍도 해전.

척후대가 적군과 충돌하여 분전하다 | 1894년 7월 29일에 아산과 성환에서 벌어진 청일 양국 육군의 충돌을 그린 장면으로 보인다. 칼 든 일본군이 말 탄 모습으로 그려진 것은 전통 시대의 무사 이미지를 겹친 것이다. 시미즈 다이고로(清水泰五郎)가 그려 1894년 9월에 인쇄됐다.

하기를!"이라고 적었다.[39]

이후 일본의 제1군은 압록강을 건너 육지로 진격하고, 제2군은 랴오둥반도로 상륙한다. 11월 21일에 여순을 점령한 제2군은 수일간에 걸쳐 시민을 학살했다. 이는 국제법을 준수하는 문명국 일본이라는 일본의 주장을 정면으로 부정하는 사건으로, 일본은 이를 어떻게 해서든 축소 은폐하려 했다. 게이오대학의 창립자이자 김옥균이 스승으로 모시기도 했던 후쿠자와 유키치는 학살 자체를 부정했다.[40] 이처럼 학살을 자행하고 은폐하는 선례를 수립한 일본군이, 그 후 1945년의 패전 때까지 점점 더 대담하게 학살과 은폐를 되풀이했음은 잘 알려진 사실이다. 이러한 의미에서 청일전쟁은 미래를 예견케 하는 전쟁이었다.

청의 패색이 짙어지면서 청일 양국 간에 종전 협상이 시작됐다. 협상을 위해 일본에 체류 중이던 이홍장이 일본인에게 저격당하는 일이 발생하자, 서구 열강에서 청에 대한 동정론이 일어날 것을 우려한 일본은 애초의 요구를 누그러뜨려 조약을 체결했다. 조약의 핵심은 랴오둥반도·펑후제도·타이완의 할양이었다. 그러나 1895년 4월에 들어서면 러시아·프랑스·독일이 청의 랴오둥반도 할양에 반대하고 나섰다 삼국간섭. 만주에서 세력을 확대하고자 하던 러시아가 주축이 돼 일본을 견제한 것이다. 승전 대가를 기대한 일본인들은 분노했다. 더욱이 일본이 랴오둥반도를 할양받는 것을 방해한 러시아가 1898년에 청으로부터 뤼순·다롄을 조차받자 러시아에 대한 일본의 분노는 극에 달했고, 이 적개심은 이후 러일전쟁의 전

식민지 시대에 평양성 모란대에서 판매되던 그림엽서집 | 청일전쟁 당시 하라다 주키치가 돌파한 현무문(오른쪽 위)과 평양 선교리에 세워진 일본의 승리를 기념하는 충혼탑(오른쪽 아래).

초가 된다.

한편 타이완 등에 대한 할양은 유효했으므로, 일본군은 5월에 타이완 북부에 상륙했다. 청으로부터 버림받은 일부 청의 관료들이 건국한 타이완민주국이 단기간에 무너진 뒤, 타이완 주민이 11월까지 격렬한 저항을 전개했음은 앞서 소개한 바 있다.

을미사변에서 아관파천으로

일본군의 타이완 정복 전쟁이 전개되던 1895년 10월 8일, 을미사변이 발생했다. 삼국간섭 이후 조선에서 일본의 영향력이 감소되자, 일본 정부는 이를 만회하고자 명성황후 민씨를 제거했다. 조선이 혼란스러운 원인을 민씨 정권에서 찾은 우범선과 같은 조선인이 이에 가담했으며, 명성황후와 정치적으로 대립하던 대원군이 그 배후에 있다는 이야기도 돌았다. 갑오개혁의 취지에 찬성했던 유길준이 편지 속에서 다음과 같이 적고 있는 것으로 보아, 이 이야기가 당시 광범위하게 유포돼 있었음을 짐작할 수 있다.

우리 왕비는 세계 역사상 가장 나쁜 여자입니다. (중략) 우리 국민 사이에서는 국왕은 일개 인형이고 왕비는 그 인형을 갖고 노는 사람이라고 말합니다. (중략) 지난가을 개혁가 모두를 살해하려는 계획을 세운 바 있으나 국왕 아버지인 대원군에게 발각됐고, 대원군은 일본 공사와 협의하여 일본인들로부터 약간의 도움을 얻어 그녀를 죽이기로 결정했습니다. 그것은 실행됐지만 대원군이 이 문제를 일본 공사와 협의하고 공사에게 약간의 도움을 청한 것은 큰 실수였습니다. 그러나 도움을 얻기 위해서는 달리 방법이 없었습니다.[41]

을미사변이 일어나기 전에 고종과 명성황후를 면담한 바 있는 I. B. 비숍은, 이 사건 이후 고종을 다시 면담했을 때 그가 극도로 두려움에 싸여 있었다고 증언한다. 선교사들이 번갈아 고종을 지키고, 음식도 러시아인·미국인이 상자에 담아 열쇠와 함께 그에게 전달했다고 한다.[42] 이처럼 청일전쟁에서 승리하여 기세가 올랐던 일본은 러시아의 견제로 기대만큼 이익을 얻지 못했고, 조급하게 이를 만회하려다가 도리어 상황을 악화시켰다. 을미사변과 갑오개혁에 반발한 조선 관민은 반일 의병투쟁을 일으켰고, 일본에 혐오와 공포를 느낀 고종은 러시아의 힘을 빌리기 위해 비밀리에 러시아 공사관으로 도피했다아관파천. 이에 일본의 개입하에 성립한 김홍집 내각은 무너지고, 도피를 권유받은 김홍집은 "나는 조선의 총리대신이오. 내가 조선인을 위해 죽는 것은 천명일 것이오. 다른 나라 사람의 손에 의해 구출되는 것은 오히려 깨끗하지 못한 것이오"라는 말을 남기고 살해됐다. 그가 살해되자 사람들은 더 이상 "개화할 사람이 없다"며 한탄했다.[43]

21장 조선과 러시아의
             짧은 밀월

러시아는 조선에 무엇이었는가

1894-1895년에 청나라에 승리하자 일본 국내는 기쁨에 들떴다. 한반도처럼 중국의 역대 왕조에 정치적으로 복속된 시기는 길지 않지만, 일본 역시 중국을 정치·문화적 선진국으로서 경외해온 터였다. 그러한 중국이 아편전쟁으로 서구 열강에 맥없이 패배하는 것을 본 일본은 중국의 우위가 절대적인지 미심쩍게 생각했다. 그리고 이번에는 일본이 직접 중국을 군사적으로 꺾은 것이다.

　　　　개국 과정에서 서구 국가들과 불리한 관계를 맺은 일본은 자신들이 상실한 것을 조선에 이어 청에서도 얻어내고자 랴오둥반도·펑후제도·타이완의 할양을 요구했다. 그러나 청나라에 대해 영토적·경제적 야망을 품고 있던 서구 열강은, 제국주의 세계의 신입생인 일본이 '주제넘게' 자신들의 몫을 넘보는 것을 묵과하지 않았다. 특히 1858·1860년의 조약을 통해 두만강에 이르는 외만주 지역을 확보하고 내만주 지역 진출을 노리던 러시아는, '아시아의 후진

서울 정동의 구 러시아 공사

국' 일본이 서구의 권익을 침해하는 것을 막자며 독일·프랑스를 끌어들여 랴오둥반도의 할양을 좌절시켰다.

그렇게 일본을 막았던 러시아는 1898년에 랴오둥반도의 다롄·뤼순 등 관동주關東州를 청으로부터 조차했다. 이에 일본에서는 러시아에 대한 적개심이 고조됐다. 그리고 이처럼 일본이 러시아로부터 '수모'를 당한 것은 실력이 부족한 탓이라는 공감대가 형성돼 '와신상담'이라는 말이 인구에 회자됐다. 이와 같이 유럽 국가들의 노골적인 견제를 받은 일본은, 야마가타 아리토모山縣有朋가 주장한 것처럼 자국의 '이익선利益線'이라고 간주해온 조선이 이러한 국제 정세에 호응하여 일본의 이권 침탈에 저항하려는 기미를 보이자 명성황후 민씨를 살해하는 무리수를 두었다. 일찍이 "러시아 정부가 과인을 버리지 않고 보호하기 위해 최선을 다해줄 것을 기대한다"[44]는 내용의 서한을 러시아 측에 전달한 바 있는 국왕 고종은, 일본의 이러한 노골적인 행보에 반발하여 러시아 공사관으로 탈출했다. 이 때문에 조선에서 누리던 일본의 권익은 급속히 축소됐다.

조선과 관계를 형성하던 시점부터 러시아는 "조선이 자립을 지키고 다른 국가가 조선을 지배하지 않도록 해야 한다"[45]는 원칙을 견지했다. 청일전쟁 당시 일본의 외무대신이었던 무쓰 무네미쓰 역시 러시아의 이러한 입장을 파악하고 그 배경을 다음과 같이 분석한다.

러시아 본래의 욕망은 원대한 것이었지만, 현실적으로 그 준비가 완비되지 않았기 때문에, 목하의 급선무는 동방의 이 지역에서 어떻게 하든 현 정세를 존속시켜, 훗날 그들이 바라는 대망을 달성할 수 있는 국면에 이르기까지는 어떠한 장애 요소를 남겨놓지 않으려는 듯했다.[46]

즉 러시아는 박애적인 입장에서 조선의 독립을 지지하는 것이 아니라, 러시아 역시 조선에 관심을 가지고 있으나 아직 개입하기에는 준비가 부족하기 때문에 '당분간' 독립을 지지할 뿐이라는 것이었다. 실제로 러시아는 조선이 독립을 지키는 데 러시아가 도움을 주기를 바란다는 조선의 바람에 냉담한 태도를 보였다. 예를 들어, 고종이 유럽에 전권대사를 파견하려는 데 대해 러시아는 "굳이 해외에 공사를 파견하려는 조선 조정의 고집스러운 입장도 이해하기 힘들다. (중략) 상트페테르부르크에 조선의 공사가 온다고 해도 이득이 될 것이 없다. (중략) 조선의 상황이 불안정한 실정에서 러시아가 조선을 돕고 나선다면, 이는 러시아에 엄청난 부담을 안겨줄 것이다. 그렇기 때문에 우리로서는 조선 조정이 냉철하게 판단할 수 있도록 조언을 해주는 데 그칠 수밖에 없다"[47]라는 입장을 보였다.

그러나 일본이 끈질기게 조선을 침탈하고 국내 개혁이 뜻대로 되지 않는 상황에서, 조선의 관민이 러시아 내지는 미국으로부터 도움을 기대한 것은 순진하지만 절박한 바람이었다. 청의 알선으로 조선 조정에 고용된 파울 게오르크 폰 묄렌도르프Paul George von Möllendorff 역시 그 나름대로 조선의 미래를 고민하는 과정에서 러시아라는 카드를 염두에 두었다. 묄렌도르프의 아내는 다음과 같이 증언한다.

청국이 자기의 예속 국가가 위급한 상황에 처할 때, 과연 일본으로부터 보호해줄 수 있을 것인지, 당시의 정세를 볼 줄 아는 사람에게는 매우 회의적으로 여겨졌다. 따라서 이러한 이유로 조선이 청국 이외에 어떤 다른 힘에 의지해야 한다고 남편은 처음부터 분명한 생각을 가지고 있었다. 그때의 상황을 감안하면 그것은 러시아가 틀림없었다. 러시아의 세력은 중국과는 정상적인 관계를 유지하고 있었고, 그들의 국경이 태평양까지 뻗은 이래로 일본과는 스스로 적대 관계가 됐다. 그러므로 러시아의 가장 큰 관심은 조선이 자주국이 돼 자기 나라와 일본 사이에 하나의 완충국으로 존재하게 하는 데 있었다.[48]

이리하여 러시아의 의도와는 무관하게 러시아는 조선·대

한제국 말기에 이 나라의 독립을 지지한 유일한 국가가 됐다. 그리고 이는 오늘날 한국과 러시아가 공유하는 중요한 자산이다. "러시아는 일본의 식민정책과 맞서 싸우며, 극동 아시아의 이웃인 한국의 독립을 지지한 유일한 나라"[49]였다는 것이다.

이처럼 러시아는 조선 등의 지역에 대한 권리를 주장하는 일본을 저지하는 주요한 국가로서 이 시기에 존재감을 드러냈다. 1895년의 삼국간섭과 조선의 아관파천, 1898년 러시아의 뤼순·다롄 조차 등을 경험한 일본의 관민은 러시아와 결전을 벌여야겠다는 생각을 점차 굳혀갔다. 앞서 묄렌도르프의 아내가 적은 바와 같이, 1806-1807년에 쿠릴열도에서 러시아와 무력 충돌한 경험도 있는 일본은 그 후 대체로 러시아에 대해 경계심과 적개심을 유지했다. 일본 근대소설의 개조開祖인 후타바테이 시메이二葉亭四迷가 러시아에 대한 적개심으로 러시아에 대하여 알고자 도쿄외국어대학 러시아어과에 입학했다가, 투르게네프 등의 러시아 소설에 심취하여 소설가가 된 것은 유명한 일화다.[50]

이처럼 러시아에 대해 일본이 품어온 적개심에 불을 지른 사건이 두 가지 발생한다. 하나는 1891년부터 러시아가 착공한 시베리아 철도다. 러시아는 청나라에서 아무르 강 이남의 외만주 지역을 할양받기는 했지만, 극동 지역에서 중국인과 러시아인의 인구 차이가 너무 크다 보니 새로이 획득한 영토의 유지를 걱정해야 했다. 1888년 당시 내만주 지역에 사는 청국인이 1,200만 명이었던 것에 비해, 연해주 등지의 러시아령에 거주하는 러시아인은 7만 3,000명에 불과했다. 이 때문에 러시아 유럽 지역의 인구 과밀을 해소하는 한편으로, 예상되는 청·일본·영국 등의 침략으로부터 이 지역을 방어한다는 것이 러시아가 시베리아 철도를 건설하는 가장 큰 목적이었다.[51] 그러나 오늘날 푸틴의 러시아에 대해서와 마찬가지로, 19세기 말 당시에도 서구 각국 및 일본은 러시아에 대해 실체 이상의 공포심을 품고 있었다. 일본의 경제계는 오히려 시베리아 철도를 통해 러일 양국 간의 무역이 활

시베리아 철도 기념비 | 러시아 시베리아 철도의 동쪽 기점인 블라디보스토크 역에 세워져 있다.

성화될 것이라는 긍정론을 펼쳤지만,[52] 정치·군사계에서는 영국의 해군력으로 유지돼온 열강의 군사적 균형을 깨뜨리고자 러시아가 공세적으로 건설하는 것으로 이해했다.

  이와 같은 이해의 상충을 증폭시킨 것이 1900년의 의화단 운동 북청사변이었다. 외세를 배척하는 무장봉기 집단이 이해에 베이징의 외국 공사관을 포위하고 외교관을 살해했다. 이때 다른 식민지에서 문제가 없었던 러시아와 일본만이 의화단 세력을 진압하기 위한 군대를 대규모로 파병할 수 있었다. 특히 러시아는 자국이 만주에 부설한 철도 동청철도·남만주철도를 의화단 세력으로부터 지키고자 만주 지역을 점령했다. 그리고 시베리아 철도 부설 때와 마찬가지로, 인구수에서 압도적인 청국인을 경계해야 했기 때문에 만주에서 군

이즈 니라야마의 반사로(왼쪽) | 서구 열강을 막기 위해 대포를 만들던 곳이다.
루스키 섬에 건설된 요새(오른쪽) | 영국·미국·일본 등의 해군으로부터 블라디보스토크를 방어하기 위해 건설됐다.

대를 철수시키라는 일본 등의 압력에 저항했다. 이 만주 점령 과정에서 러시아군은 1858년의 아이훈조약에서 청나라의 영토로 인정된 블라고베셴스크 인근 강동육십사둔江東六十四屯에 거주하던 청국인을 대량 학살했다.

이 사건이 일본에 전해지자 일본에서는 이제 '야만족' 러시아로부터 '아시아'를 지킬 수 있는 것은 '금빛 백성', 즉 황인종 일본인뿐이라는 노래 〈아무르 강의 유혈은アムール川の流血や〉이 유행하는 등 러시아에 대한 적개심이 고조됐다. 일본에 유학 와 있던 쑨원孫文 등의 한인 유학생은, 이제 만주인의 청나라가 '중화'를 지킬 수 없음이 증명됐으므로 한인 국가를 수립해야 한다고 생각하여 1905년에 중국동맹회를 결성했다. 이 중국동맹회가 1911년의 신해혁명을 주도한다.53 참고로 강동육십사둔의 영유권은 그 후로도 논란이 됐다. 1991년에 중화인민공화국과 러시아는 러시아령으로 인정하기로 합의했으나, 타이완은 여전히 이 지역을 자국령이라고 주장하고 있다.

이렇게 러시아와 일본의 충돌이 점차 가시화됐으나, 이토 히로부미 등은 러시아와의 협상 가능성을 포기하지 않고 있었다. 그리하여 만주에 대한 러시아의 우위를 인정하는 대신 러시아가 조선에 대한 일본의 우위를 인정해줄 것을 요구하기도 하고, 그 과정에서 한반도의 북위 39도 이북 지역을 양국 간의 완충지대로 설정하려는 움직임을 보이기도 했다. 그러나 조선을 온전히 차지하려던 일본과, 조선을 독립국가로 남겨 유라시아 동해안에서 자국이 움직일 수 있는 여지를 확보하려고 한 러시아 간의 협상은 결국 실패로 돌아갔다. 이에 1902년에 일본이 영국과 동맹관계를 맺자, 러시아도 영국·

미국·일본 등의 해군으로부터 블라디보스토크를 방어하기 위해 도시 외곽의 루스키 섬을 요새화하는 등 조만간 전쟁이 일어나리라는 예감을 불러왔다.

비백인 제국주의 국가의 등장

일본은 러시아 서부 지역의 육해군이 극동 지역에 도착한 뒤에는 일본이 승리하기 어려울 것으로 예상했다. 그래서 만주와 랴오둥반도의 러시아군을 신속하게 제압한 뒤 서구 열강에 중재를 부탁해서 일본에 유리하게 강화를 체결한다는 전략을 세웠다. 한편 러시아는 일본을 아시아의 '황인종' 후진국으로 간주하여 크게 경계하지 않았다. 러일 양국은 물론 영국·독일·프랑스 등의 열강도 거의 200만 명의 군대가 동원돼 수십만 명의 사상자가 발생하는 대규모의 충돌이 전개되리라고는 예상치 못했다. 이 전쟁은 러일 양국이 국가의 능력을 쏟아부은 총력전의 양상을 띠었으며, 기관총과 참호가 전쟁의 중요한 요소로 등장하는 등 제1차 세계대전을 예고하는 것이었다. 그러나 러시아와 일본이라는 두 '후진국'이 극동의 황무지를 두고 싸운다는 편견을 가진 서구 열강은 이 전쟁에서 교훈을 얻지 못했다.[54]

전쟁은 일본의 선전포고 없는 기습 공격으로 시작됐다. 일본 역사학자 와다 하루키和田春樹는 전시 중립을 선언한 대한제국의 진해를 일본군이 1904년 2월 6일에 점령한 데에서 러일전쟁이 시작됐음에 주목하여, 청일전쟁이 1894년 7월 23일에 일본군의 경복궁 점령으로 시작된 것과 마찬가지로 러일전쟁 역시 조선에 대한 일본의 침략으로 시작된다고 분석한다.[55] 흔히 청일·러일전쟁은 '한반도'가 무대이지만 조선은 배경일 뿐이라고 일컬어졌다. 하지만 두 전쟁은 한반도는 물론 랴오둥반도에서도 격렬하게 전개됐을 뿐 아니라, 조선은 일본의 침략을 받은 전쟁 당사국임을 주목할 필요가 있다. 이범윤 등의 한국인 부대가 러시아군과 함께 작전을 수행했다는 사실도 확인돼 있다.[56] 이를 식민지 시기에 연해주에서 전개된 독립전쟁의 초기 단계로 간주할 수도 있을 것이다.

일본군이 진해를 점령한 데 이어, 2월 9일에는 인천항에 정박 중이던 러시아의 군함 바랴크호·코레예츠호가 일본 해군의 공격을 받고 자폭했다. 1941년의 진주만 공습을 예고하는 듯한 일본의 이러한 선전포고 없는 공격은 유럽 열강에는 야만적인 것으로 인식돼 혐오감을 준 듯하다. 《오페라의 유령 Le Fantôme de l'Opéra》을 쓴 소설가이자 언론인인 가스통 르루 Gaston Leroux는 인천 해전에 참전한 러시아 병사를 취재한 르포르타주에서 코레예츠호의 자폭 장면을 서술하면서, 이 군함을 폭파하는 임무를 맡은 드 레비츠키 대위가 "코레예츠호를 황색 난쟁이들의 손에 넘길 수는 없어!"라고 외쳤다고 적는다.[57]

이처럼 전쟁 초기에 일본을 열등한 황인종 세력으로 간주하던 서구 열강은 1905년에 일본이 러시아에 승리하자 열강의 일원으로 대하기 시작했다. 일본을 '동양의 미美'를 대표하는 국가로서 서구 세계에 선전하는 데 큰 역할을 한 사상가 오카쿠라 덴신岡倉天心은 서구 국가들의 이러한 표리부동한 태도를, "일본이 부드러운 평

인천항에 설치된 인천 해전 추모 기념물 | 2013년 11월 13일에는 러시아의 푸틴 대통령이 헌화하는 등, 러일전쟁을 둘러싼 '상징전쟁'의 상징이다.

화의 기술에 젖어 있는 동안에 일반 서양인은 일본을 야만적이라고 간주했다. 일본이 만주의 전투장에서 대규모의 학살 행위를 자행하기 시작한 이래 그들은 일본을 문명국이라고 부른다"[58]라고 비꼰 바 있다.

  18세기 이전에 중국 문화가, 19세기에 일본 문화가 서구 세계에 영향을 미친 것과 비교할 수는 없지만 가스통 르루라는 프랑스의 유명 소설가가 인천에서 전개된 러일전쟁의 초기 국면에 관심을 갖고 취재한 데에서 알 수 있듯이, 이 시기의 한반도는 서구 문화와 접점을 갖게 된다. 이 시기에는 푸치니의 오페라 〈나비부인〉의 실제

모델로 간주되는 토머스 글러버Thomas Glover · 쓰루ツル 부부의 딸인 하나ハナ가, 인천에서 사업을 전개하던 월터 베넷Walter Bennet과 결혼하여 한반도에 거주하기도 했다. 글러버 하나의 무덤은 현재 인천 외국인 묘지에 있다.

한편, 러시아 해군의 거점인 랴오둥반도의 뤼순항을 함락함으로써 국면을 유리하게 이끌고자 한 일본군은 전쟁 초기부터 여러 번 해상을 통해 공격을 시도했으나, 기뢰·연안포대 등으로 중무장된 뤼순항을 해군력만으로 함락시키는 것은 불가능했다. 3월 27일의 제2차 공격 때 부하를 구하다가 전사한 히로세 다케오廣瀨武夫는 군신軍神으로 모셔지기도 했다. 그 후 태평양전쟁 때까지 숱하게 만들어진 군신의 제1호였다. 이처럼 해군만으로는 뤼순 함락이 불가능하다는 사실이 확인되자, 메이지 정부 수립 이래 앙숙이었던 해군과 육군은 합동 작전을 전개할 수밖에 없었다. 그리하여 막대한 희생 끝에 뤼순 시내가 내려다보이는 203고지를 1904년 12월에 점령했고, 여기서부터 항구를 공격하여 마침내 뤼순을 함락했다.

러일전쟁에서 가장 치열했던 여순 203고지의 격전을 전하는 20세기 전기의 엽서

루스벨트 기념 원형탑의 벽화(뮤지엄 오브 내추럴 히스토리의 루스벨트 로툰다 뮤럴) |
일본의 건국신화부터 러일전쟁, 루스벨트가 주선한 러일 양국의 강화협상 등이 장중하게 묘사 돼 있다.

그러나 뤼순 함락 전부터 일본군은 전투에서 이기고도 병력·보급 부족으로 인해 러시아군을 추격하지 못하는 상태가 이어졌고, 뤼순 전투가 소모전의 양상을 띤 것도 일본에 타격을 주었다. 그리하여 일본은 자국에 우호적인 미국의 시어도어 루스벨트Theodore Roosevelt 대통령에게 강화협상의 중재를 부탁했다. 한편 러시아는 시간이 흐르면 자국군이 우위에 설 것으로 예측하여 강화에 응하지 않고 있었다. 그러나 블라디보스토크로 이동하던 러시아의 발트 함대가 도고 헤이하치로東鄕平八郎가 이끄는 일본 해군의 공격을 받아 큰 타격을 입자 5월 27-28일 쓰시마 해전, 일본과 러시아는 루스벨트 대통령의 중재하에 미국 포츠머스에서 협상을 열고 1905년 9월 5일에 강화조약을 맺는다.

루스벨트 대통령은 〈주신구라忠臣藏〉라는 근세 일본 복수극의 애독자였고, 도고 헤이하치로가 일본 해군에 내린 훈시를 영어로 번역하여 미군에 배포하는 등, '친일파'였기 때문에 러일전쟁 당시 일본에 호의적인 입장을 보였다는 주장이 일본의 일각에서 보인다. 하지만 1898년에 하와이·필리핀 등을 합병하여 본격적으로 유라시아 동해안에서 이권을 추구하기 시작한 미국이 일본을 이용하여 서구 열강을 견제하려 했다는 것이 포츠머스 강화협상의 배경이며, 단순히 대통령이 '친일파'여서 일본을 편들었다는 해석은 불가능하다. 러일전쟁이 끝나기 직전인 1905년 7월 29일에 이루어진 태프트-가쓰라 밀약에서 미국과 일본이 필리핀과 조선에 대한 양국의 지배를 상호 인정한 데에서 알 수 있듯이, 이 시기 미국이 일본의 이익을 침해하면서까지 조선의 독립을 지원할 의사는 없었던 것이 명백하다.

여순 강화회담을 기념하는 그림엽서집의 겉봉 | 러시아의 아나톨리 스테셀 중장이 일본의 노기 마레스케 중장에게 고개를 숙인 모습을 그림으로써, 이 전투에서 일본이 승리했음을 강조하려 한 것으로 보인다.

한국인에게는 아이러니하게 들리겠지만, 러일전쟁은 러시아에 적개심을 갖고 있던 오스만제국·페르시아·인도 등의 독립운동을 자극했다. 황인종도 러시아·유럽을 이길 수 있다는 가능성을 보여주었다는 것이다. 쑨원은 한때 아시아의 희망이었던 일본이 서구 열강과 마찬가지로 아시아를 괴롭힌다며 일본인을 비판하는 내용의 강연에서 다음과 같이 말한다. "일본이 러시아에 승리한 결과로서 아시아 민족의 독립이라는 커다란 희망이 생긴 것입니다."59 러일전쟁이 '황화론黃禍論'으로 상징되는 인종 간의 전쟁으로 인식되지 않기를 바란 일본은 이러한 구도가 만들어지는 것을 피했으나, 아이러니하게도 훗날 대동아공영권을 수립하는 과정에서는 이를 적극적으로 받아들였다.

하나 더 짚고 가자. 앞서 쑨원이 강연에서 언급한 '아시아'에서는 '조선'이 빠져 있다. 임오군란부터 청일전쟁까지의 과정을 돌이켜보면, 조선과 청의 이해관계는 반드시 일치하지 않았다. 오히려 러시아를 적대시한다는 점에서는 청과 일본이 이익을 함께했고,

러시아에서 독립의 희망을 보았다는 점에서 조선은 러시아와 이익을 함께했다. 초대 주러시아 상주 공사관이었으며 대한제국의 멸망 후 1911년에 자결한 이범진은 "러시아가 오스만제국과의 전쟁으로 불가리아와 세르비아를 해방시켰듯이, (나는 러시아에 의한) 한국의 해방을 원하고 있다"[60]라고 말한 바 있다. 한국과 중국이 일본에 맞서 언제나 견해를 함께해왔다는 일각의 주장은 한반도의 이러한 역사적 경험을 왜곡하는 것이다.

22장 조선의 멸망, 그리고 조선인의 가능성

안중근과 이토 히로부미

일본이 러시아를 기습공격한 직후인 1904년 2월 9일, 주한 일본공사 하야시 곤스케林權助는 조선에 일본과의 군사동맹 체결을 요구했다. 당시 조선은 전시 중립을 선언했지만 스스로를 지킬 수 없는 국가가 타국의 선의에 기대 선언한 중립은 무용지물이나 다름없었다. 러시아는 자국이 유라시아 동부 지역에서 충분한 힘을 가질 때까지는 조선이 일본과의 완충지대로서 독립해 있기를 기대했지만, 조선이 독립을 지킬 수 있도록 원조할 처지는 아니었다. 서울에 수만 명의 일본군이 주둔하던 2월 23일, 일본은 조선에 '한일의정서' 조인을 강요하는 데 성공하여 러시아와의 전쟁에 한반도를 이용할 수 있는 명분을 확보했다. 뒤이어 같은 해 8월 22일에는 제1차 한일협약을 체결하여 대한제국 정부에 일본이 지명한 고문단을 파견할 수 있게 했고, 1905년 11월 17일에는 대한제국의 외교권을 박탈하는 제2차 한일협약일명 을사늑약을 체결하여 사실상 한반도를 일본의 일부로서 합

주한 조선공사 하야시 곤스케 동상의 기단석 | 남산의 통감부 터 옆의 공터에 버려져 있다. 이 지역은 일반인의 출입이 금지됐던 중앙정보부 부지였기에 이런 형태로 잊힌 채 남아 있었다.

병했다. 메이지 일본이 한반도를 영향권에 넣고자 수십 년간 추진해온 사업이 이로써 완료됐다.

이토 히로부미는 메이지유신 이래 정부의 실질적인 지도자로서 일본의 점진적인 서구화를 이끌어왔고, '조선 문제'의 해결에도 자신의 경험을 살리고자 통감 취임을 자청했다. 그는 조선을 일본의 영향권 안에 둬서 서구 국가들과 청나라가 일본의 우위권을 침해하지 못하게 하겠다는 점에서는 일본의 다른 인사와 같은 입장이었으나, 조선의 즉각적인 병합 및 만주 침략을 주장하는 군부에 비하면 상대적으로 조선 문제의 처리에 신중한 입장이었다. 일본이 조선을 보호국화하는 것을 서구 열강으로부터 승인받지 못한 상태였고, 청일전쟁에서 승리한 뒤 섣불리 랴오둥반도 할양을 요구했다가 열강의 개입을 초래한 경험도 있기 때문이다.[61] 그러나 1909년 3월에 일본 정부가 조선 '병합'을 정식으로 결정하자, 역사의 흐름을 만들어내기보다는 이에 순응하면서 자신의 의도에 맞게 개량하는

이토 히로부미에게 바쳐진 박문사에서 발행한 기념엽서

타입인 이토 히로부미는 4월에 조선 병합에 찬성했다.[62] 이런 측면에서 보면 이해 10월에 그가 하얼빈에서 안중근에게 살해됐기 때문에 일본의 조선 병합이 앞당겨졌다는 주장은 성립되지 않는다.

안중근은 자서전《안응칠 역사》에서 이토 히로부미의 죄 15개를 거론했다. 그는 이토가 명성황후 민씨를 살해하고 동양 평화를 교란했다고 주장하는데, 이는 요컨대 이토 히로부미로 상징되는 일본 정부를 비판하는 것이다. 안중근은 "나는 일본이 한국에 대하여 야심이 있건 없건 그러한 일에는 착안하고 있지 않다. 다만 동양 평화라는 것을 안중에 두고 이토의 정책이 잘못돼 있는 것을 미워하는 것이다"[63]라고 말했다. 이런 내용을 통해 안중근은 한 사람의 협객으로서 일개인 이토 히로부미를 죽인 것이 아니라 '대한국 의병 참모중장'으로서 '일본 정부 대표'를 죽인 것임을 알 수 있다. 이는

"계몽운동부터 의병 항쟁, 요인 암살 의거 투쟁에 이르기까지 모든 국권 회복의 방법을 실행해본"[64] 안중근이 깨달은, 자신에게 남은 유일한 실천 가능한 전투 방식이었다. 가톨릭교도 도마 안중근이 살인죄를 저지른 것에 대해, 그의 정신적 스승이었던 빌렘 신부는 사적인 편지에서 이렇게 적었다.

그의 행위는 분명히 비그리스도교적이고 반윤리적이다. 그렇다고 그 행위가 무죄로 입증되거나 변명될 수 없다는 것은 아니다. (중략) 그것을 이해하기 위해서는 한국을 알 필요가 있다. 안중근의 목적은 너무나 등한시되던 한국 문제로 국제적 관심을 끌려는 데 있었다. 알자스로렌에서 독일군이 철수한 것처럼 동북아시아를 아는 사람들은 일본군이 중국과 한국에서 철수하는 것만이 동북아시아의 문제를 해결하는 길이라고 생각한다.[65]

훗날 조선총독부는 고종시대의 국립묘지에 해당하는 장충단을 공원으로 바꾸고, 이곳이 내려다보이는 현재의 신라호텔 자리에 이토 히로부미를 추도하는 박문사博文寺라는 절을 세웠다. 그리고 안중근이 사형된 뒤 떠돌던 안중근의 아들 안준생을 이곳으로 불러 이토 히로부미의 아들과 만나게 해, 아버지의 '죄'를 사과하고 '내선일체'를 상징하는 퍼포먼스를 벌였다. 이토 히로부미를 추모하는 시설을 신사神社가 아닌 사찰로 지은 것 역시, 그들 나름대로는 조선인의 감정을 배려하고 친근감을 주기 위해서였다는 주장도 있다.

20세기 전반의 식민지 시대에는 이토 히로부미를 모신 박문사를 비롯하여, 식민지 조선을 정신적으로 지배하는 상징으로서의 조선신궁朝鮮神宮, 조선의 행정 중심지인 경성을 종교적으로 구현한 경성신사京城神社, 러일전쟁 당시 뤼순을 함락시켰으며 메이지 덴노가 사망하자 할복자살한 노기 마레스케乃木希典를 모신 노기신사, 남산 일대에 거주하는 일본인을 위해 남산 기슭에 조성한 한양공원漢陽公園, 조선 출신 일본군의 혼령을 모시고자 용산의 일본군 기지와 남산 사이에 조성한 경성호국신사京城護國神社 등이 남산 일대에 조성됐다. 이들 시설은 조선을 강제 병합한 일본이 조선의 저항을 상징적으로 제어하기 위해 설정한 일종의 '신성 공간'이었다.

식민지 경성의 일본 종교시설과 그 흔적
① 남산식물원 자리에 있던 조선신궁의 전경
② 조선신궁 조감도를 담은 그림엽서
③ 남산원 자리에 있던 노기신사
④ 노기신사 유구
⑤ 숭의여대 자리에 있던 경성신사
⑥ 경성신사의 계단
⑦ 1910년에 완공된 한양공원 기념비
⑧ '해방촌'에 남아 있는 경성호국신사의 계단

 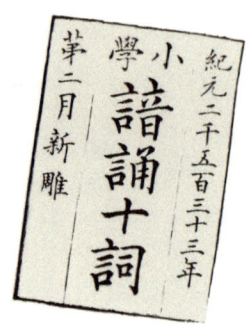

《소학암송십사(小學暗誦十詞)》 | 도요토미 히데요시, 나폴레옹, 워싱턴을 세계 3대 영웅으로 꼽았다.

나폴레옹과 워싱턴의 시대

1905년 11월 17일에 을사늑약이 체결되자 민영환·조병세·홍만식·이상철·이한응 등의 고위 관료들이 잇달아 자살하고, 조선에 와 있던 일본인 니시자카 유타카西坂豊와 청국인 반종례潘宗禮도 각기 자국의 반성을 촉구하며 자살했다. 조선은 자국의 속국이므로 외국에 대사를 파견하지 말라는 청나라의 압박을 이겨내고 초대 주미대사로 파견됐던 박정양은 조약 체결 직전에 죽었다. 또한 1907년에 군대가 해산되자 박승환 대대장이 자결했고, 초대 주러시아 공사였던 이범진은 경술국치 이듬해인 1911년에 상트페테르부르크에서 자살했다.

이처럼 망국의 책임을 지고 목숨을 끊은 관료들이 있던 한편, 목숨을 걸고 일본과 싸우는 이들도 많았다. 1895년의 을미사변 이후 발생한 항일 의병은 1905년의 을사늑약 이후 전국적으로 전개됐다. 평민 출신 신돌석은 이인영의 연합 의병 13도 창의군倡義軍에 경상도 대표로 참가하는 등 활발한 활동을 벌여 '태백산 호랑이'라 불렸다. 유인석은 한반도 남부에서 전투를 전개하다가 러시아 연해주로 망명하여 13도 의군十三道義軍을 조직했다. 일본군이 한반도 남부에서 이른바 '남한폭도 대토벌 작전南韓暴徒大討伐作戰'을 전개하는 등 압박을 가하자, 조선 독립전쟁 세력은 함경도 노비 출신의 거상巨商 최재형 등이 독립전쟁 세력을 지도·후원하고 있던 러시아의 연해주 등 국외로 망명했다. 일본 육군사관학교에서 군사학을 배운 김경천 역시 독립전쟁을 위해 연해주로 망명했다가 이곳에서 러시아혁명에 휘말려 옥사獄死한다. 당시 일본군은 자신들이 전투를 벌인 조선 의병의 수를 14만 1,603명, 자신들이 죽인 의병 수를 1만 7,688명으로 추산했다.66 이처럼 망국을 앞둔 조선에서는 수많은 사람이 목숨을 걸고 일본에 맞섰으며, 이 시기의 조선 관민 모두가 비겁한 것만은 아니었다.

이 시기의 조선인은 타국의 간섭에 맞서 국가를 통일한 외국 영웅의 이야기를 즐겨 읽었다. 미국독립전쟁을 지휘한 워싱턴, 이탈리아의 통일을 이끈 마치니·가리발디·카보우르 등이 그 주인공이었다. 폴란드·베트남

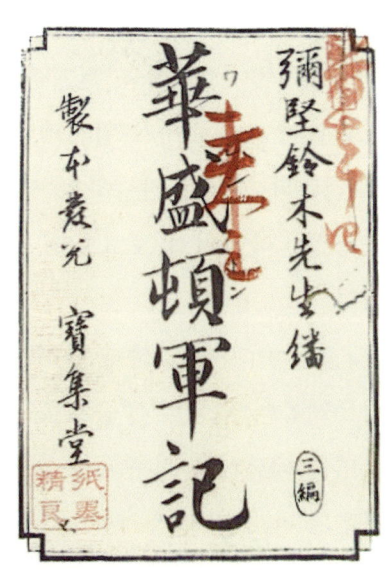

《워싱턴군기(華盛頓軍記)》 | 조지 워싱턴의 미국 독립전쟁을 소개한다.

등의 망국사 역시 동병상련의 대상이었다. 이처럼 많은 조선인이 자국을 통일한 외국 영웅을 이야기하고 다른 나라의 망국을 슬퍼하는 가운데, 조선 조정의 공식 유학생으로 일본에 건너간 김경천은 도쿄 진보초의 고서점에서 일본어로 된 나폴레옹 전기를 읽고는 "정신에 일대 변동"을 일으켜 군인이 되기로 결심하고 육군사관학교에 입학한다.67 메이지 정부 수립 전후의 일본인은 조선인과 마찬가지로 미국의 독립 영웅 워싱턴의 이야기를 읽으며 서구 열강으로부터의 자립을 꿈꾸었다. 그러나 그와 동시에 일본인은 나폴레옹의 일대기인 《나폴레옹전那波列翁傳》의 네덜란드어판을 번역하여 열독하는 등, 프랑스를 일대 제국으로 이끈 나폴레옹을 19세기 중기 이래로 좋아했다.68 그리고 도요토미 히데요시를 나폴레옹과 동급의 정복 영웅이라고 찬미하며 아시아 침략의 상징으로 받들었다. 《통속 나폴레옹 군기通俗那波列翁軍記》라는 전기를 쓴 스기야마 도지로杉山藤次郎의 경우, 도요토미 히데요시가 임진왜란 당시 일본에 머무르지 않고 대륙으로 건너와 세계를 정복하고 지옥까지 쳐들어갔다는 내용의 가상 역사소설 《가년위업 도요토미 재흥기假年偉業 豊臣再興記》를 출판하기도 했다.

    이처럼 조선과 달리 당시 일본에서는 제국 건설을 지향한 나폴레옹이 외국의 영웅으로서 인기를 끌었으며, 나폴레옹과 도요토미 히데요시를 견주어 조선 병합을 정당화했다. 초대 조선총독 데라우치 마사타케寺內正毅는 취임식 밤, "고바야카와 다카카게, 가토 기요마사, 고니시 유키나가가 살아 있었다면 이 밤의 달을 보며 어떤 생각을 할까"69라는 시를 읊기도 했다. 류성룡의 《징비록》도 이 시기에 일본에서 여러 차례 출판됐다. 일본인들은《징비록》을 읽으며, 임진왜란 때 조선을 정복하는 데 실패한 것을 '반성'하고 이번에는 실패하지 않겠다는 '각오'를 다짐했을 것이다.

조선은 왜 멸망했는가

이처럼 비상한 각오를 하고 달려든 일본의 침략 의도를, 당시 열강과 맞설 만한 실력을 미처 갖추지 못한 조선이 저지하는 것은 결코 쉽지 않은 일이었다. 주일 러시아 공사 로젠은 일본이 "한반도 진출을 역사적인 사명으로 인식하고" 있다고 러시아 당국에 보고했으며,[70] 그러한 일본 측 주장의 배경에 임진왜란이 있음을 서구의 관찰자들은 누누이 기록했다. 이처럼 자국의 '고유한' 이익권으로 간주한 조선을 다른 열강에게서 지키기 위해 전쟁도 불사하리라는 것을, 러일전쟁의 러시아군 사령관인 알렉세이 니콜라예비치 쿠로팟킨 Алексей Николаевич Куропаткин은 이미 전쟁 전에 예견하고 있었다.

우리는 조선 문제에 있어서 매우 신중해야 한다. 우리 러시아가 조선을 합병할 필요까지는 없으나, 어떠한 구실로도 그곳에 강력한 일본 또는 여타 열강이 세워지는 것을 허용해서는 안 된다. 최선의 방안은 조선이 독립 상태를 유지하는 것이다. 비록 조선이 약하다고 하나 우리가 보호를 해주면 독립 상태를 유지할 수 있을 것이다. 조선에 즉각 보호령을 세우기 위해서는 막대한 지출을 해야 하고 더욱이 분쟁에 휩싸이고 대일본전까지 치를 수도 있을 것이다.[71]

이처럼 한 열강이 집요하게 어떤 지역을 식민지화할 경우, '약육강식'이라는 개념이 식민지와 피식민지 국민 모두에게 상식으로 받아들여지던 당시에는 그 의도를 저지하는 것이 쉽지 않았다. 동남아시아사 연구자 최병욱 교수는 같은 시기에 베트남·버마가 유럽 열강의 식민지가 되고 타이^{태국}만 독립을 지킨 원인 역시 이상과 같은 '외세의 의도'였다고 분석한다.

대륙부 동남아시아의 '강한 국가(powerful states)'들 중 어느 나라가 식민화되고 어느 나라가 독립을 유지했는가 하는 것은 해당 국가에 접근한 서양 제국의 의도에 달린 것이었다. 왕실을 비롯한 지배층의 대응 노력이 얼마나 효율적이었느냐의 차이도 분명 있을 수 있지만, 더 중요한 것은 외세의 의도였다. (중략) 아시아에서 일본이나 태국이 독립을 유지하고 아울러 자발적 개혁으로 근대화를 이룬 것은, 미국이나 영국, 그리고 프랑스가 이 두 나라에 대해서는 적극적인 점령 의도를 가지지 않았다는 것과 관련 있는 것이다. 외세의 점령 의도에서 비교적 자유로울 때 내적 대응은 여유롭게 진행될 수 있으며 성공한 정책이 부각되기 마련이다. 반대로 상대의 점령 의도가 명백할 때 해당 국가 내부의 각종 대응은 허둥댈 수밖에 없었으며, 국권 상실이라는 결과 앞에 제반 개혁 정책은 실패로 낙인 찍힐 수밖에 없었다. (중략) 중요한 것은, 국권을 상실했느냐 아니면 독립을 유지했느냐를 가지고 19세기 각국의 대응 방식이 성공적이었느냐 실패였느냐를 평가하기에 부족하다는 사실이다. 그리고 이런 결과론적인 평가는 해당 국가나 지역, 그리고 인류 사회의 과거와 현재를 인식히고 미래를 통찰하는 데 별로 도움이 되지도 못한다. 우리는 국권의 상실 여부만 놓고 19세기 대륙부 동남아시아 국가들 중에 태국이 버마나 베트남에 비해서, 그리고 캄보디아와 라오스에 비해서 뛰어난 나라였다고 할 수 없다. 베트남으로부터 버마에 이르기까지 대륙부 동남아시아 국가들은 자신들의 방식대로 발전하고 변화해가고 있었고 지도자들의 노력 또한 컸다.72

식민지가 되지 않기 위해 각국이 노력해야 했음은 물론이지만, 당시 그러한 자강 노력을 초월한 약육강식의 무한 투쟁이 전개되고 있었음을 간과한다면 이 시기의 역사를 이해할 수 없다.

도면회 교수 역시 《한국 근대 형사재판제도사》의 서문에서 조선의 멸망에 대해 비슷한 문제의식을 보인다. 조선의 자강 노력이 내부 모순으로 좌절되고, 그 틈을 노려 일본이 민심을 얻을 수 있었다는 것이다.

(연구를 시작할 당시, 나는) 한국의 일본 식민지화가 일제의 침략 야욕과 압도적 군사력 때문이었다는 답처럼 유치한 역사 서술은 없다고 생각했다. 대한제국의 황제와 고위 관료, 한때 2만여 명에 달했던 한국군은 어찌하여 총 한 방 제대로 쏘지 못한 채 권력을 빼앗기거나 무장 해제를 당했단 말인가? 국가의 멸망을 앞에 두고 어찌하여 양반 유생층 일부만이 의병 투쟁에 나섰을까? 전국적 항쟁은 왜 일어나지 않았을까? (중략) 갑오개혁으로 도입된 근대적 재판제도의 운영 상황을 정리한 결과, 식민지화 이전 한국의 재판 제도가 조선 후기와 다를 바 없이 민중 수탈의 도구였다는 점, 이토 히로부미가 통감 부임 후 한국 재판제도의 '개혁'에 가장 공력을 기울였던 이유가 한국 민중의 환심을 사서 종국적으로 한국을 병탄하려는 데 있었다는 사실을 알게 됐다. (중략) 독립협회 운동 좌절 이후 1905년경까지의 한국 사회는 중앙 정부와 지방관의 수탈로 인해 민중의

조선총독부 시정기념(朝鮮總督府始政記念) 그림엽서 | 일본인의 지도를 받아 조선인·만주인·한인 등이 평화를 누린다는 주장을 담은 그림이다.

불만이 쌓여 여차하면 정변이나 혁명이 일어날 것 같은 분위기였다. 안타깝게도 그러한 민중의 에너지를 새로운 정치 권력 수립으로 전환시켜줄 세력은 없었다. 1906년 이후 일본의 통감부 설치와 그에 뒤이은 한국 병합은 군사적 강점에 기초한 침략 행위지만, 어찌 보면 이러한 한국 민중의 고통과 개혁 열망에 편승한 침략이었다. 갑오개혁기에 이루어진 근대적 개혁 조치들이 아관파천 이후 폐기 또는 수정됐으나 일본의 통감부 설치 이후 다시 복원되고 더욱 강력한 힘으로 시행되면서 한국민들로 하여금 일말의 기대를 걸게 했기 때문이다.[73]

　　　　멸망 전 조선 조정에 문제가 산적했던 것은 사실이지만, 조선인들이 이를 해결하고자 노력한 것 역시 사실이다. 무쓰 무네미쓰는 "조선 조정은 당파 간의 알력이 심하여 모든 내정 개혁의 사업이

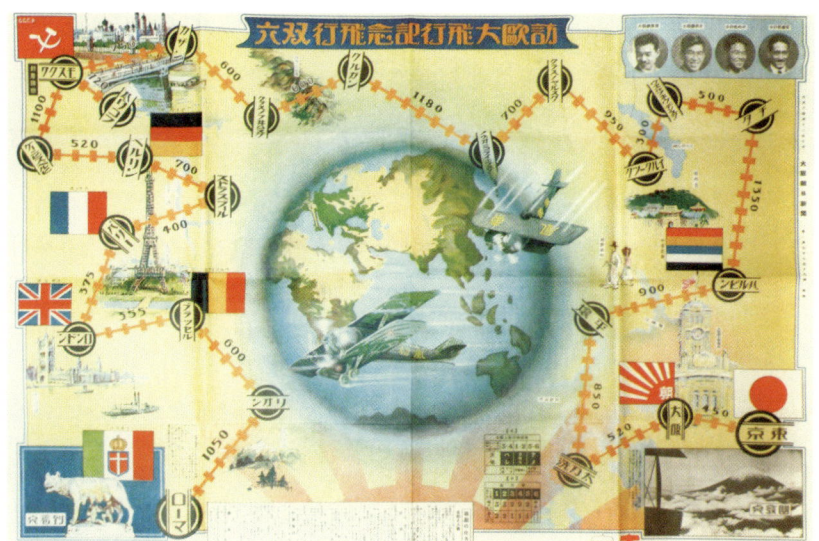

유럽 방문 비행 기념 주사위놀이(訪歐大雄行記念飛行雙六) | 1925년에 오사카《아사히신문》이 배포한 것으로, 도쿄를 출발한 비행기가 소련을 거쳐 이탈리아 로마에 도착하는 코스 가운데 평양이 보인다. 당시 식민지 조선은 일본과 대륙을 잇는 교통·통신의 요지였다.

방치됐고, 내외의 여망에 부응하질 못했다. 그러면서도 어느 정도까지는 개혁사업을 실행하려고 기도한 것도 사실이었다"[74]라고 회고한다. 이처럼 조선의 관민은 독립을 유지하기 위해 노력했으나 국제관계상 역부족했고, 결국 일본의 식민지가 됐다.

그러나 조선이 500년을 유지했다는 사실이 조선이 위대했다는 주장의 증거가 될 수 없는 것과 마찬가지로, 조선이 멸망했다는 사실이 조선인을 폄하하는 증거가 될 수 없다. 이 시기에 한반도와 연해주에서 여러 조선인을 만난 비숍의 이야기를 들어보자. 그의 말을 들으면 이른바 '민족성'이라는 개념을 주장하는 사람들에게 효과적으로 반박할 수 있을 것이다.

여행자들은 조선 사람들이 게으르다는 인상을 많이 받았으나 러시아와 만주에 이주한 조선 사람들의 활력과 인내를 보고, 그들이 집을 치장하거나 그들의 번영한 모습을 보고 난 후에 나는 조선 사람의 게으름을 기질의 문제로 여기는 것이 잘못됐다는 생각을 갖게 됐다. 조선에 있는 모든 남자들은 가난이 최고의 보신책이며 가족과 자신을 위한 음식과 옷을 필요 이상으로 소유한다는 것은 탐욕적이고 타락한 관리에게 노출된다는 것을 잘 알고 있었다.[75]

1895년에 조선을 탐사한 러시아인 루벤초프도 조선 조정의 문제를 비판하고 조선인의 가능성을 긍정한다.

많은 이들은 조선인이 게으르다고 비난하지만 블라디보스토크나 남우수리 지방 근처의 조선인 정착지들의 생기 있는 상황을 보면 그와 반대임을 알 수 있다. 바로 60년대에 건강한 손과 좋은 머리 이외에는 아무것도 없는 그야말로 가난에 찢긴 조선인들이 러시아 국경지대로 이주했다. 조선 주민들의 빈곤은 주로 관할 주민들에게서 가능한 모든 것을 짜내는 수많은 관리의 탐욕과 약탈에 기인한다.[76]

이러한 가능성은 이윽고 한반도 바깥에서 전개될 독립전쟁으로 현실화됐다.

23장 　독립전쟁,
　　　　만주 독립의 꿈

한국인의 프론티어 정신

일본이 '한반도 진출을 역사적인 사명으로 인식하고' 있다는 주일 러시아공사 로젠의 보고가 상징하듯이, 일본은 수십 년에 걸쳐 집요하게 한반도의 지배권을 확립해갔다. 청일전쟁과 러일전쟁, 나아가 이른바 '만몽滿蒙, 만주와 몽골' 분쟁까지도 궁극적으로는 한반도 지배를 확립하는 과정에서 발생한 것이다.[77]

　　　　　이처럼 일본의 집요한 공세에 맞서, 한반도 주민들은 독립전쟁을 시작했다. 국내에서 전개된 독립전쟁 가운데 가장 유명한 것은 전국의 의병이 13도 창의군이라는 연합군을 이루어 한양을 공격한 1908년의 '서울진공작전'이었다. 이해에는 국내에서 교육활동과 국채보상운동을 전개하던 안중근이 비무장 독립운동의 한계를 느끼고 연해주로 망명, 의병군을 이끌고 '국내진공작전'을 전개하기도 했다. 한편, '서울진공작전'을 비판하며 백두산 지역에서 지구전을 펼칠 것을 주장한 유인석 등은 연해주 한인 사회의 중심적 인물이었

블라디보스토크 신한촌의 기념비 | 한국 독립운동의 거점이었지만 현재 이곳에서 사는 고려인은 거의 없다고 한다.

던 최재형의 지원을 받아 13도 의군을 구성했다. 함경도의 노비 출신이었던 최재형은 러시아령 연해주로 넘어가 쌓은 막대한 재산을 독립전쟁에 쏟아부었으며, 끝내 연해주를 침입한 일본군에 살해됐다.[78] 이처럼 만주와 연해주외만주는 한반도 내에서 독립전쟁을 전개하기 어려워진 한국인들의 새로운 저항 거점이 됐으며, 만주·연해주를 거점 삼아 한반도를 공격하는 전략은 김구의 '만주계획'에 이르기까지 면면히 이어졌다.

　　　　만주계획이란 1947년 말 1948년 초 동안 김구가 여러 차례 강조한 만주에서의 군사계획을 의미한다. 이 시기에 김구를 비롯한 이청천, 이범석 등 중국 국민당 지역에서 활동했던 우익 민족주의자들은 북한을 무력 공격할 뿐만 아니라 중국 내전에서 장제스 군대와 동맹해 한중韓中의 공산주의 세력을 소탕해야 한다고 주장했다. 이 계획은 한국·중국·미국·일본을 포함하는 동아시아 반공군사동맹체제의 수립을 지향했으며, 이를 통해 유라시아 동부에서 공산주의 세력을 축출하고자 했다. 실제로 선양에서는 1947년 4월 27일에 장연지구 민주자위군長延地區民主自衛軍이라는 한인반공부대가 구성됐다. 광복군과 조선혁명군 출신 간부를 중심으로 한 이 부대는 비록 1948년 11월에 해산돼 유지 기간은 1년여밖에 안 되지만, 이 부대를 통해 남북의 분단 상황을 공세적으로 해소하고자 한 만주계획은 만주와 한반도를 동시에 시야에 넣고 국가 전략을 구상하던 20세기 전기 독립전쟁의 흐름을 잇는다는 점에서 눈에 띈다.

러일전쟁 30주년 기념엽서 〈만몽은 태양처럼 빛난다〉

이 시기 남한의 민족주의 계열 정치가들은 점차 현실화되던 한반도의 분단에 대해 서로 다른 방식으로 접근했다. 이승만은 20세기 후기에 현실화될 냉전 질서를 거부하는 것은 불가능하다는 현실적인 관점에서 남한 단독정부 수립을 추진한 반면, 김구는 만주계획을 포기하고 민족주의적 차원에서 북한의 공산주의 세력과 협상하여 분단 상태를 해소하고자 했다. 역사학자 정병준은 김구가 반공주의적 입장에서 북한을 적대시하다가 1948년 시점에 분단을 막고자 민족 협력 노선으로 전환한 것이 일부 추종 세력에 충격을 주었고, 결국 우파 암살단체인 백의사에 소속된 안두희의 김구 암살로 이어졌을 가능성을 제기한 바 있다.[79]

다시 만주로 시선을 돌려보자. 일본이 한반도에 있던 독립국가조선를 멸망시키자, 한반도 주민은 만주와 연해주, 그리고 의도치 않았지만 중앙아시아까지 그 거주 영역을 넓혔다. 이는 고조선-부여-고구려-발해로 이어졌던 역사적 흐름이 끊기면서 한반도 주민의 활동 영역에서 배제됐던 만주 지역에, 거의 천 년 만에 한반도 주민이 다시 대규모로 거주하게 됐음을 뜻한다. 서기 918년에 왕건이 새 왕조의 이름을 '고려'로 삼아 고구려를 계승한다는 뜻을 보이고 발해의 이민자를 수용한 이래, 고려는 성종 때 서희가 강동6주를 차지하여 고려의 국경을 압록강 근처까지 올리고, 예종 때 오늘날의 함경도 지역에 아홉 성을 쌓는 등 북진北進 의지를 분명히 했다. 조선도 고려의 북진정책을 계승하여 세종 때에는 김종서 등이 압록강 쪽의 4군과 두만강 쪽의 6진을 확보했다. 이 정복 전쟁에 참가했던 이징옥은 반란을 일으켜 여진인의 황제大金皇帝가 되고자 하기도 했다. 고종 때에는 압록강·두만강을 넘어 만주 지역에 거주하는 한반도 주민의 수가 늘어나자 이 지역을 공식적으로 확보하고자 안변부사 이중하 등이 외교전을 펼치기도 했다.

러시아의 시베리아 동진東進이나 미국의 서부 정복이 양국 주민의 정신세계에 깊은 영향을 미친 것과 마찬가지로, 천여 년에

〈만주의 광야를 질주하는 최신 유선형 열차 아시아호〉

걸친 북진의 역사도 한반도 주민에게 '프론티어 정신'을 길러주었다. 이러한 흐름을 이어받아 20세기 전기에 만주·연해주 지역에서는 한인韓人이 여러 차례에 걸쳐 독립국 수립을 시도했다. 1917년의 '고구려국' 구상, 1930년대의 '단자유국檀自由國' 구상 및 이광수의 '고려공국Korean principality' 구상 등이 그러하다.[80]

     전 가족과 함께 만주로 망명하여 독립전쟁을 펼쳤던 이회영은 1918년에 고종을 망명시키고자 국내에 잠입한 바 있고, 고종의 다섯째 아들 의친왕 이강은 상하이 임시정부로 망명하려고 1919년

23장   독립전쟁, 만주 독립의 꿈   327

만철 1만 킬로미터 돌파 기념우표

에 만주로 넘어갔다가 체포되기도 했다. 연해주에서 독립전쟁을 수행하던 김경천은 연해주·만주·한반도를 중심으로 '부여민족'이 동부 시베리아 전체에 퍼져 있음을 지도로 나타내며, "4천년 전부터 만주 및 부여반도에서 웅비하고 또 흩어지던 우리 민족은 지금 이 같은 발전력으로 아시아 전역에 산재하지 아니한 곳이 없도록 분산됐"으니 "그 열매는 언제 열릴까!"라고 한탄한 바 있다.[81] 이처럼 20세기 전기는 한반도 주민이 독립을 상실한 시기인 동시에 만주 지역을 자신들의 역사적 공간으로서 인식한 시기였으며, 그 여파는 21세기까지 한반도의 남과 북에 빛과 그림자를 드리우고 있다.

대아시아주의

한반도를 정복한 일본은 한반도 주민의 이러한 상상력을 역으로 이용하여 식민통치에 대한 불만을 잠재우려 했다. 아무르 강^{흑룡강}까지 일본의 영향권에 둔다는 취지로 결성된 일본의 우익 조직 흑룡회^{黑龍會} 소속 우치다 료헤이^{內田良平}는 일본의 조선 병합을 주장하던 일진회를 이용하여 대아시아 제국을 건설하고자 했다.

(나의) 계획은 미리 이용구·송병준과 숙의한 결과, 일한합방 이후에는 일진회

백만의 대중을 거느려 만주로 이주시켜 지나혁명의 기회에 타서 만주와 몽골을 독립시키고, 일한연방에 따라 만몽연방국을 만들려고 했다.[82]

또한, 아시아주의자 스에나가 마사오未永節는 1920년대에 일부 한국인을 포섭하여 '대고려국'을 구상하고자 했다. 스에나가는 대고려국이 "고구려와 부여족이 획득한 최대의 영역(중략), 즉 산해관 이북과 장가구 이동의 직예성과 내몽골과 성경성과 길림성과 러령, 나아가 중국 영내의 흑룡강 성과 연해주와 캄차카 전부"를 영토로 하며 그 수도는 간도의 용정촌"이 돼야 한다고 주장했다. 그리고 대고려국을 건국해야 할 이유를 다음과 같이 설명한다. "조선인의 일부가 조선의 독립을 외치고 자주 음모를 꾀하고 있다. 또한 불령선인은 독립을 핑계 삼아 약탈 행위를 계속하고 있다. 이럴 때 옛날의 대고려국을 부흥하여, 한편으로 조선인의 자존심을 만족시켜 다른 한편으로 이것을 가지고 러시아 및 지나에 대한 완충국으로 하려는 계획"[83]이었다. 나아가, 1943년에는 '중앙계획소안中央計劃素案'이라는 국토개발계획을 수립하여, 일본의 수도를 오늘날의 한국외국어대 용인 캠퍼스 부지로 옮기고 한반도의 한국인을 만주로 이주시킨다는 구상이 논의되기도 했다.[84]

이처럼 만주와 연해주 지역에 거주하는 비한인 주민을 이용하여 중국 및 러시아와의 완충국을 만든다는 일본의 구상은 1932년의 만주국 건국으로 실현됐다. 한편으로 1917년 10월 혁명 이후 소비에트 정권과 구세력 간의 충돌로 혼란에 빠져 있던 시베리아 동부 지역에서는, 혁명을 진압하기 위해 시베리아에 출병한 일본 등

만주국 우표 5종
① 건국 10주년 기념 오족협화. 일본 여성을 중심으로 한인, 만주인, 조선인, 몽골인 여성이 그려져 있다.
② 일본과 만주가 우애롭게 공존한다는 프로파간다적 우표.
③④ "일본이 흥하는 것은 곧 만주가 흥하는 것이다"라는 구호를 일본어와 중국어로 나타낸 우표.
⑤ 일본의 이른바 '기원 2600년'(서기 1940년)을 기념하는 우표.

연합군의 힘을 빌려 전 러시아 임시정부를 비롯한 백계白系 정부가 여럿 수립됐다. 이에 혁명 정부는 소비에트 계열의 극동공화국을 수립하여, 철군을 거부하고 시베리아에 주둔하던 일본군과의 완충지대로 삼았다. 이때 연해주의 한인 독립군은 볼셰비키와 연합하여 공동의 적인 일본군에 맞섰다. 동부 시베리아에 잠시 등장했던 이들 임시정부와 국가들은 일본군이 철수하자 모두 소멸했다.[85]

한편, 일본은 자국이 지원하던 장쭤린張作霖의 이용가치가 떨어지자 1928년에 그를 암살하고, 만주에 거주하던 조선인과 중국인의 갈등을 부추겨 1931년 7월에 만보산萬寶山 사건을 일으키는 등

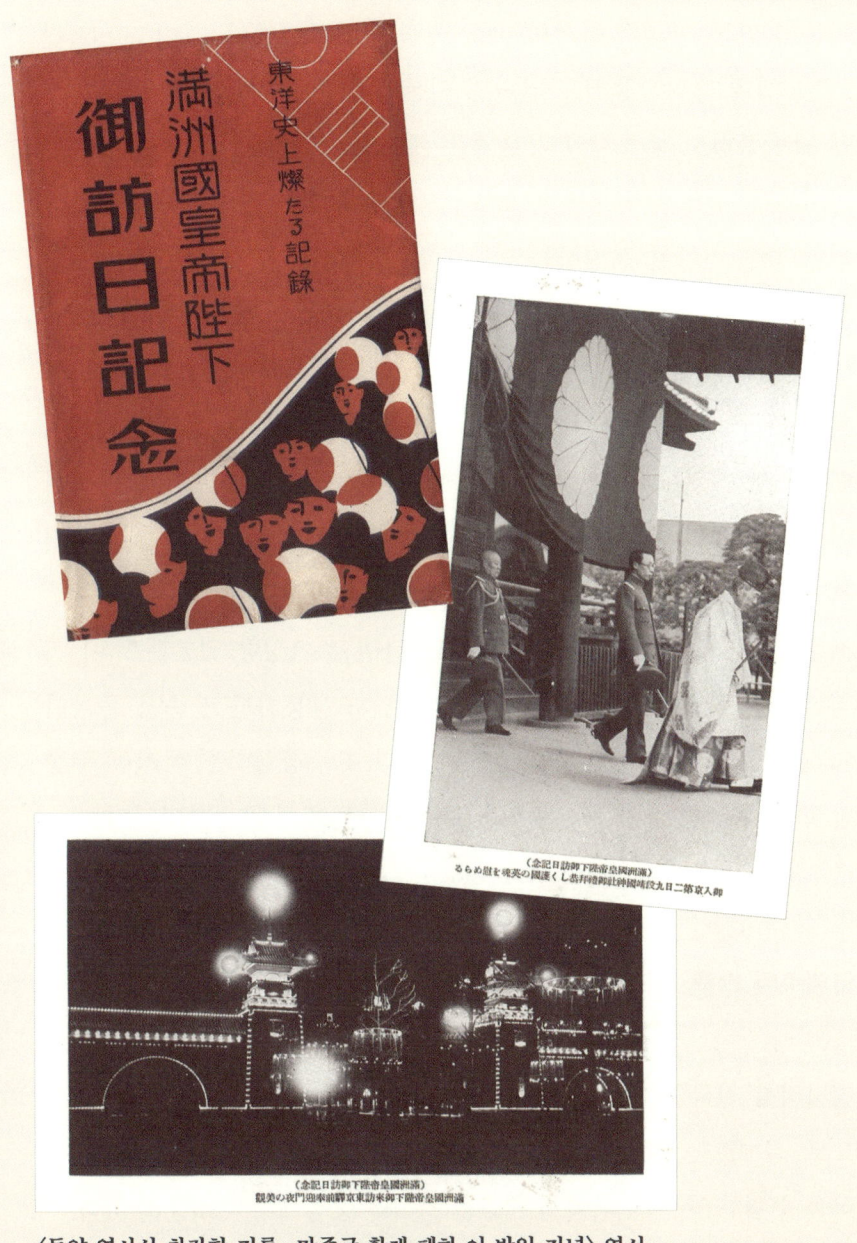

〈동양 역사상 찬란한 기록-만주국 황제 폐하 어 방일 기념〉 엽서

이른바 만몽 지역에 서서히 자국 세력을 침투시켰다. 그리고 1931년 9월 18일에는 랴오둥반도 남단의 일본령 관동주 및 일본의 국책회사인 남만주철도 부속지역의 보호를 애초의 목적으로 하고 있던 관동군이 만철 철로의 일부를 스스로 폭파하고는 그 책임을 중국 측에 돌리며 만주 전체를 점령하는 만주사변이 일어났다. 일본은 톈진의 일본 조계지에 머물던 청나라 마지막 황제 아이신 기오로 푸이Aisin Gioro Puyi를 옹립하여 1932년 3월에 만주국을 수립한다. 그 과정에서 중국의 국민당을 이끌던 장제스는 일본에 명분을 주지 않기 위해 일체의 대응을 피했고, 소련도 제1차 경제개발 5개년계획을 추진하던 중이어서 중립불간섭을 선언했으며, 미국과 영국은 대공황에서 회복되지 않은 상태여서 개입할 여력이 없었다.[86] 이처럼 유라시아 동북부 지역을 개념도 불분명한 만몽이라는 단어로 지칭한 일본은,[87] 이 지역의 핵심 인종이 한인漢人이 아닌 일본인과 상통하는 만주인·몽골인이기 때문에 일본이 정복할 권리가 있다고 주장했다.[88] 이러한 주장은 현대 한국의 일부 근본주의 민족주의자들에게서도 확인된다.

연해주와 만주, 건국의 요람

청나라를 건국한 핵심 세력인 만주인의 독립국 수립을 돕는다는 명분으로, 실제로는 인종적으로 한인이 우세를 보이던 내만주 지역에 만주국을 수립한 일본은, 뒤이어 내몽골 지역을 중국에서 떼어내려 했다.

    1911년 8월의 신해혁명으로 청나라가 소멸하자, 만주인과 함께 청나라를 지탱하던 양대 축이던 몽골인은 한인 중심의 중화민국에 소속되는 것을 거부했다. 오늘날의 몽골국에 해당하는 외몽골 지역의 몽골인은, 한인이 인구의 상당수를 차지하는 내몽골 지역과 함께 독립국을 건설하는 것은 어렵다고 판단하여 외몽골만으로 1911년 9월에 독립을 선언하고 러시아의 도움을 받아 자치주를 이루었다. 중국은 1915년에 러시아제국과 캬흐타조약을 맺어 외몽골의 독립을 인정했는데, 소비에트 10월 혁명이 일어나 러시아제국이 소멸하자 1919년에 외몽골의 자치권을 폐지했다. 그러나 1920년에 반혁명 세력인 로만 운게른Роман Фёдорович фон Унгерн이 백군을 이끌고 외몽골로 들어와 중국군을 몰아내고 몽골 정부를 부활시켰다. 그리고 담딘 수흐바타르Дамдин Сүхбаатар의 몽골 인민당은 소련 적군 및 극동공화국 군대와 연합하여 1921년에 백군을 축출하고 몽골 인민정부를 수립하여 독립을 선포했다.

　　이처럼 외몽골이 러시아를 끌어들여 중국으로부터 독립했다면, 내몽골 지역의 몽골인은 일본의 힘을 빌리려 했다. 신해혁명 이후 외몽골이 러시아의 힘을 빌려 독립을 선언하자, 마적馬賊 바부쟈브Бавуужав를 비롯한 내몽골 주민도 외몽골과 함께 중국으로부터 독립하고자 했다. 그러나 1915년의 캬흐타조약이 외몽골의 독립만을 인정하자, 바부쟈브는 만주인의 독립을 꾀하던 청나라 황족 아이신 기오로 샨치Aisin Gioro Shanqi 숙친왕肅親王 및 일본의 대아시아주의자 가와시마 나니와川島浪速 등과 연합하여 내몽골 독립운동을 전개했다. 바부쟈브는 1916년에 장쭤린 군에게 살해됐으나, 그 후에도 일본의 힘을 빌린 내몽골 독립운동은 계속돼, 1937년에는 뎀치그돈로

장쭤린이 보낸 글(왼쪽)
몽고총(오른쪽) | 몽골연합자치정부 주석이었던 뎀치그돈로브 덕왕이 참배한 곳이다.

브Дэмчигдонров 덕왕德王의 몽골연합자치정부蒙古聯合自治政府가 수립됐다. 덕왕은 1274년과 1281년의 두 차례에 걸쳐 일본을 침공했다가 전사한 몽골·고려 연합군의 시신을 묻은 '몽고총蒙古塚'을 참배하고 몽골의 침략을 사과하는 퍼포먼스를 벌이기도 했다. 내몽골 독립운동가 바부쟈브를 죽인 장쭤린이 덕왕과 마찬가지로 몽고총에 관심을 보인 것은 얄궂은 역사라 할 것이다. 이처럼 만몽 지역을 중국에서 떼어내는 데 성공하여 자신감을 얻은 일본은 1935년 이후 익동방공자치위원회冀東防共自治政府, 중화민국 임시정부中華民國臨時政府, 난징 국민정부南京國民政府 등의 괴뢰 국가를 차례로 수립했다. 그리고 그 끝에 이른바 '대동아공영권'이 존재한다.

애신각라 신사(愛新覺羅社) | 야마구치 현 시모노세키에 있다. 청나라 최후의 황제이자 만주국 황제였던 아이신 기오로 푸이의 동생 푸지에(Pujie)의 유골이 안치된 곳이다.

마지막으로, 1883-1886년 사이에 러시아와 청나라의 경계 지역에 잠시 존재했던 '아무르의 캘리포니아' 또는 '젤투가 공화국Желтугинская Республика'이라는 기이한 나라에 대한 이야기를 빼놓을 수 없겠다. 아무르 강에서 황금이 발견된 뒤 이 지역에 모인 금 사냥꾼들은 넘치는 황금을 바탕으로 금본위제의 공화국을 수립했다. 여러 국적의 주민이 모여 스스로 질서 유지를 위한 법을 제정하는 등 국가 수립의 과정을 밟아갔으나, 러시아와 청나라의 견제를 받아 4년 만에 멸망했다.[89] 유라시아 동북부 지역에서 조선·중국·러시아 등의 중앙집권 국가가 비교적 안정적인 상태를 유지하고 있을 때, 만주와 연해주는 이들 국가의 접경지에 지나지 않았다. 그러나 19세기 말에서 20세기 전기에 걸친 혼란의 시기에 이 지역에서는 여러 집단이 국가 수립을 꿈꾸었다. 짧은 기간 존재했을 뿐인 젤투가 공화국은 '건국의 요람'이었던 이 지역의 특성을 가장 잘 보여주는 사례다.

만주와 연해주에서 '한국인'들은 천여 년 전의 연고권을 바탕으로 '수복'을 꿈꾸었다. 몽골인은 칭기즈칸의 옛 영화를 조금이나마 되찾고자 했다. 일본인은 만주인의 이름을 빌려 동북 지역을 중국에서 떼어내려 했다. 아무것도 없던 자들은 유토피아를 꿈꾸었다. 연해주와 만주는 한국인에게만 건국의 권리가 부여된 땅이 아니었으며, 이곳에 국가를 만들고자 한 것 역시 한국인뿐이 아니었다. 이 지역은 건국의 요람이었으나, 이들 가운데 건국의 꿈을 이룬 것은 소련의 힘을 빌린 일부 몽골인뿐이었다.

24장 대동아공영권 이후, 개인의 희생을 담보한 국가

대동아공영권

1932년에 건설된 만주국은 만주인·몽골인·일본인·한인·조선인의 다섯 민족이 조화롭게 지낸다는 명분을 내세웠지만 실상은 일본의 만몽 진출을 위한 괴뢰국일 뿐이었다. 만주인을 한인으로부터 해방시킨다는 이념을 내세워 만주국을 건국한 뒤에도 중국과 전쟁이 계속되자, 일본 국내외에서는 이 전쟁의 목적이 무엇인지 의문이 터져 나왔다. 여기에 대응하고자 일본이 새로이 내건 이념이 바로 1938년의 '동아 신질서'로서, 중국을 포함하여 아시아 전체를 서구 제국주의로부터 해방시킨다는 선언이었으며, 이 이념을 수행한다는 명분으로 '대동아공영권'이 형성돼갔다.[90] 일본은 서구에서 시작된 '근대' 이후의 새로운 가치를 대동아공영권이 만들겠다는 '근대의 초극' 개념을 내세우기도 했다.

하지만 대동아공영권의 실상은 제국주의 일본이 연합국과의 장기전을 위해 대동아공영권 내의 다른 지역을 착취하는 구조였

대동아 주사위놀이 | 일본이 대동아공영권을 주장하던 시기에 제작됐다. 오른쪽 아래에서 시작해서 만철 특급 아시아호 등을 타고 대동아공영권을 돌아 시베리아에 도착하는 구조로 돼 있다.

다. 전황이 악화되면서 조선인·타이완인을 징병하여 일본군에 포함시키기도 했지만, 일본 군부의 근저에는 경계심과 공포가 자리 잡고 있었다. 무기 사용법을 익힌 조선인이 많아진다는 것은 통치를 위협할 뿐만 아니라, 당시 일본인에게 '명예로운 황군'의 순혈이 조선인으로 침해받는 일은 용납하기 힘들었다. 만약 조선인이 군대에서 훈장이라도 받으면 멸시하기 곤란하고, 장교가 되면 일본인이라고 해도 복종하지 않을 수 없었다. 실제 일본 육군에는 중장까지 올라갔던 이를 비롯하여 지원 등을 통해 이미 입대했던 조선인 장교가 적지 않았던 것이다. 일본 육군은 전투부대의 조선인 비율이 20%를 넘지 않도록 기준을 정하고, 조선인은 포로수용소 부대 등으로 돌렸다. 그 결과 포로 학대를 이유로 B·C급 전범이 된 조선인이 많았다.[91]

또한, 1942년 11월에 일본에서 개최된 '제1회 대동아문학자대회'에 참가한 이광수는 '대일본제국'의 신민으로서 순응하고자 최선을 다하지만 그것이 불가능한 데에 고뇌할 수밖에 없었다. 그는 이 고뇌를 자기보다 어린 일본인 문학자들에게 말했다가 호되게 비판받기도 했다. 다음은 대동아공영권의 타이완 대표로 참석한 하마다 하야오濱田隼雄라는 사람의 증언이다.

나라 호텔의 둘째 날 밤이었습니다. 날이 춥기에 바에 갔더니 (중략) 구사노 신페이(草野心平) 씨와 가와카미 데쓰타로(河上徹太郎) 씨가 이광수 씨를 거세게 비판하고 있었습니다. 제가 오기 전에 무슨 일이 있었는지는 모르지만, 이광수 씨가 반도(半島)의 작가로서 느끼는 괴로움을 살짝 토로했다가, '그런 괴로움을 말해서 무엇하는가, 문학의 괴로움은 그깟 괴로움에 비할 바가 아니다'

라며 질타하고 있는 것 같았습니다.[92]

대동아공영권의 구성원으로서 일본인과 평등해야 할 조선인이 이상理想과는 달리 일본인에게 차별받고 있다는 '친일파' 이광수의 소극적인 항거를, 동료 일본인 문학자들은 이해조차 할 수 없었다. 일본이 패전한 이틀 뒤인 1945년 8월 17일, 최남선도 교수로 있던 만주 건국대학의 니시모토 소스케西元宗助 교수에게 조선인과 중국인 학생이 다음과 같이 작별인사를 했다고 한다.

조선이 일본의 예속에서 해방되고 독립해서야 비로소 한국과 일본은 진정으로 제휴할 수 있는 것입니다. 우리들은 조국의 독립과 재건을 위해 조선으로 돌아갑니다.
선생님들의 선의가 어떤 것이었든, 만주국의 실질이 제국주의 일본의 괴뢰정권에 불과했다는 것은 유감스럽지만 명확한 사실이었어요.[93]

니시모토 교수는 학생들이 이러한 생각을 하고 있었으리라는 사실을 상상조차 못했다. 여기에서 나온 당혹감은 식민지 조선과 타이완에 거주하던 일본인의 증언에서도 마찬가지로 확인된다.

인도 독립의 세 가지 길

대동아공영권의 이념과 현실은 이처럼 달랐다. 그러나 그 이념에 실낱같은 희망을 건 사람들도 있었다. 거의 100년 동안 제국주의 영국의 식민통치를 받던 인도의 무장 독립세력이 그들이었다. 라시 비하리 보스Rash Behari Bose는 영국 총독 암살에 실패하고 1915년에 일본에 망명한 인도인으로서, 조선 병합과 만몽 분할을 사상적으로 뒷받침한 이누카이 쓰요시犬養毅, 도야마 미쓰루頭山滿, 우치다 료헤이內田良平 등 아시아주의자들의 비호를 받았다. 조선을 정복하기 위한 러일전쟁에서 일본이 승리한 것이 기타 아시아 지역에는 아시아주의적 관점에서 환영받은 것처럼, 일본의 힘을 빌려 독립전쟁을 전개한 동남아 및 인도의 일부 세력은 현대 한국인의 세계관으로는 이해하기 어려운 복잡한 성격을 띠고 있다.

한편 인도가 제국주의 일본의 시야에 들어오면서, 현대 한국의 일부 크리스트교 종파가 '기독교가 쇠퇴한' 유럽으로 역逆 포교를 시도하는 것과 마찬가지로, '불교가 쇠퇴한' 인도로 자신의 가르침을 포교할 것을 지시한 개창자 니치렌日蓮의 유언에 따라 일본의 니치렌슈는 근대 인도에서 포교를 시도했다. 인도 뭄바이 근교의 칸헤리 석굴에 니치렌슈 승려가 근대에 새긴 것으로 보이는 니치렌슈 석각문石刻文은 당시의 흔적이다. 지금도 델리에는 니치렌슈 사찰이 있어서 일본인의 숙소로 사용되기도 한다.

이후 1941년에 영국령 홍콩·싱가포르 등을 함락한 일본군은 영국군에 포함됐던 6만 5,000명의 인도인을 '인도 국민군'으로 조직했다. 그리고 이들을 중심으로 인도 독립운동 단체들을 규합하여 '인도독립연맹'을 만들고, 당시 일본에 귀화한 상태였던 라시 비하리 보스를 이 조직의 의장으로 만들었다. 그러나 이러한 일본 당국

인도 칸헤리 석굴에 남아 있는
일본 불교종파의 석각문
(자료: C.A. Muchhala "A Japanese Inscription an Kanheri")

의 결정에 여타 인도인이 반발하는 바람에, 원래 공산주의자였어도 당시에는 영국의 적국인 이탈리아·독일 등 파시스트 국가의 힘을 빌리려고 독일에 머물던 수바스 찬드라 보스Subhas Chandra Bose를 1943년 5월에 잠수함에 태워왔다.

한국에는 인도의 독립운동가로 간디와 네루가 주로 알려져 있지만, 인도에는 찬드라 보스나 빔라오 람지 암베드카르Bhimrao Ramji Ambedkar, 그리고 파키스탄의 독립을 이끄는

《사진주보》 1943년 11월 대동아회의 특별편의 표지에 실린 수바스 찬드라 보스 | 당시 인도는 '대동아공영권'의 범위에 포함되지 않았으므로, 그는 옵서버 자격으로 회의에 참석했다.

무하마드 알리 진나Muhammad Ali Jinnah와 같이 간디·네루와는 다른 길을 추구한 독립운동가도 많았다. 이승만과 김일성만으로 한반도 남북의 현대사를 온전히 이해할 수 없듯이, 인도와 파키스탄, 그리고 방글라데시의 현대사 역시 그러하다.

똑같이 인도의 독립을 바랐던 간디, 찬드라 보스, 암베드카르였지만 독립 인도가 지향해야 할 형태에 대해서는 근본적으로 생각이 달랐다. 가장 첨예한 대립은 농본주의와 공업화 문제였다. 간디는 반공업주의자였고, 사람들이 최소한의 욕구만을 갖고 대대로 내려온 직업에 기꺼이 종사하며 살아가는 촌락을 인도의 이상사회

로 보았다. 그러나 암베드카르에게 '촌락'은 카스트제도의 억압과 사회경제적 후진성이 존재하는 '시궁창'이었다. 시골마을은 억압받는 계급에게는 종속을 의미했고, 간디가 혐오했던 도시와 공업사회는 불가촉천민 달리트에게는 오히려 탈출구를 상징했다.[94] 암베드카르에게는 인도의 독립 이상으로 도시화·공업화를 통한 카스트 문제의 해결이 시급한 과제였다. 찬드라 보스 역시 지방분권적이고 농본주의적인 간디의 이상에 반대하여 독립 인도는 권위주의적으로 공업화를 추진해야 한다고 생각했으며, 이를 실현하기 위해서는 파시스트 국가의 힘을 빌릴 수도 있다는 입장이었다.[95]

이처럼 인도의 독립운동은 한국에서 이야기되는 것처럼 간디와 네루만으로 설명할 수 없다. 간디, 네루, 암베드카르, 찬드라 보스 모두 오늘날 인도에서 존경받는 인물이다. 비록 선택한 길은 달랐지만 모두 인도의 독립을 위해 투쟁한 독립 영웅이라는 것이다.

무장 독립을 추구한 찬드라 보스는 일본의 힘을 빌리는 길을 택했고, 유라시아 동해안의 남쪽 지역에서 연합국 세력을 몰아내고자 한 일본의 우파는 이들을 이용하기로 했다. 찬드라 보스는 어디까지나 인도 국민군과 일본군이, 그리고 자유 인도 임시정부와 일본이 동등해야 한다고 주장했지만, 일본군은 이들을 괴뢰군·괴뢰정부로 간주했다. 이런 상태에서 일본군이 최악의 패배를 기록한 임팔 작전이 1944년 3월에 시작됐다. 찬드라 보스는 이 전투를 인도 해방의 첫 단계로 인식했지만, 일본군의 목적은 인도에서 북부 버마로 공격해오는 영국군을 억제하는 데 있었으며 인도 해방은 부차적인 문제였다. 이후 일본이 패망하자, 연합군에 적대하고 추축국과 손잡은 찬드라 보스는 전범으로 몰릴 위기에 처했다. 그는 소련 또는 만주로 망명하기 위해 일본의 비행기를 빌려 탔다가 타이완에서 비행기가 추락하는 바람에 사망했다. 비극적인 생애였다.

그런데 이 임팔 전투에는 조선인 독립군이 연합군의 일원으로 참전했다. 독립군의 일파인 민족혁명당은 임시정부에 참여한 후인 1942년 겨울, 인도 주둔 영국군 사령부의 요청으로 주세민과 최성오를 인도에 파견했다. 영국군에게는 인도·버마 전구戰區에서 일본군에 대한 선전, 포로 심문을 위해 일본어가 유창한 한국인이 필요했기 때문이다. 이들은 1943년 2월 버마에 도착해 선전 활동에 큰 성과를 거두고 1943년 3월경 돌아왔다. 한국인의 활동에 주목한 영국군 사령부는 이들을 재차 파병해달라고 요청했고, 같은 해 8월에 광복군 총사령부는 한지성 등 아홉 명의 광복군 인면印緬,인도·버마 전구 공작대를 인도로 파견했다. 이들이 임팔 전투에서 연합군의 일원으로 참전한 것이다. 이들은 1945년 7월에 버마의 수도 랑군을 탈환할 때까지 활동을 이어갔다.[96] 비록 이 활동이 지역의 전황을 좌우할 정도였다는 평가는 받지 못했지만, 한반도 출신 사람이 제2차 세계대전 중 연합군과 일본군에 소속돼 남아시아에서 활동하고 있었다는 사실은 기억할 필요가 있다.

누가 정의로운가? 역코스의 역설

조선인이 일본군으로서 참전한 것이 식민지 조선의 권리 향상으로 이어지지 않은 것처럼, 영국도 제1차 세계대전 당시 인도인과 했던 약속, 즉 인도인이 전쟁에 협력하면 전후에 독립을 시켜주겠다는 약속을 지키지 않았다. 그리하여 찬드라 보스 등의 일부 인도인은 타협 노선을 포기하고 영국의 적인 파시즘 국가에 희망을 걸었다. 그 때문에 찬드라 보스는 전후에 전범 재판을 받을 뻔했으며, 그가 이끈 인도 국민군을 1945년 11월에 재판에 회부하려던 영국 식민 당국의 시도는 인도인의 반발을 불러일으켜 인도 독립운동을 촉발했다.[97]

이때 찬드라 보스의 노선에 동조하여 열정적으로 데모에 참가한 라다비노드 팔Radhabinod Pal이라는 법률가는 반년도 지나지 않은 시점에 극동국제군사재판에 판사로 참석했다. 그는 인도를 식민지배하는 영국과 일본의 차이는 승전국과 패전국이라는 단 한 가지뿐이며, 히로시마·나가사키에 원자폭탄을 투하하는 중대한 전쟁범죄를 저지른 연합국이 추축국을 법률적·도덕적으로 단죄할 수는 없다고 하면서 일본 무죄론을 주장했다.[98] 팔의 주장에 동조한 기시 노부스케岸信介와 같은 일본의 우익 정치가는 노골적으로 미국의 논리에 저항하는 대신 팔 판사를 정의의 상징으로 추앙함으로써 간접적·심리적으로 미국에 저항하는 방식을 택했다. 현재 일본 군국주의의 상징인 야스쿠니靖國 신사에는 팔 판사 현창비가 세워져 있다.

제국주의 일본이 저지른 전쟁범죄의 책임을 져야 할 일본 우파의 운명은 1948년에 중국 공산당이 국민당에 결정적 승리를 거두면서 극적으로 바뀌었다. 애초에 일본을 무장해제하려고 했던 미국은, 중국 공산화에 맞서 일본을 유라시아 동해안의 반공 기지로 재무장하고 남한과 타이완을 그 배후 기지로 삼는 것으로 정책을 바꾸었

야스쿠니 신사에 세워진 팔 판사 현창비

다. 이러한 흐름에서 일본의 전범은 반공주의라는 명분하에 기사회생한 것이다. 미국의 급격한 일본 점령 정책 변화를 '역코스reverse course'라 하며, 그 결과 신생국가 일본에는 군사력의 완전한 포기를 선언한 헌법 9조로 상징되는 평화주의의 흐름과, 미국의 지도하에 한국·타이완과 반공 동맹을 결성하는 우파적 흐름이 공존하게 됐다.

오늘날까지 일본 사회는 미국의 역코스가 초래한 이 모순적 상황을 자체적으로 해결하지 못한 상태다. 역코스는 어쩌면 미국이 일본을 자국의 지도하에 놓기 위해 시행한 교묘한 견제의 틀이라고도 할 수 있을 것 같다. 제2차 세계대전 말기의 대규모 공습(1945년 3월의 도쿄 공습에서는 조선인을 포함하여 8만-10만 명의 사망자가 발생했다)과 원자폭탄 투하에 대한 피해의식, 나아가 "너와 내가 모두 제국주의 정책을 취했는데 왜 나만 처벌받아야 하는가"라는 모순에 대한 불만을 일본의 책임 있는 지위에 있는 인사가 공개적으로 발언하는 날에는, 미일동맹은 소멸하고 유라시아 동해안은 새로운 정치적 상황으로 진입할 것이다. 반대로, 이러한 움직임이 일본에서 일어나기 전까지 일본의 정책은 미국의 지도와 양해, 나아가 일본의 경제력과 군사력을 이용하고자 하는 미국의 압박하에 이루어지고 있다고 간주할 수 있다.

한국인이라면 근대 제국주의 일본에 대해 19세기 말에서 1910년에 걸친 병합 과정에 큰 분노를 느낄 터다. 그러나 극동재판의 대상이 된 시기는 1928-1945년이다. 이 시기에 이미 일본의 일부였던 조선인은, 타의적이라고는 하지만 만주국의 건국에 '애매모호한' 일본인으로서 참가했고 동남아시아의 전선에서는 일본군의 일원으로 참전했다. 이는 비단 조선인뿐 아니라 조선보다 이른 시기에 일본의 일부가 된 타이완인의 경우도 마찬가지였다. 그렇기에 극동재판에서는 조선인과 타이완인 일본군도 전범으로 처벌받았고, 한반도 남부에 들어온 미군은 식민지 조선의 해방자라기보다는 적국 영토에 대한 점령자로서 행동했다.

일본에 대한 적대적 점령에 대비해 준비된 군정요원들은 남한으로 쏟아져 들어왔고, 교범에서 배운 대로 행동했다.[99]

한반도와 타이완 섬에 대한 일본 정부의 정책은 전황이 엄중해질수록 점점 적극적으로 바뀌어, 마침내 이들 지역의 주민을 일

《대동아전쟁 기념보국엽서》 제1집 | 왼쪽 위는 홍콩 함락, 왼쪽 아래는 싱가포르 함락, 오른쪽은 진주만 공습 장면이다.

본군으로서 징집했다. 식민지 주민은 많은 경우 타의적으로 징집됐으나, 어떤 이들은 조선인이 '혈세'를 지불함으로써 일본 내에서 조선 지역의 권리를 향상시킬 수 있다며 적극적으로 국방의 의무를 져야 한다고 주장했다. 1937년에 난징, 1942년에 싱가포르가 함락되면서 일본에 맞설 국제 세력이 없는 것처럼 느껴지게 되자, 예언자가 아닌 다수의 조선인과 타이완인은 독립을 현실적으로 와 닿는 선택지가 아니라고 판단했던 것 같다.

그러나 물론 어떤 이들은 독립이라는 꿈을 현실로 만들기 위해 시베리아에서, 버마에서, 중국에서, 그리고 태평양에서 죽어갔다. 그리고 현실은 소설보다 극적인 법이어서, 광복은 도둑처럼 찾아왔다. 이렇게 되자 독립이라는 선택지를 상정하지 못하고 일본의 정책에 적극적으로 동참함으로써 조선인의 권리를 신장시키는 것을 최선의 목표로 삼던 이들은 혼란에 빠졌다. 신생국가 '대한민국'은 적극적으로 국방의 의무를 주장한 자들과 일본군의 일원으로 참전한 조선 출신 병사들을 희생양으로 삼아 건국 이전의 어두운 과거를 지우고자 했다. 일본 내에서 조선인으로서 살아남고자 적극적이었던 '친일파' 다수는 새로운 국제질서였던 냉전을 틈타 '반공'이라는 이데올로기로 자신의 과거를 덮었다. 마치 필리핀과 일본의 전범이 역코스 과정에서 면죄부를 받은 것처럼 말이다.

  한국인에게도 잘 알려진 맥아더 장군은 태평양전쟁을 승리로 이끌며 세계에서 가장 주목받는 군인으로 부상했다. 천재적인 군사전략으로 미군의 희생을 최소화했으며 전쟁을 승리로 이끌었다고 찬사를 받았다. 그러나 그 수행 과정에서 맥아더는 여러 가지 문제를 일으켰다. 그 가운데 하나가 돌발적인 언론 발표였다. 상부의 허락 없이 진행된 맥아더의 공식발표는 늘 시기상조라는 비난을 받았다. 다른 문제는 수복된 지역의 정치 질서를 자신의 의도에 따라 재편하려고 한 것이다. 필리핀 수복과 때를 같이하여 1945년 6월 9일 필리핀 국회는 맥아더에게 필리핀 국민을 대신해 깊은 감사를 전했다. 이때 맥아더는 마누엘 로하스Manuel Roxas를 후원해 그가 대통령이 되는 데 지대한 영향을 끼쳤다. 로하스는 일본에 협력한 일종의 부일협력자로 처벌을 받아야 했음에도, 맥아더가 그를 사면하고 대통령으로 만든 것이었다. 이는 필리핀의 향후 정치 과정에 결정적인 역할을 한 것이었고, 해방 이후 한국의 정치 과정과 매우 유

사한 경로를 밟았다.[100]

신생국가 대한민국에서 '친일파'가 생존권을 얻기 위해서는, '혈세'를 바치기 위해 일본군으로 복무하고 종군위안부가 돼야 했던 이들의 존재를 시민들의 기억에서 지워야 했다. 이는 일본에서도 마찬가지여서, 자신들이 징용하고 동원했던 자들에 대한 사후처리는 거의 이루어지지 않았다. B·C급 전범, 종군위안부, 스파이로 취급받아 강제로 이주당하고 학살당한 연해주와 사할린의 조선인, 인도네시아 독립운동의 영웅인 동시에 구 일본군 전범이었던 양칠성, 일본이 덴노 제도를 지키려고 전쟁을 질질 끄는 바람에 무의미하게 사망한 10만 명의 오키나와 주민, '프론티어' 북만주北滿洲를 개척하자는 명목으로 일본에서 보낸 소년으로 구성된 만몽개척단滿蒙開拓團, 일본군·만주군에 소속돼 북만주에 주둔하다가 일본의 패전과 함께 소련군의 포로가 돼 시베리아에 억류된 조선인 등이 바로 그들이다.

우리 현대사에서 부끄러운 부분이기는 하지만, 일제가 만주국을 통치하던 시절 신징 군관학교나 펑톈 군관학교를 나와 일본군이나 만군에 근무하던 장교 출신 가운데 대한민국에서 대통령·총리·장관 등으로 영달을 누린 사람들이 적지 않다. (중략) 전후 사정이 어찌 됐든 이들이 재빨리 만주 등지에서 빠져나와 돌아온 반면, 가장 말단 사병으로 북만주 등지에 끌려갔던 청년들은 소련에서 어처구니없는 고생을 해야 했다.[101]

일본의 저명한 영화감독 오시마 나기사大島渚는 1960년대에

《만몽개척단(만주개척청년의용대) 기념엽서집》 1·2

구 일본군 출신 조선인의 비참한 삶을 〈잊혀진 황군忘れられた皇軍〉이라는 영화로 남겼다. 오시마는 사할린의 조선인과 마찬가지로 이들 구 일본군 출신 조선인을 방기한 일본 정부를 비판했다. 그러나 사할린 잔류 조선인 권희덕 씨는 다음과 같이 일본과 남북한 정부를 모두 비판한다.

전후, 일본이 책임을 갖고 우리들을 귀국시키려고 했다면 가능했을 것이라고 생각합니다. 1952년 대일강화조약 발효까지 우리들은 법률적으로 '일본 사람'이었으니까요. 조선에서 온 1세들은 사회제도의 180도 전환에 적응할 수가 없어서, 내 눈앞에서 정신이상으로 자살한 노인이 두 사람이나 있었습니다. 그러나 사할린에 남은 조선 사람이 돌아갈 수 없었던 원인은 38도선에 의한 조국의 분단입니다. 남쪽도 북쪽도 이념만 떠들지 말고 인도적으로 돼야 합니다. 저는 사할린의 조선 사람을 일본으로부터도, 조국으로부터도 버림받은 20세기의 버림받은 민족이라고 생각합니다. 일본 정부는 1965년의 한일기본조약에서 과거의 배상문제는 끝났다고 말하고 있지만, 사할린의 우리들은 관계없는 일입니다. 왜 우리들이 조약의 희생자가 되지 않으면 안 될까요?[102]

이와 같이 이들의 존재를 묻어버림으로써 신생국가의 과거를 순결하게 만들려고 했던 대한민국 정부에도 책임이 있는 것은 당연하다. 2015년에 50주년을 맞이하는 한일 국교정상화 과정에서 일본이 지불한 '독립축하금'은 식민지 시기 피해자 개개인에게 거의 주어지지 않았을 뿐만 아니라, 그 후 개개인의 배상 요구를 막는 법적 장애물이 되기도 했다. 베트남전쟁에서 희생된 한국군 병사는 기

파주 적군묘지 | 한국전쟁 당시의 북한군·중국군 병사 시신을 수습한 곳이다. 중국군의 시신은 2014년에 중국으로 귀환됐다.

억에서 지워졌고,[103] 그들의 출병을 대가로 미국에서 받은 지원은 참전자 개개인에게 돌아가는 대신 '국가'를 위해 쓰였다. 개인의 희생 위에 국가가 탄생하고 성장하는 과정은 근대 유라시아 동해안에서 반복해서 보게 되는 잔인한 풍경이다.

마치며

16세기 일본의 전국시대에서 시작된 이 책은 20세기를 정확히 반으로 쪼갠 한국전쟁, 그리고 한일국교정상화와 베트남전쟁에서 멈췄다. 역사에 명확한 결론을 내릴 수 없다지만, 유라시아 동해안이라는 광범위한 지역에서 500년이라는 긴 시간 동안 일어난 일을 빠르게 훑고 왔으므로 거칠게나마 정리할 필요는 있을 것이다.

한반도 주민이 관계를 맺은 역사적·지리적 범위는 한반도보다 넓다

고대 고구려와 같이 자의에 따른 것이었든, 동남아시아에서 활동한 임진왜란 포로나 버마에서 연합군의 일원으로 참전한 광복군과 같이 타의에 의한 것이었든, 한반도 주민은 한반도 바깥의 넓은 세계를 향해 쉼 없이 나아갔다. 동시에, 한반도 바깥의 수많은 정체성 집단에서도 수많은 사람들이 한반도 내부로 들어왔다. 한반도에서 살아가는 사람들이 정체성을 만들어가는 과정에서 등장한 "한국인은 단일민족"이라거나 "우리는 모두 단군 할아버지의 자손"이라는 문장은 단지 비유적으로만 의미 있는 표현일 뿐이다.

한반도도 침략과 피침략을 모두 경험했다

한반도에 있던 국가가 바깥 집단으로부터 수없이 침략받은 것은 사실이다. 그래서 한반도 역사가 시작된 이래 900여 차례의 침략을 받았다는 이야기가 인구에 회자되고는 한다. 그러나 한반도 국가가 바깥을 침략한 사례 역시 적잖이 확인된다. 고구려인이 영토를 확장하는 과정에서 사라져간 주변 민족, 여진인을 철저히 탄압했던 조선 전기, 만주인·몽골인과 함께 만리장성을 넘어 베이징으로 진입한 소현세자의 조선군, '일본인'의 일원으로 참전한 태평양전쟁, 미군과 연합군으로 참전한 베트남전쟁 등등. 이러한 후자의 경험을 제쳐 둔 채 '피해자 한국'이라는 정체성을 수립하려 한 결과, 역사에서 기억해야 할 수많은 희생자가 의도적으로 잊혔다. 현재와 가장 가까운 베트남전쟁을 예로 들면, 한국인은 '고엽제의 피해와 전쟁의 트라우마에 고통 받는 참전군인', 그리고 무엇보다도 한미 연합군에 살해된 베트남 주민을 잊고 있다.

또한, 임진왜란이나 한국전쟁 동안 나온 희생자는 절대적인 수치에서 적진 않지만 시선을 세계로 돌려 보면 여러 사건에 발생한 희생자 수 역시 막대하다. 중국의 태평천국의 난이나 문화혁명, 소련의 스탈린 독재, 프랑스·일본·미국을 상대로 저항한 베트남의 독립전쟁이나 네덜란드에 대한 인도네시아의 독립전쟁, 1960년대 인도네시아의 공산주의자 학살, 나치 독일의 유대인·집시 학살, 그리고 무엇보다 근대 유럽인에 의해 수천만 명이 학살당한 아프리카와 중남미 주민을 생각한다면, 한반도 주민은 그들이 겪은 침략과 피침략의 역사를 좀 더 보편적인 인간 역사에 비춰 생각해볼 필요가 있다. 과연 여기까지 살펴본 잔혹한 인간의 역사와 비교해 볼 때, 한반도 주민은 전 세계에서 가장 평화로운 사람들로서 언제나 침략만 받아왔고, 그 역사가 인류 역사상 가장 잔혹한 것이었다고 말할 수 있을까?

한반도는 언제나 지정학적 요충지인가?

한반도는 16세기 중반까지는 유라시아 동부의 변방이었으나, 일본이라는 플레이어가 대두한 임진왜란 이후에는 지정학적 요충지가 되었다. 이런 지정학적 조건은 20세기 초까지 크게 변한 바 없다. 그러나 21세기 현재 교통과 통신의 발달, 그리고 우주까지 작전 범위에 넣은 군사기술의 발달로 인해 한반도의 지정학적 위상은 근본적으로 변화했다. 더 이상 일본이나 중국, 러시아는 굳이 한반도를 거쳐서 상대국을 침공하거나 부동항을 찾아야 할 필요를 느끼지 않는다. 나아가 동중국해와 남중국해의 영토 분쟁지역에서 이해관계가 얽힌 국가들의 전투기와 항공모함, 잠수함이 정면충돌할 위기가 높아지면서, 상대적으로 한반도 주변 지역의 위기 정도는 낮아졌다. 서울대 국제대학원의 이근 교수는 2014년 10월 9일자 《경향신문》 칼럼에서 이러한 점을 지적하여, "동북아시아에 신냉전이 돌아올 것이라는 얘기로 너무 호들갑을 떨지 않았으면 좋겠다"는 충고를 한국사회의 일각에 던진 바 있다. 한반도는 '이슬람국가ISIS'와 주변 지역, 보코하람이 득세한 사하라 이남 아프리카, 체첸, 우크라이나 등보다도 더 위험한 지역이며 일촉즉발의 위기 상황에 놓여 있다고 할 수 있을까?

한반도 바깥의 회복?

20세기 전기 일본의 사례를 보더라도 만주국을 만들고 이른바 '몽강蒙疆' 지역을 떼어내기까지 수십 년에 걸쳐 막대한 인적·물적 희생이 필요했다. 그 과정에는 국제법에 대한 끝없는 고려가 있었으나, 그럼에도 끝내 실패했다. 영토로 쳐들어가서 적군을 물리치는 것은 일시적 점령일 뿐, 그 병합이라는 것은 그렇게 단순한 문제가 아니다. 전쟁은 낭만이 아니다. 따라서 한반도 주민은 고토古土 회복, 요동반도 수복, 중국 분할 등의 망상을 버려야 한다.

역사를 봐도, 발해가 멸망하면서 한반도 북부 및 만주 지역에 대한 연고권은 사실상 소멸됐다. 물론 고려가 삼한의 흐름을 이은 신라를 계승했어도, '고(구)려'라는 국호를 택함으로써 이 지역에 대한 연고권은 획득할 수 있었다. 서희와 윤관의 고려, 김종서와 이중하의 조선, 그리고 일본에 의한 식민지 지배에 저항한 한반도 주민의 대량 이주기를 거치면서 거의 천 년 만에 고구려와 발해의 세력권이었을 연해주까지 한반도 주민이 거주할 수 있게 되었다.

그러나 유라시아 동부에 독립국가를 수립하고자 한 시도가 몽골공화국을 제외하고는 모두 실패로 끝난 바 있다. 현재의 한반도 주민에게는 압록강과 두만강이라는 자연 경계 너머에 대해 연고권을 행사할 능력도 충분하지 않으며, 만약 무리해서 이를 실현하려 할 경우 중국 및 러시아, 나아가 국제사회와의 전면적인 무력충돌을 각오해야 할 것이다. 만주국의 사례가 이를 증명한다. 한발 양보해서 이 지역을 한반도 주민의 지배권하에 넣었다 해도, 그곳에 살고 있는 1억 명 전후의 중국인과 러시아인, 기타 소수민족을 모두 민주주의 체제하에 수렴할 각오가 돼 있어야 한다. 대한국Greater Korea의 대통령으로 중국계 주민이 선출되더라도 받아들일 수 있어야 한다는 말이다. 그러나 현실은 수십만 명의 조선족과 탈북자조차 포용하지 못하고 있으며, 한반도가 통일되더라도 수십 년 동안은 북한 지역 주민의 투표권을 제한하자는 주장이 공공연히 나타나고 있다.

마지막으로, 남한과 북한의 통일을 국가적 과제로 삼고 있는 현재, 만약 통일 한국이 자연 경계를 넘어 영토를 확장하겠다고 나섰을 때 국제사회가 지지해주리라 믿는 것은 순진한 생각이다.

중국과 일본을 어떻게 볼 것인가

임진왜란의 역사적 의의는 한인과 비한인 이외에 일본과 러시아가 주요한 플레이어로 등장하면서 유라시아 동부가 '삼국지'적 세계에서 '열국지'적 세계로 바뀌었다는 데에 있다. 그러나 일부 한국인은 다수의 플레이어가 펼치는 복잡한 국제관계를 '한·미·일', '한·미·중' 등의 삼각 구도로 한정해서 생각하려는 경향을 보인다. 역사적으로는 별 의미가 없는 촉나라를 삼국시대의 중심으로 설정하는 소설적 세계관,《삼국지》의 주인공인 한인을 자신과 동일시한 나머지 실제로 자신과 마찬가지 처지인 한인 바깥의 여러 집단을 오랑캐로 치부하여 깔보는 모순된 자기 인식, 세 집단이 정립鼎立하는 것을 자연의 질서인 양 간주해서 이를 현실 세계에서 구현하고자 하는 비논리적 행동 등도 '삼국지'적 세계관의 폐해다.

  21세기 이후 한국에는 중국의 부상을 숙명적이자 비가역적인 것으로 보는 사고가 존재한다. 중국은 서구 사회나 한국·일본·터키 등이 추구하는 민주주의와는 전혀 다른 체제를 유지하면서도 경제적·군사적으로 세계 강국이 될 것이라는 주장이 한국 사회의 일각에서 들린다. 이런 주장을 접할 때마다 필자는 미국 경제는 기존의 모든 경제학 이론을 무시하고 계속 성장할 것이라는 '신경제New Economy'의 환상을 떠올린다. 금융위기와 함께 미국의 신경제라는 환상이 붕괴했듯이, 중국이 지난 수십 년 사이에 달성한 성과가 민주주의적 질서의 뒷받침없이도 확고한 것이 되리라는 주장 역시 결국은 기각될 것이다. 더 강하게 말하자면 중국의 부상을 기뻐하는 한국 사회 일부의 모습을 보며, 중국과 한국을 동일시하려는 전통적인 오류에, 일본이나 미국에 대한 증오가 결합된 것 같은 느낌마저 받는다. 한국 사회는 언제쯤이나 중국이라는 프리즘 없이 세계를 바라볼 수 있게 될까?

한편, 미국은 일본의 움직임을 어디까지 용인할 것인가? 히로시마·나가사키에 대한 원자폭탄 투하와 일본 주요 도시에 대한 미군의 공습에 대해 일본의 책임 있는 당국자가 정식으로 문제를 제기하거나, 일본의 진주만 공습을 정당화하는 발언을 공공연히 하는 등은 미국이 일본에 대해 설정한 레드라인이다. 일본군 위안부 문제가 한일 간의 민족 문제가 아닌 보편 인권이라는 문제로 확대되면서, 이 문제도 레드라인의 하나가 되어가고 있다. 이러한 레드라인을 일본이 넘지 않는 한, 일본이 정치적·군사적으로 보이는 행동은 미국의 용인하에 이루어지는 것으로 간주된다. 2004년에 나왔던 "일본 안전보장의 맨 윗자리는 유엔이 아니라 미·일 안보관계가 위치하고 있다"는 미일 고위급 인사들의 발언은 이러한 사정을 잘 보여 준다(《경향신문》, 2004년 1월 28일 자).

나토 18개국이 자국에 주둔하는 미군에 25억 달러를 지원한다면, 일본은 '배려 예산'이라는 명목하에 단독으로 44억 달러를 지원한다. 일본에 주둔하는 미군의 경비 가운데 75%를 일본이 지원하고 있는 것이다. 이처럼 현재 일본은 철저히 미국의 방침에 순응하는 자세를 보이고 있다. 이러한 상황에서 여전히 한국 사람들은 서로를 '북한인(빨갱이)'과 '일본인(친일파, 매국노)'라고 비난하며 자신들의 정치적 이익을 추구할 뿐, 그 배후의 국제적인 상황을 간파하거나 공동 이익을 추구하는 현명함을 보여주지 못하고 있다.

주

들어가며

1) 〈The U.S. Should Support Japan's Enhanced Security Role〉, 헤리티지 재단(December 20, 2013).
2) 〈방공식별구역 선포는 일본이 초래… 한국, 日 편들면 中의 적 된다〉,《한국일보》(2014년 1월 2일자).

1부

1) 니콜로 마키아벨리,《군주론》, 신복룡 옮김(을유문화사, 2007), 75쪽.
2) 아미노 요시히코,《몽고습래 – 전환되는 사회》(쇼가쿠칸문고, 2000) 참고.
3) 《선조실록》1592년 9월 14일 자.
4) 《선조실록》1596년 1월 30일 자.
5) 고려대학교 민족문화연구원 만주학센터 만주실록 역주회,《만주실록 역주》(소명출판, 2014), 124–126쪽.
6) 《만주실록 역주》, 203–212쪽.
7) 《만주실록 역주》, 265쪽.
8) 《만주실록 역주》, 270–271쪽.
9) 《만주실록 역주》, 447–448쪽.
10) 《만주실록 역주》, 356쪽.
11) 한명기,《정묘·병자호란과 동아시아》(푸른역사, 2009). 112쪽.
12) 같은 책, 414쪽.
13) 이시바시 다카오,《대청제국 1616~1799》(휴머니스트, 2009), 143쪽.
14) 구범진,《청나라, 키메라의 제국》(민음사, 2012), 116쪽.
15) 지영재,《서정록을 찾아서》(푸른역사, 2003) 참조.
16) 김동준,《역주 소현심양일기 4 소현을유 동궁일기》(민속원, 2008), 93쪽.
17) 같은 책, 97쪽.
18) 같은 책, 97–98쪽.
19) 같은 책, 103쪽.
20) 이재경,〈삼번의 난 전후(1674~1684) 조선의 정보수집과 정세인식〉(서울대 국사학과 석사논문, 2013).
21) Elisabetta Colla,〈16th Century Japan and Macau Described by Francesco Carletti(1573? – 1636)〉.
22) 최병욱,《동남아시아사–전국시대》(대학교과서, 2006), 252쪽.
23) 국제한국학회,《실크로드와 한국 문화》(소나무, 2000) 264–267쪽.

2부

1) 하멜 일행의 표류와 귀국을 둘러싼 문제는 신동규 교수가《근세 동아시아 속의 일·조·란 국제관계사》(경인문화사)에서 치밀하게 언급했다.
2) 경인문화사 편집부 엮음,《한국문집총간》(경인문화사, 2003) 수록본.
3) 《순조실록》1809년 6월 26일 자.
4) 최성환,《문순득 표류 연구–조선후기 문순득의 표류와 세계 인식》(민속원, 2012), 226쪽.
5) 같은 책, 292쪽.
6) 같은 책, 292쪽.

7) 같은 책, 255쪽.
8) 木崎良平,《光太夫とラクスマン》(刀水書房, 1992), 27-30쪽.
9) 같은 책, 서문.
10) R.A. 스켈톤,《탐험지도의 역사》, 안재학 옮김 (새날, 1995), 204쪽에서 재인용.
11) 야마구치 게이지,《일본 근세의 쇄국과 개국》, 김현영 옮김 (혜안, 2001), 30-33쪽.
12) http://ocw.mit.edu/ans7870/21f/21f.027/rise_fall_canton_01/index.html.
13) 하네다 마사시,《동인도회사와 아시아의 바다》, 이수열, 구지영 공역 (선인, 2012), 130쪽.
14) 杉本つとむ,《西洋文化事始め十講》(スリーエーネットワーク, 1996), 189-218쪽.
15) "夫醫家の事は其教かた總て實に就くを以て先とする事故, 却て領會する事速かなる."《日本古典文學大系》(岩波書店), 473쪽.
16) "人と云者は, 世に廢れんと思ふ藝能は習置て, 末々までも不絶樣にし, 當時人のすてはてて, せぬことになりしをば, これを爲して, 世のために, 後にも其事の殘る樣にすべし."《日本古典文學大系》, 479쪽.
17) 같은 책, 487쪽.
18) 타이먼 스크리치,《에도의 몸을 열다》, 박경희 옮김 (그린비, 2008), 174쪽.
19) "大ひなる國益とも成べし."《日本古典文學大系》, 488쪽.
20) "華夷人物違ありや." 같은 책, 491쪽.
21) 같은 책, 493쪽.
22) 같은 책, 498-499쪽.
23) 유리 세묘노프,《시베리아 정복사》(경북대학교출판부, 1992), 7쪽.
24) 같은 책, 367쪽.
25) 같은 책, 201쪽.
26) 박태근 편,《국역 북정일기》(다락원, 1985), 55쪽.
27) 같은 책, 98쪽.
28) 계승범,《조선시대 해외파병과 한중관계》(푸른역사, 2009).
29) 강인욱,〈나선정벌, 그리고 알바진 요새의 후손들의 뒷이야기〉, http://blog.naver.com/kanginuk/90177876974.
30) 피터 퍼듀,《중국의 서진》, 공원국 옮김 (길, 2012), 359쪽.
31) 민족문화추진위원회 편,《국역 해행총재 III》, 408쪽.
32) 유리 세묘노프,《시베리아 정복사》, 472-473쪽.
33) 안톤 체호프,《안톤 체호프 사할린 섬》, 배대화 옮김 (동북아역사재단, 2013), 121쪽.
34) 《北方未公開古文書集成 3》現代編集同人社, 120쪽.
35) 《新編林子平全集 兵學》第一書房, 287쪽.
36) 김시덕,《교감 해설 징비록》(아카넷, 2013), 595-596쪽.
37) 《葉隱》권 4, 61.
38) 유리 세묘노프,《시베리아 정복사》, 347-358쪽.
39) 〈ロシアに眠る幕府の大砲·江戸後期の紛争略奪品·東大調査〉,《朝日新聞》(2010년 9월 6일 자).
40) 김시덕,〈전근대 일본의 대(對)러시아 전략과 임진왜란〉,《조선 기록문화의 역사와 구조 2-기록에서 사회로》(소명출판, 2014).
41) 〈이순신 대장선의 미스터리-손문욱〉, KBS〈역사 스페셜〉 2010년 7월 3일 방송.
42) 김시덕,〈조선후기 문집에 보이는 일본문헌 "격조선론"에 대하여〉,《국문학연구》 23호 (2011), 93-117쪽.
43) 田代和生,《江戸時代朝鮮薬材調査の研究》(慶應義塾大學出版會, 1999).
44) 김시덕,〈옛 일본소설 속의 조선풍속화-조선을 조선답게 그리려고 한 한 화가의 열망〉(http://navercast.naver.com/contents.nhn?rid=134&contents_id=15875) 참조.
45) 高橋博巳,《東アジアの文藝共和國》(新典社, 2009); 정민,《18세기 한중 지식인의 문예 공화국》(문학동네, 2014); 후마 스

스무, 《연행사와 통신사》(2008) 등.
46) 《先哲叢談》, 국문학연구자료관 소장본.
47) 정민, 《미쳐야 미친다》(푸른역사, 2004), 156-176쪽.
48) 박양자, 《일본 키리시탄 순교사와 조선인》(순교의 맥, 2008), 234쪽.
49) 박철, 《16세기 서구인이 본 꼬라이》(한국외국어대학교출판부, 2011) 85-89쪽.
50) 박양자, 《일본 키리시탄 순교사와 조선인》, 194-196쪽.
51) 같은 책, 88쪽.
52) 같은 책, 192쪽.
53) 같은 책, 47쪽.
54) 샤를 달레, 《한국천주교회사 2》(한국교회사연구소, 1987), 31쪽.
55) 샤를 달레, 《한국천주교회사 1》(한국교회사연구소, 1987), 473-474쪽.
56) 같은 책, 475쪽.
57) 같은 책, 413쪽.
58) 달레, 《한국천주교회사 2》, 127쪽.
59) 같은 책, 147-148쪽.
60) 달레, 《한국천주교회사 2》, 24쪽.
61) 정병설, 《죽음을 넘어서 – 순교자 이순이의 옥중편지》(민음사, 2014), 서문.
62) 《한국교회사 연구자료 1 황사영백서》, 한국교회사연구소, 70-71쪽.
63) 같은 책, 67-68쪽.
64) 같은 책, 60쪽.
65) 박양자, 《일본 키리시탄 순교사와 조선인》, 291-292쪽.
66) 같은 책, 304쪽.

3부

1) 강인욱, 《춤추는 발해인》(주류성, 2009), 100-104쪽.
2) 小島晋治, 《洪秀全と太平天國》(岩波書店, 2001), 96-98쪽.
3) 《승정원일기》; 하정식, 《태평천국과 조선왕조》(지식산업사, 2008), 229쪽.
4) 《일성록》; 하정식, 《태평천국과 조선왕조》, 98-99쪽.
5) 하정식, 《태평천국과 조선왕조》, 199-216쪽)
6) 林子平述, 村岡典嗣校訂, 《海國兵談》 권1(岩波書店, 1939).
7) 菊池秀明, 《太平天國にみる異文化受容》(山川出版社, 2003), 1-2쪽.
8) 《해완치언(解腕痴言)》, 有馬祐政 《勤王文庫 4》 大日本明道會, 243쪽.
9) 〈維新期の會津·庄內藩, 外交に活路 ドイツの文書館で確認〉, 《朝日新聞》(2011년 2월 7일 자).
10) 井上勝生, 《幕末·維新》(岩波書店, 2006), 162쪽.
11) 서현섭, 《지금도 일본은 있다》(고려원북스, 2004), 120-126쪽.
12) 海保嶺夫, 《北海道の研究 4 近世編 II》(清文堂, 1982) 281-310쪽.
13) 豊見山和行, 《琉球·沖繩史の世界 日本の時代史 18》(吉川弘文館, 2003), 232-266쪽.
14) 〈臺灣征討事件〉 8, 일본 국립공문서관 소장.
15) 伊藤潔, 《臺灣》(中央公論社, 1993), 65쪽.
16) 주완요, 《대만》(신구문화사, 2003), 114-125쪽: 伊藤潔, 《臺灣》, 65-79쪽.
17) 김용구, 《임오군란과 갑신정변 : 사대질서의 변형과 한국 외교사》(원, 2004), 90쪽.
18) 김호동, 《근대 중앙아시아의 혁명과 좌절: 신강(新疆) 무슬림국가(1864-1877) 연구》(사계절, 2000), 서문.
19) 구범진 《청나라, 키메라의 제국》, 236쪽.

20) 김용구,《임오군란과 갑신정변 : 사대질서의 변형과 한국 외교사》, 11-17쪽.
21) 같은 책, 23쪽.
22) 같은 책, 96-99쪽.
23) 신동준,《개화파 열전》(푸른역사, 2009), 39쪽.
24) 김용구,《임오군란과 갑신정변: 사대질서의 변형과 한국 외교사》, 157쪽.
25) 같은 책, 271·279쪽.
26) 신동준,《개화파열전》, 15쪽.
27) 야스카와 주노스케,《후쿠자와 유키치의 아시아 침략사상을 묻는다》, 이향철 옮김 (역사비평사, 2011), 159쪽.
28) 같은 책 162쪽.
29) 무쓰 무네미쓰,《건건록》, 김승일 옮김 (범우사, 1994), 32쪽.
30) 제노네 볼피첼리,《구한말 러시아 외교관의 눈으로 본 청일 전쟁》유영분 옮김 (살림, 2009), 81쪽.
31) 무쓰 무네미쓰,《건건록》, 54쪽.
32) 강창일《근대 일본의 조선침략과 대아시아주의》(역사비평사, 2002), 38-101쪽.
33) 原田敬一,《日淸·日露戰爭》(岩波文庫, 2007), 66쪽.
34) 萩原 朔太郞,《日淸戰爭異聞 原田重吉の夢》, Kindle版.
35) 井上泰至·金時德,《秀吉の對外戰爭》(笠間書院, 2011), 270-271쪽.
36) 原田敬一,《日淸·日露戰爭》, 82-84쪽.
37) 무쓰 무네미쓰,《건건록》, 177쪽.
38) 原田敬一,《日淸·日露戰爭》, 68쪽.
39) 신동준,《개화파 열전》, 268쪽.
40) 야스카와 주노스케,《후쿠자와 유키치의 아시아 침략사상을 묻는다》, 246-253쪽.
41) 정용화,《문명의 정치사상: 유길준과 근대 한국》(문학과 지성사, 2004) 93쪽에서 재인용.
42) 이사벨라 버드 비숍,《조선과 그 이웃 나라들》, 신복룡 옮김 (집문당, 2000) 275-276쪽.
43) 신동준,《개화파 열전》, 109쪽.
44) 박 보리스 드미트리예비치,《러시아와 한국》, 민경현 옮김 (동북아역사재단, 2010), 317쪽.
45) 무쓰 무네미쓰,《건건록》, 317-318쪽.
46) 박 보리스 드미트리예비치,《러시아와 한국》, 같은 책, 31쪽.
47) 같은 책, 329-330쪽.
48) 묄렌도르프,《묄렌도르프 자전》, 신복룡 역주 (집문당, 1999) 86-87쪽.
49) 디오니시 빠즈드냐예프 엮음,《러시아 정교회 한국 선교이야기》(홍성사, 2012) 19쪽.
50) 小林實,《明治大正露文化受容史》(春風社, 2010), 67-68쪽.
51) 横手愼二,《日露戰爭史》(中央公論新社, 2005), 28쪽.
52) 야마무로 신이치,《러일전쟁의 세기》, 정재정 옮김 (한림대학교일본학연구소, 2010), 138쪽.
53) 같은 책, 118-124쪽.
54) 강성학,《시베리아 횡단열차와 사무라이》(고려대학교출판부, 1999) 25-26쪽.
55) 와다 하루키,《러일전쟁과 대한제국》, 최덕규 옮김 (제이앤씨, 2011), 59-60쪽.
56) 박 보리스 드미트리예비치,《러시아와 한국》, 679-682쪽.
57) 가스통 르루,《러일전쟁, 제물포의 영웅들》, 이주영 옮김 (작가들, 2006), 163쪽.
58) 강성학,《시베리아 횡단열차와 사무라이》, 23쪽.
59) 야마무로 신이치,《러일전쟁의 세기》, 203쪽.
60) 박 보리스 드미트리예비치,《러시아와 한국》, 686쪽.
61) 서영희,《일제 침략과 대한제국의 종말》(역사비평사, 2012), 37쪽.
62) 瀧井一博,《伊藤博文》(中央公論新社, 2010), 340쪽.

63) 황재문,《안중근 평전》(한겨레출판, 2011), 317쪽.
64) 서영희,《일제 침략과 대한제국의 종말》, 201쪽.
65) 황재문,《안중근 평전》, 339쪽.
66) 原田敬一,《日清·日露戦争》(中央公論新社), 229쪽.
67) 김경천,《경천아일록》(학고방, 2012), 51쪽.
68) 岩下哲典,《江戸のナポレオン傳說》(中央公論新社, 1999); 立川京一,〈日本におけるナポレオンの人気と理解〉.
69) "小早川·加藤·小西가 世에 아라바 今宵의 月을 이가니 見이랴란."
70) 최덕규,《제정 러시아의 한반도 정책, 1891-1907》(경인문화사, 2008), 33쪽.
71)《러일전쟁》한국외국어대출판부 78쪽, 최정현 수정).
72) 최병욱,《동남아시아사-전통시대》(대한교과서, 2006), 285-286쪽.
73) 도면회,《한국 근대 형사재판제도사》(푸른역사, 2014), 7-9쪽.
74) 무쓰 무네미쓰,《건건록》, 160쪽.
75) 이사벨라 버드 비숍,《조선과 그 이웃 나라들》, 328쪽.
76) 유리 바닌 외 지음,《러시아의 한국 연구》, 기광서 옮김(풀빛, 1999), 42쪽.
77) 야마무로 신이치,《키메라, 만주국의 초상》, 윤대석 옮김(소명출판, 2009), 57-63쪽.
78) 박환,《시베리아 한인민족운동의 대부 최재형》(역사공간, 2008).
79) 정병준,〈백범 김구암살 배경과 백의사〉,《한국사연구》128(2005), 257-296쪽.
80) 박선영,〈간도 문제의 시대적 변화상, 17~21세기〉, 311쪽; 최종고,〈春園學의 새로운 地平—이광수 연구의 새 자료와 과제〉(2014년 9월 18일 서울대 규장각한국학연구원에서 발표).
81) 김경천,《경천아일록》, 187-188쪽.
82) 강창일,《근대 일본의 조선침략과 대아시아주의》(역사비평사, 2002), 364쪽.
83) 삿사 미쓰아키,〈1920년대 만주에서의 '대고려국' 건국 구상〉.
84) 김의원,《국토연구원 소장 희귀자료 및 진서 해설》(국토연구원, 2005), 35쪽.
85) E. H. 카,《볼셰비키 혁명사》, 이지원 옮김(화다, 1985), 383-396쪽.
86) 야마무로 신이치,《키메라, 만주국의 초상》, 66-83쪽.
87) 加藤陽子,《滿州事變から日中戰爭へ》(岩波書店, 2007), 19-28쪽.
88) 야마무로 신이치,《키메라, 만주국의 초상》, 77쪽.
89) 강인욱,〈시베리아 속의 숨겨진 공화국, 아무르의 캘리포니아〉, http://blog.naver.com/kanginuk/90161597494.
90) 加藤陽子,《滿州事變から日中戰爭へ》, 230쪽.
91) 오구마 에이지,《일본 단일민족신화의 기원》, 조현설 옮김(소명출판, 2003), 333·425쪽.
92) 川村湊,《滿洲崩壞 "大東亞文學"と作家たち》(文藝春秋, 1997), 12쪽.
93) 야마무로 신이치,《키메라, 만주국의 초상》, 286-287쪽).
94) 게일 옴베르트,《암베드카르 평전》, 이상수 옮김(필맥, 2005), 99-100쪽.
95) 中里成章,《パル判事》(岩波文庫, 2011), 41쪽.
96) 정병준,〈광복 직전 독립운동세력의 동향〉(한국독립운동사연구소, 2009), 51-53쪽.
97) 中里成章,《パル判事》, 78-81쪽.
98) 같은 책, 68쪽.
99) 정병준〈20세기 미국의 한반도 전략과 역할〉,《그들이 본 한국전쟁 2 미군과 유엔군 1945-1950 : 맥아더 보고서》(눈빛출판사, 2005).
100) 이상호,《맥아더와 한국전쟁》(푸른역사, 2012), 51쪽.
101) 김효순,《나는 일본군 인민군 국군이었다》(서해문집, 2009), 15-16쪽.
102) 이토 다카시,《사할린 아리랑》(눈빛, 1997), 32쪽.
103) 박태균,〈파병 50돌, 4650명의 무덤 위에서 전쟁의 의미를 묻다〉,《한겨레 신문》(2014년 1월 2일 자)

더 읽을 책

더 깊은 독서를 원하는 분을 위해, 각 장별로 참고가 될 만한 책을 소개한다.
가급적 2015년 현재 시중에 판매되는 책을 대상으로 했다.

1장

마키아벨리, 최장집 서문, 박상훈 번역, 《군주론》, 후마니타스
박수철, 《오다·도요토미 정권의 사사(寺社) 지배와 천황》, 서울대학교출판문화원
일본사학회, 《아틀라스 일본사》, 사계절

2-3장

국방부 전사편찬위원회, 《임진왜란사》
김시덕, 《그들이 본 임진왜란》, 학고재
김시덕, 《그림이 된 임진왜란》, 학고재
류성룡 지음, 김시덕 옮김, 《교감해설 징비록》, 아카넷
이민웅, 《임진왜란 해전사》, 청어람미디어
프로이스, 《임진왜란과 도요토미 히데요시》, 부키

4-6장

구범진, 《청나라 키메라의 제국》, 민음사
김호동, 《몽골제국과 세계사의 탄생》, 돌베개
이시바시 다카오, 《대청제국》, 휴머니스트
지영재, 《서정록을 찾아서》, 푸른역사
피터 퍼듀, 《중국의 서진》, 길
한명기, 《역사평설 병자호란》, 푸른역사

7장

백승종, 《정감록 미스터리》, 푸른역사
주완요, 《대만》, 신구문화사
최창근 외, 《대만》, 대선

8장

박희병·정길수, 《전란의 소용돌이 속에서》, 돌베개
최병욱, 《동남아시아사-전통시대》, 대한교과서
조흥국, 《한국과 동남아시아의 교류사》, 소나무

9장

신동규, 《근세 동아시아 속의 일·조·란 국제관계사》, 경인문화사
최성환, 《문순득 표류 연구-조선후기 문순득의 표류와 세계 인식》, 민속원

10장

야마구치 게이지, 《일본 근세의 쇄국과 개국》, 혜안

히네다 마사시, 《동인도회사와 아시아의 바다》, 선인

11-13장

아르세니예프, 《데르수 우잘라》, 갈라파고스
안톤 체호프, 《사할린 섬》, 동북아역사재단
유리 세묘노프, 《시베리아 정복사》, 경북대학교출판부
제임스 포사이스, 《시베리아 원주민의 역사》, 솔
황재문 외, 《조선 기록문화의 역사와 구조 2-기록에서 사회로》, 소명출판

14장

김문경, 《18세기 일본 지식인 조선을 엿보다》, 성균관대학교 출판부
김시덕, 《한 경계인의 고독과 중얼거림》, 태학사
나카오 히로시, 《조선통신사》, 소화
정민, 《18세기 한중 지식인의 문예 공화국》, 문학동네
후마 스스무, 《연행사와 통신사》, 신서원

15장

박양자, 《일본 키리시탄 순교사와 조선인》, 순교의 맥
박철, 《16세기 서구인이 본 꼬라이》, 한국외국어대학교출판부

16장

달레, 《한국천주교회사》, 한국교회사연구소
정병설, 《죽음을 넘어서》, 민음사

17장

강인욱, 《춤추는 발해인》, 주류성
고지마 신지, 《유토피아를 꿈꾼 태평천국의 지도자 홍수전》, 고려원
서현섭, 《지금도 일본은 있다》, 고려원북스

18장

하우봉 외, 《조선과 유구》, 아르케

19장

김용구, 《거문도와 블라디보스톡》, 서강대학교출판부
김용구, 《임오군란과 갑신정변: 사대질서의 변형과 한국 외교사》, 원
김호동, 《근대 중앙아시아의 혁명과 좌절: 신강(新疆) 무슬림국가(1864-1877) 연구》, 사계절
신동준, 《개화파 열전》, 푸른역사

20장

강창일, 《근대 일본의 조선침략과 대아시아주의》, 역사비평사
무쓰 무네미쓰, 《건건록》, 범우사
제노네 볼피첼리, 《청일전쟁》, 살림

21장

강성학, 《시베리아 횡단열차와 사무라이》, 고려대학교출판부
로스뚜노프 외, 《러일전쟁사》, 건국대학교출판부
박 보리스, 《러시아와 한국》, 동북아역사재단
야마무로 신이치, 《러일전쟁의 세기》, 소화
와다 하루키, 《러일전쟁과 대한제국》, 제이앤씨

22장

김경천, 《경천아일록》, 학고방
도면회, 《한국 근대 형사재판제도사》, 푸른역사
서영희, 《일제 침략과 대한제국의 종말》, 역사비평사
황재문, 《안중근 평전》, 한겨레출판

23장

박환, 《시베리아 한인민족운동의 대부 최재형》, 역사공간
마쓰모토 겐이치, 《기타 잇키-천황과 대결한 카리스마》, 교양인
야마무로 신이치, 《키메라, 만주국의 초상》, 소명출판
최덕규, 《제정 러시아의 한반도 정책, 1891-1907》, 경인문화사
티모시 브룩, 《근대 중국의 친일합작》, 한울아카데미

24장

게일 옴베르트, 《암베드카르 평전》, 필맥
박태균, 《우방과 제국-한미관계의 두 신화》, 창작과비평사
오구마 에이지, 《일본 단일민족신화의 기원》, 소명출판
이상호, 《맥아더와 한국전쟁》, 푸른역사
정병준, 《한국전쟁 : 38선 충돌과 전쟁의 형성》, 돌베개
존 다우어, 《패배를 껴안고》, 민음사

도판목록

〈가라후토 16경〉 166, 174
가쓰 가이슈와 사이고 다카모리의 회담지 기념비 250
경산과 자금성 89
고려진 적·아군 전사자 공양비 87
김옥균 추모비, wikicommons 276
나가노 현의 다이호지 절에 안치된 마리아 지장보살,
　ⓒ다케나카 히데타카 234
나가사키 오우라 천주당, ⓒ이승연 235
나가사키에 축소 복원된 데지마, ⓒ이승연 145
〈남진의 영웅 가도야 시치로베〉 121
네벨스코이 탐험 기념 러시아 우표, wikicommons 173
니시 겐카 추모 십자가, ⓒ이승연 216
닛코의 조선종과 삼구족, ⓒ이승연 196
《다이코기》 212
《대동아전쟁 기념보국엽서》 제1집 349
대동아 주사위놀이 338
〈대일본판지도〉 183
〈대일본판지도〉 261
대청황제공덕비 84
《도요토미 승진록》 41
〈동양 역사상 찬란한 기록-만주국 황제 폐하 어 방일
　기념〉 엽서 331
러일전쟁 30주년 기념엽서 〈만몽은 태양처럼
　빛난다〉 325
러일전쟁에서 가장 치열했던 여순 203고지의 격전을
　전하는 20세기 전기의 엽서 303
레자노프의 동상, wikicommons 185
루스벨트 기념 원형탑의 벽화, ⓒ유대혁 304
루스키 섬에 건설된 요새 298
만국진량의 종 257
《만몽개척단(만주개척청년의용대) 기념엽서집》
　1·2 352
만주국 우표 5종 330
〈만주의 광야를 질주하는 최신 유선형 열차 아시아호〉,
　야후저팬 옥션 327

만철 1만 킬로미터 돌파 기념우표 328
《모하당실기》, 국립중앙도서관 소장 207
몽고총 334
문순득 생가, ⓒ신안군청 130
베이징 톈안먼광장의 인민영웅기념비,
　wikicommons 242
북방영토반환기원비, ⓒ이승연 191
블라디보스토크 신한촌의 기념비 324
《사진주보》 343
《삼국퇴치 신덕전》 중권, 야나기사와 마사키 소장 53
새벽 빛을 여는 사람들 225
서울 정동의 구 러시아 공사 293
《소학암송십사》, 야후저팬 옥션 314
슈몬 아라타메 219
시가 현의 아메노모리 호슈 서원, ⓒ허인영 205
시베리아 철도 기념비 297
식민지 경성의 일본 종교시설과 그 혼적, ⓒ이승연 313
식민지 시대에 평양성 모란대에서 판매되던
　그림엽서집 289
쓰루미네 시게노부의 《목색소전》 151
〈압록강 타령〉, 일명 〈헤산진 타령〉의 가사집 표지,
　야후저팬 옥션 66
앙코르와트의 낙서, ⓒ소메야 도모유키 119
애신각라 신사, wikicommons 335
야스쿠니 신사에 세워진 팔 판사 현창비,
　wikicommons 347
《에조만화》, 국립중앙도서관 소장 187
《에혼 국성야충의전》, 국립중앙도서관 소장 90, 94, 98,
　101, 102, 171
《에혼 다이코기》 35, 113
《에혼 무용 다이코기》 169
《에혼 조선정벌기》 상권, 해군사관학교 소장 50, 51
《에혼 히요시마루》 39
여순 강화회담을 기념하는 그림엽서집의 겉봉 306
연극 〈고쿠센야 갓센〉의 팸플릿 99
엽서집 《국경의 겨울-압록강의 정경》 표지와 그중 한 장 65
《영결삼국지전》 57, 157
예로페이 파블로비치 하바로프의 동상,
　wikicommons 158
예르마크 티모페예비치의 동상, wikicommons 156

《외방 태평기》 247
《워싱턴군기》, 야후저팬 옥션 315
유럽 방문 비행 기념 주사위놀이 321
《유암총서》 앞표지, 국립해양문화재연구소 소장 133
용두산 신사 유구 195
원명원 서양루 239
이즈 니라야마의 반사로 298
이토 히로부미에게 바쳐진 박문사에서 발행한
    기념엽서 310
인도 칸헤리 석굴에 남아 있는 일본 불교종파의
    석각문 342
인천항에 설치된 인천 해전 추모 기념물 302
일본26성인 순교지, wikicommons 213
《일청전투화보》 282, 284, 287
《일청조선 전쟁기》 2편 268
《일청한 전쟁기》 279
자비에르 기념교회, ⓒ이승연 210
《정감록》, 국립중앙도서관 소장 111
정성공 기념우표 104
정성공과 일본인 어머니 다가와 마쓰,
    wikicommons 98
《정청도회 제5편 한성지잔몽》 275
〈조선 대전쟁 그림〉, 와세다대학 소장 266
《조선인 내조기》, 국립중앙도서관 소장 199
《조선징비록》에 수록된 가이바라 에키켄의 서문 198
조선총독부 시정기념 그림엽서 320
주한 조선공사 하야시 곤스케 동상의 기단석 309
《진서 유구기》 권4, 국립중앙도서관 소장 258
진해 웅천왜성 정상 231
척후대가 적군과 충돌하여 분전하다 288
천하포무 인 31
청나라군의 타이완 정복을 기념하는 중국 우표 106
《충경》의 표지, 야후저팬 옥션 79
《통속대만군담》, 야후저팬 옥션 107
파주 적군묘지, ⓒ황두진 354
《풍속화보》 84호 275
하야시 시헤이의 동상, wikicommons 176
하코다테의 고료카쿠 성 항공사진, 國土交通省
    國土畫像情報(カラ-空中寫眞, 1976) 254
황사영 백서 230

히로시마 현 후쿠야마의 암자 대조루 201
히지카타 도시조의 동상과 무덤 255
1942년에 발행된 10전 우표 11
Kök Bayraq, wikicommons 270

속표지제
《명나라로 가는 바닷길》 26-27
    (26쪽-27쪽의 이미지는 국립중앙박물관의《명나라로
    가는 바닷길》(소장품번호: 본관 7952)을 이용하여
    만들었습니다. 해당 저작물은
    https://www.museum.go.kr/site/main/relic/search/
    view?relicId=603에서 다운받으실 수 있습니다.)
《가나가와 해변의 높은 파도 아래》, The Art Institute of
    Chicago 소장 124-125
《조선 풍도 해전》, artvee 236-237

**필자가 소장한 자료나 직접 찍은 사진은
소장처(저작권자) 표기를 생략했습니다.**

컬러판
동아시아, 해양과 대륙이 맞서다
임진왜란부터 태평양전쟁까지 동아시아 오백 년사

김시덕 지음

구판 1쇄   2015년 4월 5일 발행
구판 13쇄 2020년 9월 2일 발행
신판 1쇄   2022년 1월 31일 발행
신판 3쇄   2022년 10월 1일 발행

ISBN 979-11-5706-252-2 (03910)

만든사람들

기획편집   김준영
컬러판 제작   유온누리
디자인   이혜진
마케팅   김성현 김예린
인쇄   천광인쇄사

펴낸이   김현종
펴낸곳   (주)메디치미디어
경영지원   전선정 김유라
등록일   2008년 8월 20일
            제300-2008-76호
주소   서울시 중구 중림로7길 4 3층
전화   02-735-3308
팩스   02-735-3309
이메일   medici@medicimedia.co.kr
페이스북   facebook.com/medicimedia
인스타그램 @medicimedia
홈페이지   www.medicimedia.co.kr

이 책에 실린 글과 이미지의 무단전재·복제를 금합니다.
이 책 내용의 전부 또는 일부를 재사용하려면 반드시
출판사의 동의를 받아야 합니다.
파본은 구입처에서 교환해드립니다.

이 저서는 2008년도 정부의 재원으로 한국연구재단의 지원을
받아 연구되었습니다. (NRF-2008-361-A00007)

이 책을 읽는 당신이 궁금합니다.

카메라를 켜고 QR코드를 스캔해주세요.
답해주시는 분들 중 추첨을 통해
소정의 선물을 드립니다.